DAVID KÖSTER

Der Start in die Landschaftsfotografie

Das Geheimnis atemberaubender Bilder

humboldt

INHALT

Fotoworkshop 161

Landschaftsmotive

Bildkomposition

VORWORT

Liebe Leserin, lieber Leser,

herzlich willkommen und vielen Dank, dass du dich für dieses Buch entschieden hast. Während du diese Zeilen liest, bin ich wahrscheinlich mal wieder unterwegs und entdecke die faszinierenden Naturschauspiele unseres Heimatplaneten. Seit über 15 Jahren fotografiere ich nun Landschaften auf der ganzen Welt: arktische Eiswelten, tropische Traumstrände, dramatische Bergkulissen, surreale Wüsten oder auch einfach die Natur vor meiner Haustür.

In dieser Zeit habe ich gelernt, dass das Fotografieren von Landschaften weitaus mehr bedeutet, als einfach nur den Auslöser zu drücken. Tatsächlich muss vieles zusammenkommen, damit ein spektakuläres Landschaftsfoto entsteht.

In diesem Buch möchte ich meine Erfahrungen mit dir teilen, die ich in den unzähligen Stunden draußen gesammelt habe. Ich werde dir all das verraten, was ich selbst gern gewusst hätte, als ich noch am Anfang stand. Du wirst alle „Geheimnisse“ erfahren, die du für das Fotografieren atemberaubender Landschaftsbilder wissen musst.

Im ersten Teil erkläre ich dir die Grundlagen der Landschaftsfotografie. Ich zeige dir den fotografischen Prozess anhand meiner eigenen Bilder und kläre dich über typische Irrtümer und Fehler auf. Im zweiten Teil findest du zahlreiche praktische Motivbeispiele mit einfachen Schritt-für-Schritt-Anleitungen zum Nachmachen. Du wirst sehen, dass Landschaftsfotografie ziemlich wenig mit Zufall oder einem spontanen Schnappschuss zu tun hat. Es ist aber auch keine Raketenwissenschaft, sondern in erster Linie ein Handwerk, das jeder erler-

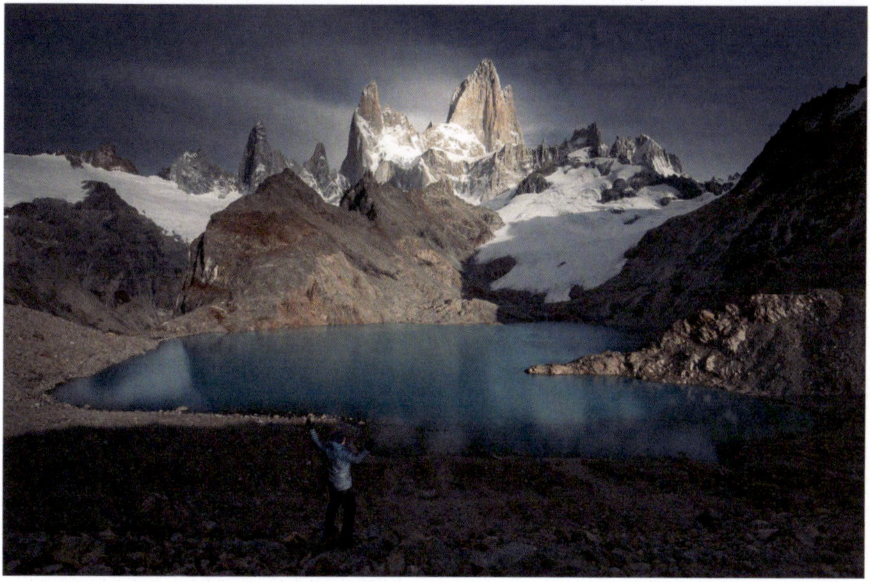

Landschaftsfotograf David Köster auf Tour

nen kann. Dazu musst du weder in eine teure Profiausrüstung investieren noch ein Fotografiestudium absolviert haben.

Wenn du dieses Buch sorgfältig durcharbeitest und dein neues Wissen in der Praxis anwendest, werden auch dir bald beeindruckende Landschaftsbilder gelingen. Vom Lesen allein entstehen allerdings keine tollen Fotos. Also schnapp dir das Buch, geh raus in die Natur und fang an, bewusst zu fotografieren. Du wirst sehen: Mit jedem Mal wirst du deinem Ziel, mitreißende Bilder aufzunehmen, einen Schritt näher kommen.

Und nun lade ich dich herzlich ein, mich auf eine spannende Reise in die Welt der Landschaftsfotografie zu begleiten. Ich wünsche dir viel Spaß beim Lesen und Ausprobieren!

Dein

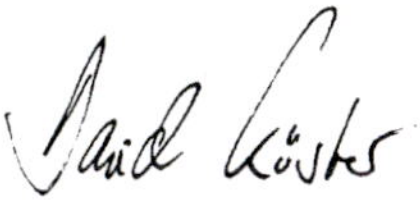

David Köster

Für wen dieses Buch geeignet ist

Dieses Buch richtet sich vor allem an Einsteiger in der Landschaftsfotografie. Es eignet sich aber auch für Fortgeschrittene, die sich weiterentwickeln, dazulernen oder sich inspirieren lassen möchten.

Möglicherweise stehst du noch ganz am Anfang. Die ganzen Räder, Knöpfe und Menüs an deiner Kamera sind dir noch völliges Neuland. Begriffe wie Blende oder Schärfetiefe sind böhmische Dörfer für dich. Und eigentlich weißt du auch gar nicht so recht, wie genau du anfangen sollst oder welche Ausrüstung du brauchst. Oder du nutzt bisher nur den Vollautomatik-Modus und möchtest jetzt einen Schritt weiterkommen. Du möchtest deine Bilder endlich aktiv und kreativ selbst gestalten.

Fotografierst du schon länger, bist aber trotzdem nicht so recht zufrieden mit deinen Bildern und Fähigkeiten? Vielleicht erlebst du öfters diese Situation: Du kommst von einer Fototour zurück und kannst es kaum erwarten, deine Bilder am Bildschirm oder als Fotoabzüge anzusehen. Doch dann kommt die Ernüchterung. Vor Ort sah doch alles so viel beeindruckender aus. Deine Fotos vermitteln überhaupt nicht die Schönheit der wundervollen Orte. Nichts von der Magie des Moments kommt auf deinem Foto rüber. Vielleicht sind die Bilder auch nicht richtig scharf, zu hell oder zu dunkel. Und überhaupt sind deine Fotos ziemlich weit von dem entfernt, was du von Kalendern, Postkarten oder Magazinen kennst.

In all diesen Fällen wird dir dieses Buch helfen und dich wie ein guter Freund und Ratgeber begleiten. Du lernst hier praxisnah, fundiert und dennoch in einfachen Worten, wie du Schritt für Schritt von Fotofrust zu Fotolust kommst.

Was ist ein tolles Landschaftsfoto?

Bevor du lernst, wie du „tolle Landschaftsfotos“ aufnimmst, ist es wichtig, dir bewusst zu werden, was darunter eigentlich zu verstehen ist. Zwar ist Schönheit immer Ansichtssache, aber für die meisten Landschaftsfotografen gilt ein Bild als gelungen, wenn es folgende Kriterien erfüllt:

- stimmungsvoll: vermittelt den speziellen Charakter eines Ortes oder die Atmosphäre eines Moments
- emotional: löst beim Betrachter ein Gefühl aus und weckt den Wunsch, selbst an diesem Ort zu sein
- ästhetisch: spannungsvoll und zugleich harmonisch, es fesselt den Betrachter
- detailreich: alle Elemente des Bildes, nah oder fern, sind scharf und deutlich zu erkennen
- lebhaft: brillante Farben und hoher Dynamikumfang, der dem Blick durch das menschliche Auge nahekommt
- plastisch: dreidimensionale Wirkung, die den Betrachter in das Bild eintauchen lässt, als wäre er selbst vor Ort
- persönlich: gibt das wieder, was du selbst gesehen, aber auch gefühlt hast

Elemente der Landschaftsfotografie

Damit auch du solche Fotos aufnehmen kannst, müssen wie bei einem Kochrezept bestimmte Zutaten zusammenkommen. Ich nenne das gern die **sieben Elemente der Landschaftsfotografie**.

Zunächst brauchst du eine passende **Fotoausrüstung**. Wichtig ist, dass du sie bedienen kannst und die richtigen **Einstellungen** wählst. Ein spannendes **Motiv** ist die Essenz für jedes gelungene Foto. Dieses gilt es, durch eine bewusste **Bildgestaltung** in Szene zu setzen. Mit dem **Licht** kannst du das Aussehen und die Atmosphäre deines Fotos gestalten. Eine knackige **Schärfe** sorgt dafür, dass dein Foto detailreich und plastisch ist. In der **Bildbearbeitung** kannst du schließlich das Optimum aus deinem Foto herausholen.

Wenn du all dies berücksichtigst, wirst du zukünftig nicht mehr mit Schnappschüssen, sondern echten Fotokunstwerken nach Hause kommen. In den nächsten Kapiteln lernst du die sieben Elemente ausführlich kennen.

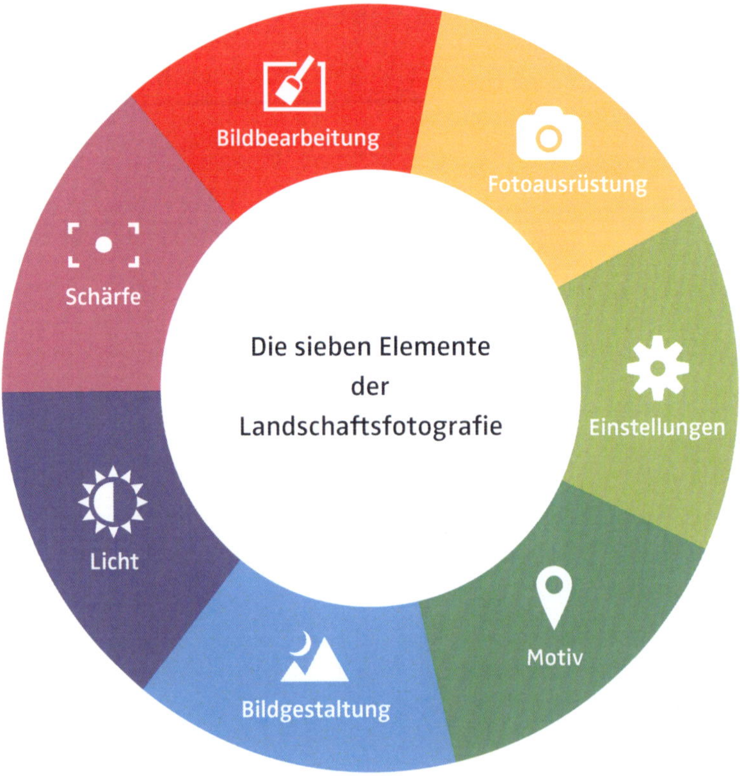

FOTOAUSRÜSTUNG

Die Auswahl an Kameras, Objektiven und Zubehör ist heutzutage schier unüberschaubar. Hier erfährst du, welches Equipment du wirklich brauchst und was es dabei zu beachten gilt.

Ganz klar, die Fotoausrüstung ist die Grundvoraussetzung dafür, dass du überhaupt Landschaftsbilder aufnehmen kannst. Gleichzeitig wird dieser Faktor oft maßlos überschätzt. Gerade Fotoanfänger glauben, dass ein teures Equipment automatisch der Garant für tolle Bilder sei. Doch eher ist das Gegenteil der Fall. Gerade Profiausrüstung verzichtet weitgehend auf Automatiken und verlangt dem Nutzer ein gewisses Know-how ab. Wenn man damit nicht umgehen kann, werden die Resultate vielleicht sogar enttäuschend sein. Umgekehrt bedeutet eine günstige Ausrüstung nicht zwangsläufig, dass man damit keine spannenden Fotos aufnehmen kann. Es gilt der Grundsatz: Der Fotograf macht das Bild, nicht die Kamera.

Am Anfang ist es wichtig, dass du dir eine Ausrüstung zusammenstellst, die zu deinen Ansprüchen und Kenntnissen passt. Außerdem sollte das Equipment auf die speziellen Erfordernisse der Landschaftsfotografie abgestimmt sein. Dabei ist weniger ist oft mehr. Vor allem Anfänger tun gut daran, sich zunächst auf eine kleine Ausrüstung zu beschränken, diese dafür aber gut beherrschen zu lernen.

Kamera

„Welche Kamera soll ich mir kaufen?" Das ist die Frage, die mir mit Abstand am häufigsten gestellt wird. Meine Standardantwort lautet dann stets: „Kommt darauf an." Es hängt davon ab, welchen Einsatzzweck deine Kamera erfüllen soll, über welches fotografische Können und Wissen du verfügst oder noch erlernen möchtest. Aber auch dein Anspruch an Bildqualität und Flexibilität, dein persönlicher Geschmack und nicht zuletzt der Geldbeutel spielen eine Rolle.

Kamerasysteme

Bevor du dir eine neue Kamera zulegst, solltest du wissen, dass es verschiedene Kamerasysteme gibt. Alle haben ihre Vor- und Nachteile und wenden sich an verschiedene Nutzergruppen.

KAMERASYSTEME IM ÜBERBLICK

In aufsteigender Reihenfolge bieten die Kamerasysteme eine bessere Bildqualität aufgrund größerer Sensoren sowie mehr Einstellungs- und Gestaltungsmöglichkeiten. Gleichzeitig werden sie aber auch größer, schwerer, teurer und komplexer in der Bedienung:

- Kompaktkameras/Handykameras
- Bridge-Kameras
- Systemkameras:
  - spiegellose Kameras
  - Spiegelreflexkameras
  - Mittelformatkameras
  - Großbild-/Fachkameras

Als **Systemkameras** werden alle Modelle bezeichnet, bei der man sich sein „Kamerasystem“ modular aus einem Kameragehäuse (meist einfach „Kamera“, „Fotoapparat“ oder „Body“ genannt) und einem beliebigen Objektiv zusammenstellen kann.

Kompaktkameras sind zwar günstig und handlich, haben aber einen viel zu kleinen Sensor, um damit wirklich qualitativ hochwertige Bilder aufzunehmen. Außerdem fehlt es oft an notwendigen Einstellungsoptionen sowie an der Möglichkeit, verschiedene Objektive zu verwenden.

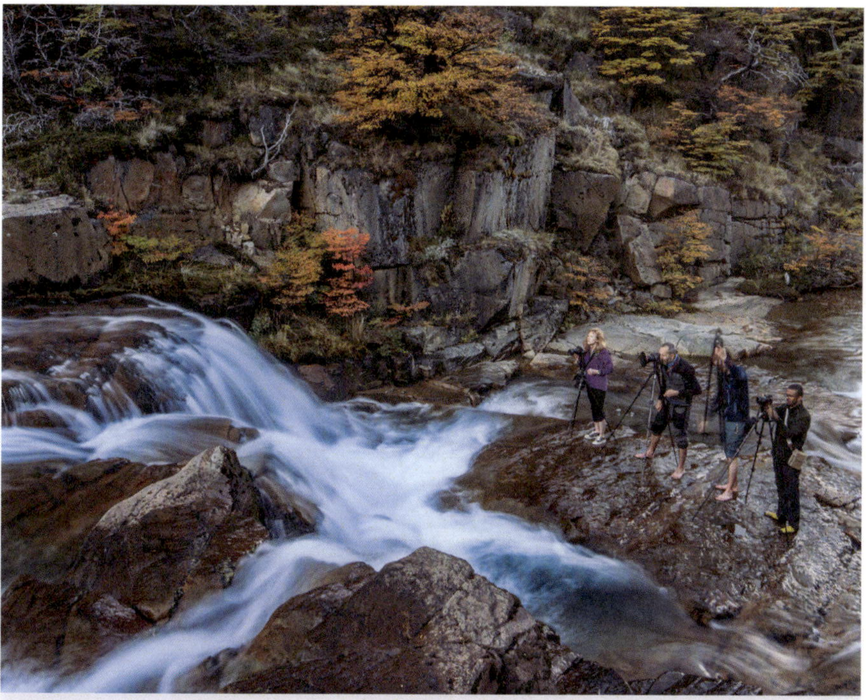

Kameras sind so unterschiedlich wie die Menschen, die sie bedienen. Die Wahl des richtigen Systems hängt vom Einsatzzweck und den persönlichen Vorlieben ab.

Bridge-Kameras schlagen einen Bogen zwischen Kompakt- und Systemkameras. Sie vereinen viele Einstellungsmöglichkeiten und einen großen Brennweitenbereich mit einem günstigen Preis. Die Leistungsfähigkeit ihrer Sensoren reicht aber nicht an die Systemkameras heran, und es können keine Objektive gewechselt werden.

Mittelformat- und Großbildkameras kommen wegen des hohen Anschaffungspreises und des komplizierten Handlings für Freizeitfotografen und selbst die meisten Profis nicht in Frage.

Damit verbleiben für die ambitionierte Hobbyfotografie zwei Systeme: **Spiegelreflex-** und **spiegellose Systemkameras.**

Spiegelreflex oder spiegellos?

Digitale Spiegelreflexkameras (**DSLR** – „Digital Single Lens Reflex") gelten als die Königsklasse für die ambitionierte Fotografie. Große Bildsensoren, professionelle Bildqualität, leistungsstarker Autofokus, umfangreiches Zubehör und unzählige Einstellungs- und Anpassungsmöglichkeiten sind nur einige Vorzüge dieses Systems. Der Spiegel dient dazu, ein klares, großes Vorschaubild im optischen Sucher zu bekommen und den Autofokus der Kamera nutzen zu können.

Heute kann man das Vorschaubild elektronisch erzeugen und auch ohne Spiegel scharfstellen. Daher erfreuen sich seit einigen Jahren spiegellose Systeme (auch **DSLM** – „Digital Single Lens Mirrorless") zunehmender Beliebtheit.

Ihr größter Vorteil gegenüber DSLR ist die leichtere und kompaktere Bauweise. Das ist gerade in der Landschaftsfotografie, wo die Ausrüstung oft über Stock und Stein bewegt wird, ein echter Gewinn. Ein weiterer Vorteil ist, dass sie im Sucher die Wirkung der Einstellungen bereits vor der Aufnahme zeigen. Oftmals trumpfen sie gegenüber DSLR auch mit weiteren hilfreichen Funktionen wie z. B. Fokus-Peaking auf. Mit diesem Feature, auch Kantenanhebung genannt, kannst du die Verteilung der Schärfe schon vor der Auslösung beurteilen.

Es gibt aber auch Nachteile. Das Sucherbild der DSLM ermüdet mit der Zeit das Auge, was man bei optischen Suchern nicht kennt. Vor allem verbraucht der elektronische Sucher permanent Energie. Der Stromhunger von DSLM ist enorm und erfordert derzeit ungefähr alle 300 Bilder oder rund alle 90 Minuten einen neuen Akku. Bei einer klassischen DSLR sind hingegen mehrere tausend Bilder mit einem einzigen Akku möglich.

Mittlerweile können die heutigen DSLM-Modelle bei der Bildqualität den klassischen DSLR mühelos das Wasser reichen. Mit beiden Systemen kannst du professionelle Fotos aufnehmen. Auch preislich nehmen sich beide Systeme kaum etwas. Ob mit oder ohne Spiegel ist also nur noch eine Frage des persönlichen Geschmacks.

Sensorgröße: Vollformat vs. Crop-Kamera

In Systemkameras werden heute meist drei unterschiedliche Sensorformate verbaut.

Unter **Vollformat** (auch **FX** oder **Full Frame**) versteht man einen Sensor, der so groß ist wie in der analogen Zeit der klassische Kleinformat-Film, also genau 36 x 24 mm.

Ein **DX**-Sensor (bei Canon **APS-C** genannt) ist hingegen nur ca. ⅔ so groß wie ein FX-Sensor und misst somit ca. 24 x 16 mm.

Ein noch kleineres Format ist das **Micro Four Thirds** (**MFT**), bei dem der Sensor ca. 17 mm × 13 mm groß ist. Der Name rührt vom hier vorliegenden Seitenverhältnis 4 : 3. FX- und DX-Sensoren weisen hingegen ein Seitenverhältnis von 3 : 2 auf.

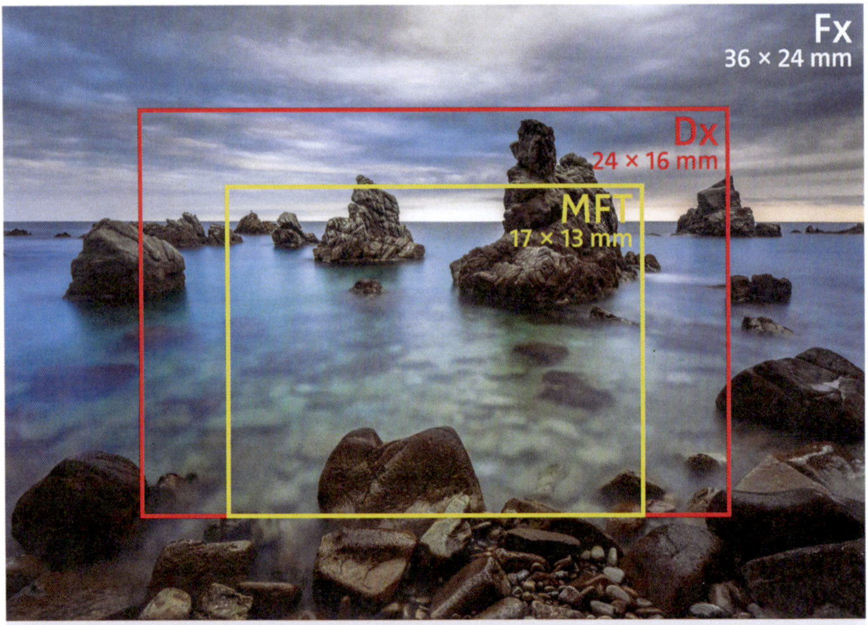

Unterschiedliche Sensorgrößen und ihr Einfluss auf den Bildausschnitt

Grundsätzlich liegt der qualitative Vorteil klar auf Seiten des Vollformats. Bei gleicher Pixelmenge, verteilt auf eine größere Sensorfläche, ist die Bildqualität deutlich besser. Das zeigt sich unter anderem in Detailreichtum und Auflösung, geringerem Bildrauschen und besserem Spiel mit der Tiefenschärfe. Auch können mit Vollformatsensoren größere Bildabmessungen (Megapixel) realisiert werden. Dazu kommt der wesentlich weitere Bildwinkel, den man in der Landschaftsfotografie gut gebrauchen kann, um möglichst viel einer Szenerie auf ein Bild zu bekommen.

Es gibt allerdings auch einige Nachteile: Vollformatsensoren und damit auch die Kameragehäuse sind deutlich größer, schwerer und teurer. Das gilt auch für die Objektive, da Vollformat hohe Anforderungen an die Optiken stellt. Aufgrund des höheren Detailreichtums brauchen die Bilddateien auch mehr Speicherplatz.

WAS IST EIGENTLICH DER CROP-FAKTOR?

Ein Vollformatsensor erfasst baubedingt immer einen größeren Bildbereich als ein DX-Sensor. Verwendet man eine DX-Kamera mit einem Vollformatobjektiv, wird an den Rändern etwas vom Motiv abgeschnitten (engl. „to crop"). Das wirkt dann so, als hätte man eine längere Brennweite verwendet oder „herangezoomt". Das nennt man den Crop-Faktor (auch Verlängerungs- oder Formatfaktor). Da DX-Sensoren in der Regel zwei Drittel so groß sind wie ein FX-Sensor, ergibt sich ein Crop-Faktor von 1,5 (Nikon, Sony) bis 1,6 (Canon). Bei MFT ist der Faktor sogar 2,0.

Das heißt: Benutzt man eine DX-Kamera mit einem Crop-Faktor von 1,5, so wird aus einem 200-mm-Objektiv quasi ein 300-mm. Aus einem 14-mm-Objektiv wird ein 21 mm. Wenn du oft im Telebereich fotografierst, z. B. in der Tierfotografie, ist das ein Vorteil. In der Landschaftsfotografie ist es aber eher ein Nachteil, weil wir hier meist weite Bildwinkel aufnehmen wollen.

Da die Vorteile überwiegen, empfehle ich für die Landschaftsfotografie ganz klar das Vollformat. Wenn du noch am Anfang stehst oder nicht so viel Geld ausgeben magst, hast du aber auch mit DX- oder MFT-Kameras eine günstigere und adäquate Alternative.

Tipps für den Kamerakauf

Bevor du dich für eine neue Kamera entscheidest, empfehle ich dir, diese beim Fachhändler oder auf einer Fotomesse selbst auszuprobieren. So kannst du testen, ob du mit der Bedienung zurechtkommst, und Fragen stellen. Nimm dir eine Speicherkarte mit und fertige ein paar Testschüsse an. Dann kannst du dir zu Hause in aller Ruhe ansehen, ob du mit der Bildqualität zufrieden bist. Das ist viel hilfreicher, als hochakademische Tests aus Foto- und Technikzeitschriften oder Foren zu studieren. Die Tests solltest du ohnehin nicht überbewerten. Hier werden unter Laborbedingungen Daten gemessen, die mit der Praxis oft wenig zu tun haben.

Die Hersteller bewerben ihre Kameras mit allerlei Features, getreu dem Motto „je mehr, desto besser". Oft sind diese aber gar nicht wichtig für die Landschaftsfotografie. Damit du weißt, worauf du wirklich achten musst, zeige ich dir die wichtigsten Ausstattungsmerkmale.

Was am wichtigsten ist

Sensor: Der Sensor ist das Herzstück einer jeden Kamera. Je größer der Sensor, desto besser die Bildqualität. Denn je weniger Platz die Pixel auf einem Chip haben, desto eher neigt dieser zum Rauschen, das Bild wirkt flau, körnig und weniger detailreich. Außerdem solltest du auf eine möglichst hohe Linienauflösung (siehe nächster Info-Kasten) achten.

Kleinstmöglicher ISO-Wert: Da wir in der Landschaftsfotografie möglichst kleine ISO-Werte anstreben, gilt hier: je kleiner, desto besser.

Bildgröße (Megapixel): Je größer die Bildabmessung (Megapixel), desto tiefer kannst du später in das Bild hineinzoomen, und umso größer kannst du es in guter Qualität ausdrucken. Für die allermeisten Zwecke sind 20 Megapixel aber völlig ausreichend. Wenn die Kamera sehr viele Megapixel abbildet (z. B. 36 oder 43), sollte der Sensor entsprechend groß sein, am besten Vollformat.

Dynamikumfang: Er wird in Blenden- oder Lichtwerten (EV) angegeben: Je höher, desto mehr helle und dunkle Töne kann der Sensor nuanciert aufnehmen. Spitzenkameras schaffen bis zu 15 Blendenstufen und kommen damit der Empfindlichkeit des menschlichen Auges schon sehr nah.

Sonderfunktionen: Achte auf Features, die dir das Fotografieren praktisch vereinfachen: Frei belegbare Funktionstasten, Digitale Wasserwage, Bracketing (Belichtungsreihen), Timer, Serien- und Intervallfunktionen, Abblendtaste, Fokus-Peaking, GPS und Wi-Fi sind äußerst nützlich. Doppelbelichtungsfunktion, HDR oder Zeitraffer sind nicht unbedingt erforderlich, aber ein nettes Gimmick.

Größe und Gewicht: In der Landschaftsfotografie sind wir mobil mit unserer Ausrüstung unterwegs, daher gilt hier: Je kleiner und leichter, desto besser.

Display/Sucher: Wenn du mit DSLR fotografierst und gern den optischen Sucher nutzt, achte darauf, dass er möglichst hell ist und einen großen Bildwinkel, idealerweise 100 %, wiedergibt. Wenn du lieber mit Display oder elektronischem Sucher arbeitest, solltest du darauf achten, dass das Bild möglichst hochauflösend und rauschfrei ist und die Farben natürlich wiedergegeben werden.

Handling, Bedienkonzept, Haptik, Verarbeitung: Die Kamera sollte gut in deiner Hand liegen und robust gebaut sein, und alle wichtigen Funktionen sollten, idealerweise per Tastendruck, schnell und komfortabel erreichbar sein. In der Landschaftsfotografie ist es besonders wichtig, dass deine Kamera gegen Umwelteinflüsse wie Feuchtigkeit und Staub geschützt ist, z. B. durch eine Magnesiumlegierung.

Schnittstellen: Du solltest darauf achten, dass genügend moderne Standardanschlüsse, z. B. USB 3.0 und höher, verbaut sind und zeitgemäße Speicherkartenformate, z. B. SDXC, verwendet werden können.

DAS MÄRCHEN VON MEGAPIXEL UND AUFLÖSUNG

Ein typischer Anfängerdenkfehler ist, dass mehr **Megapixel** auch mehr Bildqualität bedeuten. Dieser Irrglaube wird vom Marketing der Kamerahersteller noch zusätzlich befördert. Die Anzahl der Pixel sagt aber lediglich, wie groß ein Bild ist, und hat nichts mit der Abbildungsqualität zu tun. Tatsächlich kann eher das Gegenteil der Fall sein. Wenn nämlich der Sensor zu klein für die vielen Megapixel ist und diese zu wenig Platz haben, kann darunter die Bildqualität erheblich leiden. Das kann man bei sehr vielen Handykameras und Kompaktkameras beobachten. Diese bringen 20 Megapixel und mehr auf einem dafür viel zu kleinen Sensor unter. Die Bilder sind dann oft verrauscht, matschig und wenig detailreich.

Für Bildqualität und Detailreichtum entscheidend ist vor allem die **Auflösung** (auch **Linienauflösung** oder Auflösungsvermögen). Hier gibt es das nächste weitverbreitete Missverständnis. Die Auflösung wird nämlich oft mit der **Bildgröße** verwechselt, ist aber etwas ganz anderes. Es ist die Fähigkeit eines Kamerasensors oder Objektivs, kleinste Strukturen noch exakt wiedergeben zu können. Sie wird deshalb in Linien pro Millimeter oder Linienpaaren und nicht etwa Megapixel gemessen. Je höher das Auflösungsvermögen, desto detailreicher die Bilder.

Vereinfachend kann man sagen, dass die Auflösung tendenziell umso besser wird, je größer der Sensor ist. Insofern versteht es sich von selbst, dass Vollformatkameras mit ihren großen Sensoren wesentlich besser auflösen als z. B. Handykameras mit ihren Minisensoren.

Objektive

Während der Kamera sehr viel Aufmerksamkeit geschenkt wird, ist man bei den Objektiven oft weniger kritisch. Dabei sind diese mindestens genauso wichtig, schließlich bilden sie zusammen mit der Kamera eine optische Einheit. Auch der beste Kamerasensor kann schließlich nur die Information verarbeiten, die eben durch das Objektiv bei ihm ankommt.

Objektive unterscheiden sich vor allem durch ihre **Brennweite**, die in Millimetern angegeben wird. Diese bestimmt den Bildwinkel, der mit dem Objektiv erfasst werden kann. Ein 14-mm-Objektiv bildet z. B. bei Vollformat einen Bildwinkel von 104° ab, ein 200-mm-Objektiv nur noch 10°. Am selben Sensor führt eine kurze Brennweite also zu einem weiteren Bildwinkel, das heißt, es ist mehr auf dem Bild zu sehen. Besonders kurze Brennweiten bezeichnet man deshalb auch als **Weitwinkelobjektive**. Eine Sonderform ist das Fish-Eye mit einem riesigen Bildwinkel von 180° und einer kugelförmigen Frontlinse.

Optiken mit längeren Brennweiten nennt man wegen des Effekts, Entferntes nah abzubilden, **Teleobjektive**. Ihre lange Brennweite führt zu einem engeren Bildwinkel. Es wird weniger abgebildet und Bildelemente wirken näher.

Objektive, die weder Weitwinkel noch Tele sind und im Brennweitenbereich von 24 bis 70 mm liegen, nennt man auch **Normalobjektive**.

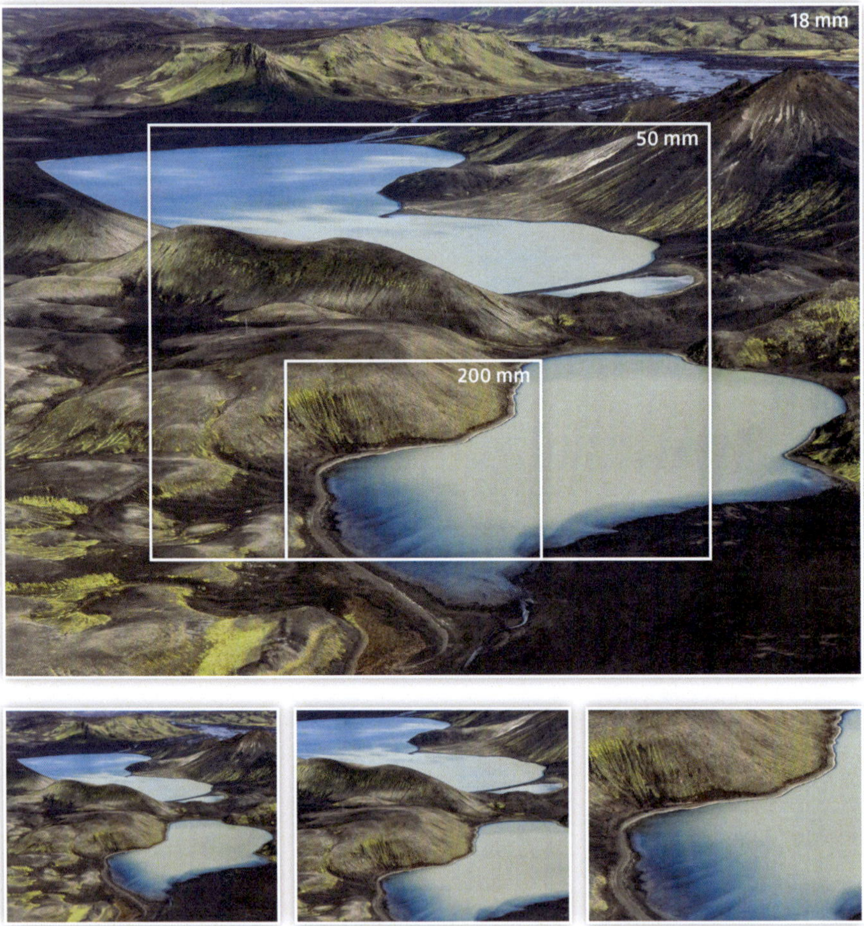

Brennweite: 18 mm
Bildwinkel: 70°

Brennweite: 50 mm
Bildwinkel: 28°

Brennweite: 200 mm
Bildwinkel: 12°

Die Wirkung der Brennweite auf den Bildausschnitt

Neben ihrer Brennweite unterscheiden sich Objektive durch weitere Spezifikationen wie Lichtstärke, Abbildungsqualität und Bauweise. Nachfolgend stelle ich dir die wichtigsten Objektivarten vor.

Festbrennweiten

Festbrennweiten sind Objektive, die nur auf eine einzige Entfernung scharfstellen können. Vorteil: Es müssen nur wenig Linsen verbaut werden, deshalb sind diese Objektive sehr lichtstark, extrem scharf und leicht. Daher galten sie lange als das Nonplusultra. Nachteil: Du kannst mit diesen Objektiven nicht zoomen. Wenn du den üblichen Brennweitenbereich (z. B. 14–200 mm) abdecken willst, musst du sehr viel laufen oder du brauchst eine ganze Batterie von Objektiven. Zudem stehen gute Zoomobjektive heute den Festbrennweiten qualitativ kaum noch in etwas nach.

Zoomobjektive

Mehr Flexibilität hast du mit sogenannten Zoomobjektiven, weil diese einen ganzen Brennweitenbereich abdecken und nicht nur eine einzige Brennweite. Ich unterscheide sie grob in drei Klassen: Kit-Objektive, Super-/Reisezooms und Standard-Zoomobjektive/Profi-Objektive.

Kit-Objektive

Oft werden Kameras im Einsteigersegment im Set mit sogenannten „Kit-Objektiven“ angeboten. Da diese meist nur einen geringen Aufpreis kosten, greifen viele Anfänger hier zu. Das ist für die ersten Schritte in der Fotografie auch völlig in Ordnung. Allerdings: Die Kit-Objektive haben nicht die allerbeste optische Qualität und oft auch nur einen sehr beschränkten Brennweitenbereich (z. B. 18–50 mm). Mit zunehmender Erfahrung steigt in der Regel schnell der Anspruch an die Abbildungsleistung (z. B. Schärfe) und den Brennweitenbereich der Objektive.

Superzooms/Reisezooms

Hobbyfotografen greifen dann oft zu sogenannten Reisezooms, also Objektiven, die einen extrem großen Brennweitenbereich abdecken (z. B. Nikon 27–300 mm/1:3.5–5.6). Diese sind preiswert, kompakt und leicht. Diese Allrounder sind auch ziemlich bequem, weil man sich nervige Objektivwechsel spart und nicht mehrere Optiken kaufen und transportieren muss.

Allerdings solltest du auch wissen, dass Superzooms immer einen Kompromiss darstellen. Sie reichen niemals an die Abbildungsqualität und Lichtstärke der Profi-Objektive heran. Das liegt unter anderem daran, dass hier eine gewaltige Anzahl von Linsen verbaut werden muss. Diese Generalisten können sozusagen alles ein bisschen, aber nichts perfekt. In den letzten Jahren hat aber die Qualität in diesem Segment deutlich zugelegt, und so kann ich sie dir für den Anfang durchaus empfehlen.

Standard-Zoomobjektive/Profi-Objektive

Mit zunehmender Erfahrung und Ambition kommen meist die sogenannten „Standard-Objektive“ ins Spiel. Diese sind auf einen begrenzten Brennweitenbereich spezialisiert, den sie perfekt beherrschen. Meist vereinen sie eine hohe Lichtstärke, knackige Schärfe und exzellentes Auflösungsvermögen. In der Landschaftsfotografie hat man idealerweise ein Weitwinkel (z. B. Nikon 14–24 mm/1 : 2.8), eine mittlere Brennweite (z. B. Nikon 24–70 mm/1 : 2.8) und ein Teleobjektiv (z. B. Nikon 70–200 mm/1 : 2.8). Damit ist man für fast alle Fotogelegenheiten gerüstet. Nahezu alle Hersteller haben genau dieses Trio im Portfolio. Nachteil: Diese Objektive sind vergleichsweise teuer, groß und schwer.

Übrigens: Viele Hersteller kennzeichnen diese Premiumoptiken. Bei Nikon erkennst du sie an einem goldenen, bei Canon an einem roten Ring auf dem Objektivtubus.

ALTERNATIVEN ZU STANDARDOBJEKTIVEN

Oft gibt es auch Alternativen, die weniger lichtstark, dafür aber kompakter und preiswerter als die Standardobjektive sind. Bei der Abbildungsqualität können sie den schweren, lichtstarken Standardobjektiven aber das Wasser reichen. Ein Beispiel sind die beliebten Weitwinkel Nikon/Canon 16–35 mm/1:4.0 oder das ebenso populäre Telezoom 70–200 mm/1:4.0. Wenn du nicht das letzte Quäntchen Lichtstärke benötigst (und das brauchst du bei der Landschaftsfotografie in der Regel nicht), hast du hier eine praktikable und preiswerte Alternative für deine Outdoor-Abenteuer.

Tipps für den Objektivkauf

Wichtig ist, dass du ein für dein Kamerasystem (Vollformat, DX) passendes Objektiv kaufst. Du kannst Vollformat-Objektive übrigens auch an DX-Kameras nutzen. Das ist sogar ein Vorteil, weil dann nur der optisch beste, mittlere Bereich genutzt wird („Sweet Spot"). Umgekehrt kannst du aber nicht ein DX-Objektiv an einer Vollformatkamera verwenden. Du würdest dann schwarze Ränder auf deinem Bild haben.

Was am wichtigsten ist

Brennweite: Das Objektiv sollte die gewünschte Brennweite abdecken.

Abbildungsqualität: Die Abbildungsqualität ist das Wichtigste überhaupt bei einem Objektiv – hier trennt sich die Spreu vom Weizen.

Ein gutes Objektiv verfügt über eine knackige Schärfe, auch in den Rändern und bei geöffneter Blende. Auch eine realitätsgetreue Farb- und Kontrastwiedergabe ist wichtig. Ein gutes Objektiv hat wenig Verzeichnung, das Bild biegt sich also nicht zu sehr tonnen- oder kissenförmig durch. Achte auch darauf, dass möglichst keine Randabschattungen (Vignettierung) und keine Farbsäume an Kontrastkanten (chromatische Aberrationen) zu sehen sind.

Lichtstärke: Die Lichtstärke gibt die größtmögliche Blendenöffnung („Offenblende") eines Objektivs an. Das ist u. a. entscheidend dafür, wie gut ein Objektiv bei schwachem Licht verwendet werden kann, und bestimmt, wie gut du mit Schärfe/Unschärfe arbeiten kannst. Am Anfang oft etwas verwirrend: je größer die Offenblende, desto kleiner die sogenannte Blendenzahl. Diesen Wert kannst du direkt auf dem Objektiv ablesen, dort steht z. B. 1 : 2.8, d. h. die Anfangsblende ist f/2.8. Grundsätzlich gilt: je kleiner diese Zahl, desto besser. Für die Landschaftsfotografie muss es aber nicht unbedingt f/2.8 sein, f/4 reicht völlig aus. Mehr Lichtstärke bedeutet nämlich auch teurer und größer. Mehr zur Blende erfährst du im nächsten Kapitel.

Gewicht/Größe: Für die Landschaftsfotografie spielen Größe und Gewicht eine besondere Rolle: je leichter und kleiner, desto besser.

Autofokus: Dieser sollte exakt sitzen und einmal eingestellt auch dort bleiben (kein „Focus Breathing"). Die Schnelligkeit ist bei der Landschaftsfotografie hingegen eher nicht wichtig.

Bildstabilisator: Hilfreich ist ein Bildstabilisator, der bis zu einem gewissen Grad deine Verwacklungen effektiv ausgleicht. Somit kannst du auch mit längeren Belichtungszeiten noch scharfe Bilder aufnehmen. Bei Nikon z. B. erkennst du dieses Feature an der Abkürzung „VR", bei Canon an „IS".

Verarbeitung/Vergütung: Eine Nanobeschichtung auf den Linsen ist sinnvoll, um störende Lichtreflexe und „Geisterbilder" (Rückspiegelungen) zu minimieren. Das Objektiv sollte stabil und wertig gebaut sein und möglichst gut gegen Umwelteinflüsse wie Staub und Feuchtigkeit geschützt sein, z. B. durch eine Metalllegierung. Einstellringe (für Fokus etc.) sollten fest sitzen, aber dennoch leichtgängig sein. Idealerweise fährt der Objektivtubus beim Fokussieren nicht aus, da dies in windigen Situationen zu Verwacklungen führen kann.

Grundsätzlich empfehle ich dir die Objektive deines Kameraherstellers, weil diese perfekt auf die eigenen Gehäuse abgestimmt sind. Es gibt aber auch günstigere Drittanbieter wie Sigma, Tamron oder Walimex/Samyang. Mittlerweile kann so manches Drittobjektiv bei Canon und Nikon-Objektiven mithalten und ist daher durchaus eine preiswerte Alternative.

Stativ

Das Stativ zählt nicht unbedingt zu den beliebtesten Ausrüstungsgegenständen. Sperrig, schwer und irgendwie nervig – muss das wirklich sein? Ja, es muss. Schließlich kannst du damit in der Wildnis auch schon einmal einen wütenden Braunbären in die Flucht schlagen. Aber Spaß beiseite. Wenn du ernsthaft fotografieren möchtest, wirst du nicht um ein solides Stativ umhinkommen. Zum einen, weil du damit Verwacklungen bei der Auslösung vermeiden kannst, was die Voraussetzung für scharfe Bilder ist (siehe Kapitel „Schärfe"). Dies gilt vor allem bei dämmrigen Lichtverhältnissen, die wir ja gerade in der Landschaftsfotografie sehr oft nutzen (siehe Kapitel „Licht"). Zum anderen hilft dir das Stativ dabei, dein Bild bewusst und in aller Ruhe zu komponieren (siehe Kapitel „Bildaufbau").

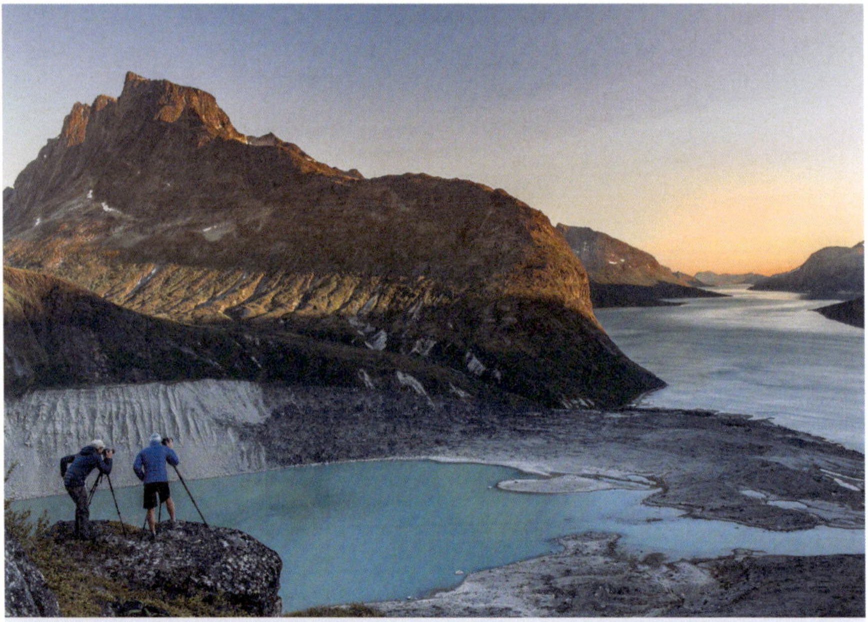

Mit Stativ geht's selten schief: Das Stativ ist unverzichtbar in der Landschaftsfotografie

In der Landschaftsfotografie sollte das Stativ stabil, aber gleichzeitig auch leicht und portabel sein. Genau für diese Bedürfnisse gibt es heute Stative aus Karbon, die geringes Gewicht und kompakte Maße mit hoher Stabilität und Verwindungssteifheit vereinen. Noch vor einigen Jahren waren Karbonstative aufgrund des hohen Preises den Profis vorbehalten. Bei den Platzhirschen wie Gitzo, Really Right Stuff oder Manfrotto sind sie nach wie vor sehr teuer. Mittlerweile gibt es aber gute und günstige Hersteller (z. B. Sirui, Feisol). So kannst du auch als Hobbyfotograf die Vorzüge von Karbonstativen nutzen, ohne gleich ein Vermögen auszugeben.

Auch der meist einzeln erhältliche Stativkopf ist sehr wichtig, da er die Kamera hält und schwenkt. Ideal für die Landschaftsfotografie sind Kugelköpfe, da diese es erlauben, deine Kamera sehr schnell und akkurat auszurichten, und gleichzeitig recht kompakt sind.

Achte beim Kauf darauf, welche maximale Traglast das Stativ und der Kopf haben. Diese sollte mindestens so groß sein, wie deine schwerste Kamera und dein schwerstes Objektiv zusammen wiegen.

Filter

In der Landschaftsfotografie spielen optische Filter eine besondere Rolle und werden oft eingesetzt. Grundsätzlich kann man zwei Formen unterscheiden. Runde Schraubfilter drehst du auf das Gewinde deines Objektivs. Steckfilter sind hingegen meist rechteckig und werden in eine spezielle Halterung vor dem Objektiv geschoben. Die wichtigsten Filter stelle ich dir im Folgenden vor.

Polarisationsfilter

Der Polarisationsfilter, oft auch einfach Polfilter genannt, ist der am meisten gebrauchte Filter in der Landschaftsfotografie. Wenn man ihn dreht, lässt er nur Licht einer bestimmten Schwingungsrichtung hindurch und filtert dadurch unerwünschtes Licht heraus. Damit verhindert man z. B. ungewollte Spiegelungen auf Oberflächen wie Wasser oder kann sie andersherum verstärken. Auch durch Feuchtigkeit gestreutes Licht oder Dunst kann man reduzieren. Dadurch erhöhst du den Kontrast und kannst damit für brillantere Farben und mehr Zeichnung von Wolken auf dem Foto sorgen.

Den Filter sollte man allerdings behutsam einsetzen. Wenn man es übertreibt, wirken die Farben schnell unnatürlich (vor allem das Himmelsblau) und es kann auch zu Fehlabbildungen, z. B. Halos, kommen. Übrigens ist dies der einzige Filter, dessen Effekt man bis heute nicht über die elektronische Bildbearbeitung nachbilden kann.

Graufilter

Der Graufilter ist sozusagen die Sonnenbrille für dein Objektiv und wird auch Neutraldichte-, Neutral Density- oder einfach ND-Filter genannt. Es ist ein dunkler, farbneutraler Filter, der das ins Objektiv einfallende Licht reduziert und es damit ermöglicht, mit längeren Belichtungszeiten zu arbeiten. Das kann notwendig sein, wenn du z. B. Wasserfälle, Flüsse oder ziehende Wolken mit einer längeren Belichtung darstellen möchtest. Am Tag sind längere Verschlusszeiten aber fast nicht möglich, da selbst bei kleiner Blendenöffnung das Bild überbelichtet werden würde.

Dann kommt der Neutralfilter zum Einsatz, den es in unterschiedlichen Stärken gibt. Die Stärke weist dabei entweder aus, wie viel länger man mit dem Filter belichten kann oder wie viele Blenden Licht geschluckt werden. Mit einem ND1000-Filter kann man z. B. ein Bild tausendmal so lange belichten, und er reduziert das einfallende Licht um zehn Blendenstufen.

Dichte (ND)	Verlängerung Belichtungszeit (Faktor)	Lichtdurchlass (%)	Lichtreduktion (Blenden)
0.9	8	12,5	–3
1.8	64	1,56	–6
3.0	1000	0,1	–10

Geläufige ND-Filter und ihre Wirkung

Grauverlaufsfilter

Der Grauverlaufsfilter, auch Graduated Neutral Density- oder kurz GND-Filter genannt, ist eine Sonderform des Graufilters, der das Licht in unterschiedlichen Helligkeiten hindurchlässt. Den Filter gibt es entweder mit einem weichen Verlauf von hell nach dunkel („soft grad“) oder einer harten Kante („hard grad“), die das Glas in eine helle und eine dunkle Hälfte teilt. Das ist speziell für die Landschaftsfotografie sinnvoll. Der GND-Filter sorgt für eine ausgeglichene Belichtung, indem er hellere Bildteile wie den Himmel abdunkelt.

Allerdings: Die Wirkung ist begrenzt, so dass GND-Filter meist nur in lichtschwächeren Tageszeiten wirksam sind. Außerdem setzen sie voraus, dass das Bild exakt in einen hellen und einen dunklen Teil geteilt ist, was aber in der Realität so oft nicht vorkommt. Sie dunkeln auch Objekte ab, die man gar nicht abgedunkelt haben möchte, z. B. Berge, Felsen oder Äste, die in den Himmel hineinragen. Aufgrund dieser Nachteile arbeiten viele Fotografen heute lieber mit Belichtungsreihen (siehe Kapitel „Licht“).

UV-Filter

Der UV-Filter soll zu kontrastreicheren Bildern führen, indem UV-Strahlung blockiert wird. Tatsächlich gibt es aber heute kaum noch einen sichtbaren Effekt. Der Filter hat sich in den Zeiten mehrlinsiger, vergüteter Objektive überlebt. Diese filtern konstruktionsbedingt bereits ausreichend UV-Licht. Ich empfehle dir den UV-Filter aber als günstigen mechanischen Schutz für die Frontlinsen deiner Objektive.

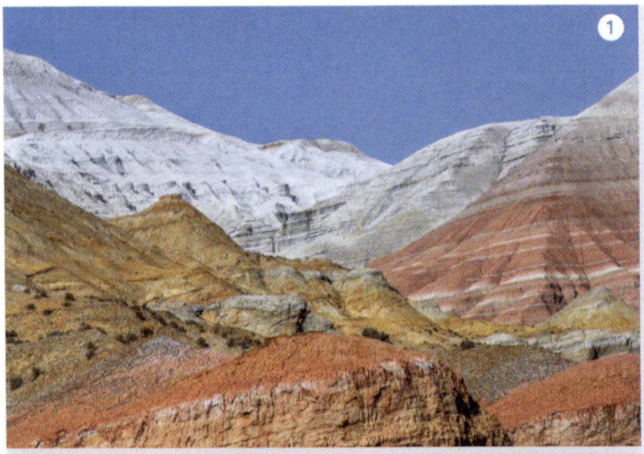

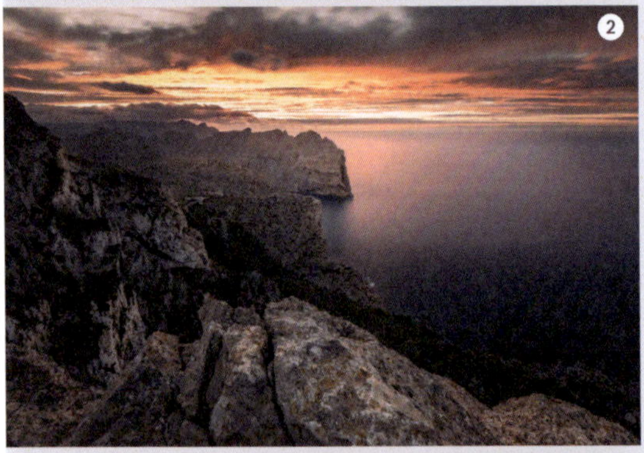

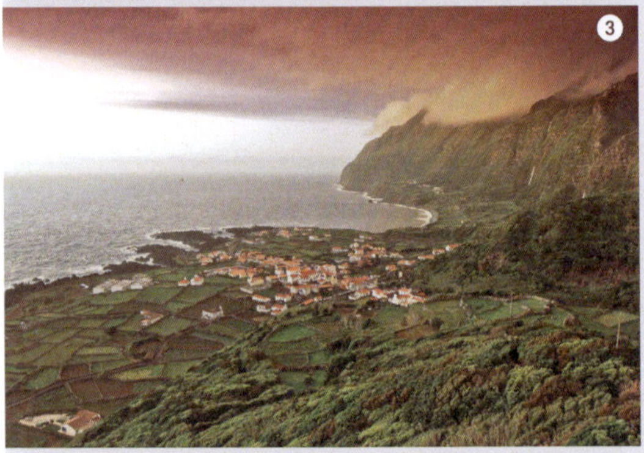

Filter beeinflussen die Bildwirkung: ❶ Ein Polfilter sorgt für satte Farben und Kontraste, ❷ ein Graufilter erlaubt lange Belichtungszeiten, ❸ ein Grauverlaufsfilter dunkelt helle Bildteile wie hier den Himmel ab.

Tipps für den Filterkauf

Achte beim Kauf von Filtern darauf, dass sie zum Gewindedurchmesser deines Objektivs passen. Es muss nicht unbedingt Glas sein, auch Kunstharz ist optisch einwandfrei und leichter. Es ist immer von Vorteil, wenn die Filter möglichst dünn gebaut sind („slim"). Ansonsten besteht bei weitwinkligen Aufnahmen die Gefahr von Abschattungen deines Filters, die du in den Bildecken siehst. Am besten schaust du nach nanobeschichteten Ausführungen, da diese weniger schmutzanfällig sind und sich besser reinigen lassen.

Egal welchen Filter du nutzen möchtest, vermeide auf jeden Fall, dir minderwertige Exemplare vor dein Objektiv setzen. Bei mangelhafter Verarbeitung können die Filter die Qualität deiner Bilder massiv verschlechtern. Empfehlenswerte Hersteller sind Hoya, B+W und Lee (nur Steckfilter). Günstige, aber exzellente Alternativen baut China-Hersteller Haida.

Sonstiges Zubehör

Fernauslöser

Ein Fernauslöser ist eine praktische Sache, weil du damit deine Kamera bei der Auslösung nicht zu berühren brauchst und so Verwacklungen und damit einhergehende Unschärfe vermeidest. Das ist vor allem bei längeren Belichtungen wichtig. Praktisch ist die Fernauslösung auch, wenn du dich selbst auf dem Bild verewigen möchtest.

FUNK- ODER KABELAUSLÖSER?

Es gibt Funk- und Kabelauslöser. Ich bevorzuge die Funkvariante, weil man damit flexibler ist, von weiterer Distanz auslösen kann und außerdem kein störendes Kabel herumbaumelt. Wenn du tatsächlich nur auslösen möchtest, reicht ein beliebiges Gerät für wenige Euro. Wenn du auf Features wie programmierbare Zeit- und Intervallschaltung Wert legst, musst du etwas mehr ausgeben. Dann empfehle ich den Hersteller Haehnel.

Akkus

Auf deinen Fototouren solltest du immer genügend vollgeladene Akkus mitnehmen. Nichts ist ärgerlicher, als wenn du gerade ein Traummotiv vor deiner Linse hast und dir ausgerechnet dann der Strom ausgeht. Ich empfehle dir grundsätzlich die Original-Akkus des Kameraherstellers. Die sind zwar teurer, haben meist aber auch eine bessere Ladedauer und funktionieren zuverlässiger. Bei White-Label-Akkus hatte ich immer wieder das Problem, dass diese sich selbst entluden oder nicht zuverlässig aufgeladen werden konnten.

Speicherkarten

Auch Speicherkarten solltest du reichlich dabeihaben und nicht am falschen Ende sparen, zumal Speicher mittlerweile recht günstig geworden ist. Immerhin sind die kleinen Karten für die Sicherheit und die Verarbeitung deiner Fotos verantwortlich. Ich empfehle dir deshalb, nur Markenspeicher zu verwenden, z. B. von SanDisk.

Da moderne Kameras große Datenmassen aufzeichnen, solltest du auf ausreichend Speicherkapazität achten, z. B. 64 oder 128 GB. Wichtig ist auch eine hohe Lese- und Schreibgeschwindigkeit für ein zügiges Abspeichern und Übertragen der Bilddateien. Ein guter Standard sind heute Class-1-Karten, die bis zu mehreren hundert Megabyte in der Sekunde verarbeiten.

Reinigungsutensilien

In der Landschaftsfotografie ist deine Ausrüstung oft harschen Wettereinflüssen ausgesetzt – gut, wenn du vor Ort deine Ausrüstung, vor allem die Objektive, von Staub, Schmutz oder Feuchtigkeit befreien kannst. Daher solltest du immer einen kleinen Blasebalg, einen Pinsel, optischen Reiniger und ein großes Mikrofasertuch in deinem Fotorucksack mitführen.

Fotorucksack/Tasche

In der Landschaftsfotografie trägt man seine Ausrüstung bei Wind und Wetter über Stock und Stein, manchmal auch durch unwegsames Gelände, z. B. hochalpines Gebiet. Mit zunehmender Ausrüstung und Gewicht stellt sich die Frage, wie man das am besten bewerkstelligt. Ich persönlich bevorzuge Fotorucksäcke und möchte sie dir auch empfehlen. Damit lässt sich die schwere Ausrüstung am bequemsten und sichersten tragen und die Hände bleiben frei.

Man sollte auf ein bequemes Tragesystem, eine gute Polsterung, eine durchdachte, am besten flexible Inneneinteilung und wasserdichtes, stabiles Material achten. Ideal ist es außerdem, wenn der Rucksack Handgepäckmaße hat, weil du ihn dann bei Flügen zu deinen Fotozielen immer bei dir haben kannst. Empfehlenswerte Hersteller sind z. B. Tamrac, ThinkTank, f-stop oder Manfrotto.

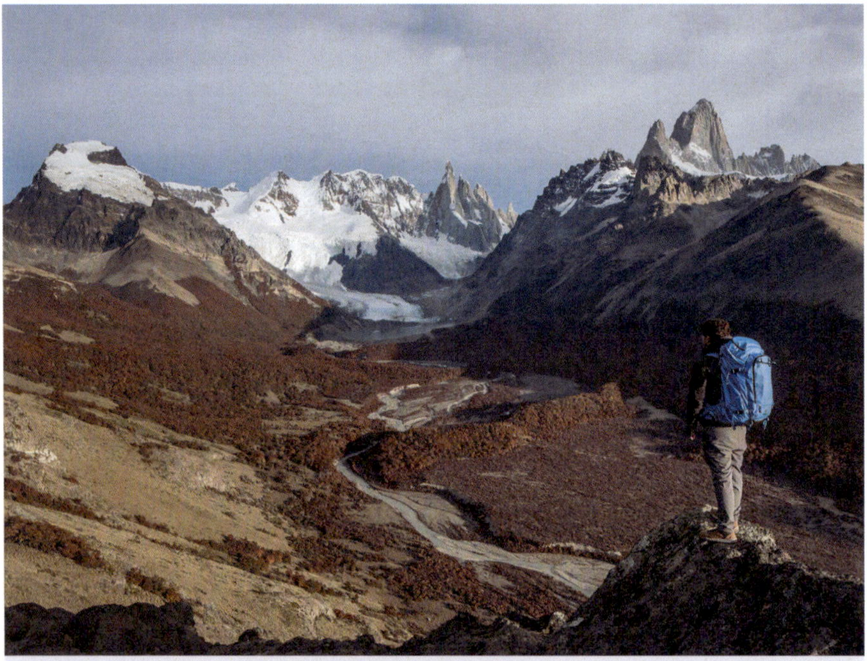

Hier passt alles rein: Fotograf mit Fototrekkingrucksack

Nimm die richtige Ausrüstung mit

Auf meinen Touren und Workshops erlebe ich immer wieder, dass die Leute keine durchdachte Ausrüstung mitführen. Dabei ist es sehr wichtig, dass du dir *vor* deiner Fototour genau überlegst, welche Teile deiner Ausrüstung du überhaupt brauchen wirst. So vermeidest du, unnötigen Ballast mit dir herumzuschleppen, aber auch, dass dir im entscheidenden Moment Equipment fehlt. Welche Ausrüstung für dein nächstes Fotoabenteuer notwendig ist, hängt davon ab, was du ablichten möchtest und wie und wie lange du unterwegs bist. Auf einer mehrwöchigen Trekkingtour durch die Wildnis wirst du sicherlich anders packen als bei einem Sonntagsausflug mit dem Auto.

WELCHE AUSRÜSTUNG HABE ICH SELBST AUF MEINEN FOTOTOUREN DABEI?

Mein Credo lautet: so wenig und leicht wie möglich, so viel wie nötig. Schließlich muss man als Landschaftsfotograf mobil sein und hat auf Touren neben dem Fotoequipment oft auch noch weitere Ausrüstung dabei. In meinem Rucksack befinden sich unterwegs meist ein Kameragehäuse, drei Objektive, drei Graufilter, ein Polfilter und ein Karbonstativ. Dazu noch einiger Kleinkram wie GPS-Gerät oder Powerbank. Wenn du dich für meine aktuelle Ausrüstung interessierst, kannst du sie gern auf meiner Webseite nachlesen: www.david-koester.de/landschaftsfotografie-lernen/ausruestung-landschaftsfotografie-reisefotografie/

EINSTELLUNGEN

Eine oft zitierte Weisheit besagt, dass der Fotograf das Foto macht und nicht die Kamera. Denn der Fotograf beeinflusst mit den richtigen Einstellungen an der Kamera die Wirkung seiner Bilder. In diesem Kapitel lernst du diese Einstellungen kennen und anwenden.

Der Begründer der Landschaftsfotografie Ansel Adams sagte einst: „You don't take the photograph, you make it." Auf gut Deutsch: Nicht die Kamera, sondern der Mensch dahinter mit seinen Fähigkeiten, die Kamera zu beherrschen, ist der entscheidende Erfolgsfaktor für jedes gute Foto.

Im ersten Kapitel hast du erfahren, wie du dein Fotoequipment zusammenstellst. Jetzt gilt es, das Optimum aus deiner Ausrüstung herauszuholen und sie richtig bedienen zu lernen. Wer einfach drauflos knipst und allein der Vollautomatik vertraut, wird kaum spannende Fotos erhalten und hat keinen Einfluss auf sein Bild. Daher ist es essenziell, dass du die wichtigsten fotografischen Parameter und deren Wirkung auf dein Foto kennst.

Die vier elementaren fotografischen Parameter sind:

1. **Blende**
2. **Belichtungszeit**
3. **ISO-Zahl**
4. **Brennweite**

Alle vier Faktoren bestimmen wesentlich die Schärfe und die Belichtung deines Bildes. Da alle Größen miteinander in Verbindung stehen, nenne ich sie auch gern das „magische Fotoviereck“.

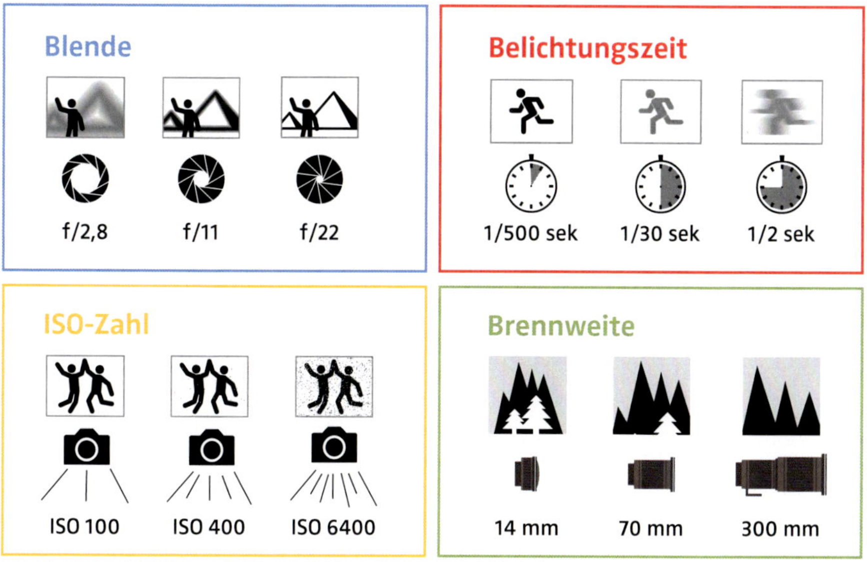

Das magische Fotoviereck

Blende

Einfluss der Blende auf die Belichtung

Die **Blende** ist eine mechanische Vorrichtung am Objektiv, die mittels Lamellen, die sich öffnen und schließen können, den Lichtdurchlass steuert. Die Wahl der Blende bestimmt also, wie viel Licht auf deinen Sensor fällt. Je geschlossener also die Blende, desto weniger Licht und desto länger musst du belichten. Da Form und Funktion der Blende der Pupille am menschlichen Auge ähneln, wird sie auch Irisblende genannt.

Um anzugeben, wie viel Licht die jeweils gewählte Blende auf deinen Sensor lässt, gibt es eine Skala, die **Blendenreihe**. Die jeweilige **Blendenzahl** wird dabei immer mit dem Präfix „f/" (engl. „f-stop" = Verschluss) angegeben. Die Blendenreihe beginnt mit dem Wert 1, die nächsten Werte ergeben sich immer durch Multiplikation mit √2 (ungefähr 1,4).

f/1 – 1.4 – 2 – 2.8 – 4 – 5.6 – 8 – 11 – 16 – 22 – ...

Wichtig für dich zu wissen: Von einer Blendenstufe zur nächsten halbiert sich die „Öffnung" und damit die durchgelassene Lichtmenge. Jedes Schließen (**Abblenden**) der Blende um einen vollen Wert (z. B. von f/2.8 auf f/4) ergibt also eine Halbierung der Lichtmenge, das heißt, du musst doppelt so lange belichten. Umgekehrt ergibt ein Öffnen der Blende (**Aufblenden**) um einen Wert (z. B. von f/11 auf f/8) die doppelte Lichtmenge. Dann brauchst du nur halb so lang zu belichten.

Gute Objektive beginnen oft mit einer Anfangsblende (auch **Offenblende**) von f/2.8, lichtschwächere Modelle oft auch erst mit f/3.5 oder f/4. Meistens kannst du einen Blendenwert bis f/22 einstellen.

Einfluss der Blende auf die Schärfe

Je geschlossener die Blende (je größer die Blendenzahl) ist, desto größer wird die **Tiefenschärfe** (auch **Schärfentiefe**) und umgekehrt. Die Tiefenschärfe ist die Ausdehnung des scharfen Bereichs in deinem Motiv. Je mehr Tiefenschärfe, desto mehr in deinem Bild ist scharf.

Möchtest du eine geringe Tiefenschärfe, z. B., weil du eine Blume oder einen Baum vor dem Hintergrund freistellen möchtest, dann wählst du eine offene Blende (kleine Blendenzahl), etwa f/2.8. Der Hintergrund verschwimmt dann, wird also unscharf.

Möchtest du hingegen eine hohe Tiefenschärfe – und das streben wir in der Landschaftsfotografie meist an –, musst du abblenden, also die Blende schließen. Dann ist von vorne bis hinten alles scharf. Nun könntest du denken: Dann nehme ich einfach die kleinste Blende, z. B. f/22, und habe die maximale Schärfe im Bild. Genau diesen Tipp liest man auch sehr oft im Netz. So einfach ist es aber nicht, daher kannst du diese Binsenweisheit auch gleich wieder vergessen.

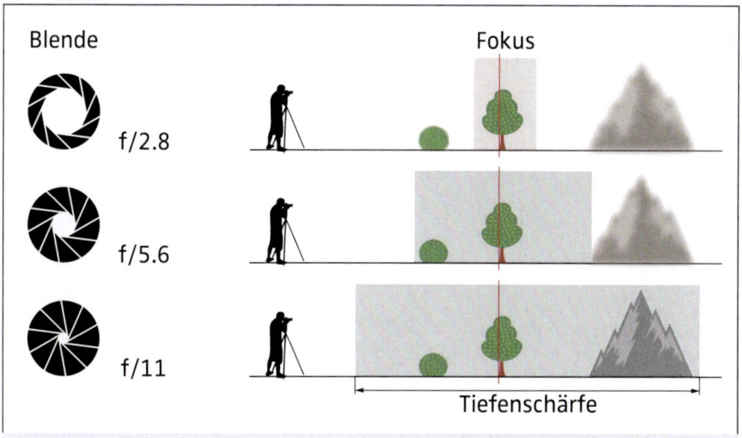

Wirkung der Blendenöffnung auf die Tiefenschärfe

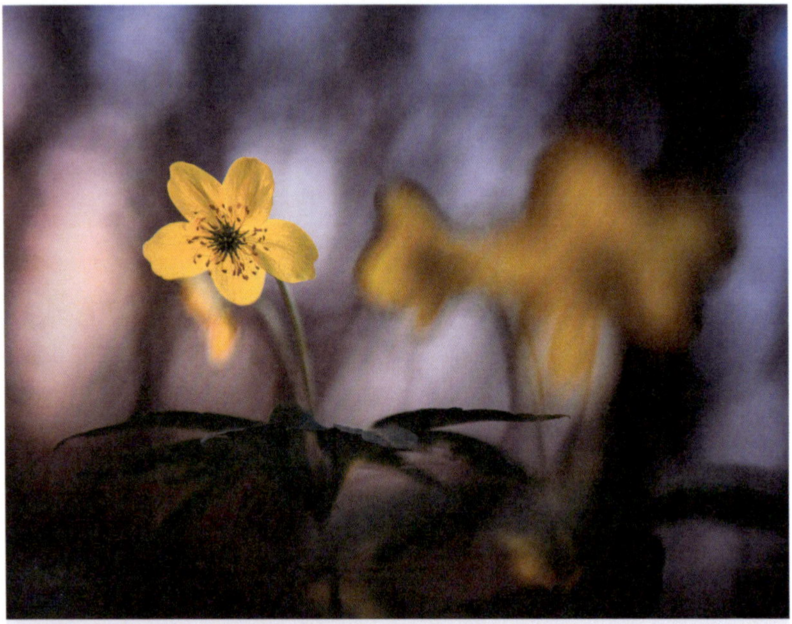

Geringe Tiefenschärfe dank offener Blende f/2.8

Neben der Tiefenschärfe gibt es nämlich noch einen weiteren Effekt, die sogenannte **Beugungsunschärfe** (auch Diffraktion genannt). Je mehr du abblendest, desto mehr Licht wird an den Blendenlamellen gebrochen. Das wiederum führt zu einer geringeren **Gesamtschärfe** deines Fotos, es wirkt zunehmend „matschig“. Daher ist es überhaupt keine gute Idee, unendlich abzublenden.

Die schärfste Blende ist bei jeder Objektiv-Kamera-Kombination unterschiedlich. Wenn dir maximale Schärfe wichtig ist, kannst du deine Objektive einfach einmal durchtesten. Hilfreich ist dabei die Faustregel, dass die beste Gesamtschärfe meist zwei oder drei Blendenstufen unter der Offenblende liegt.

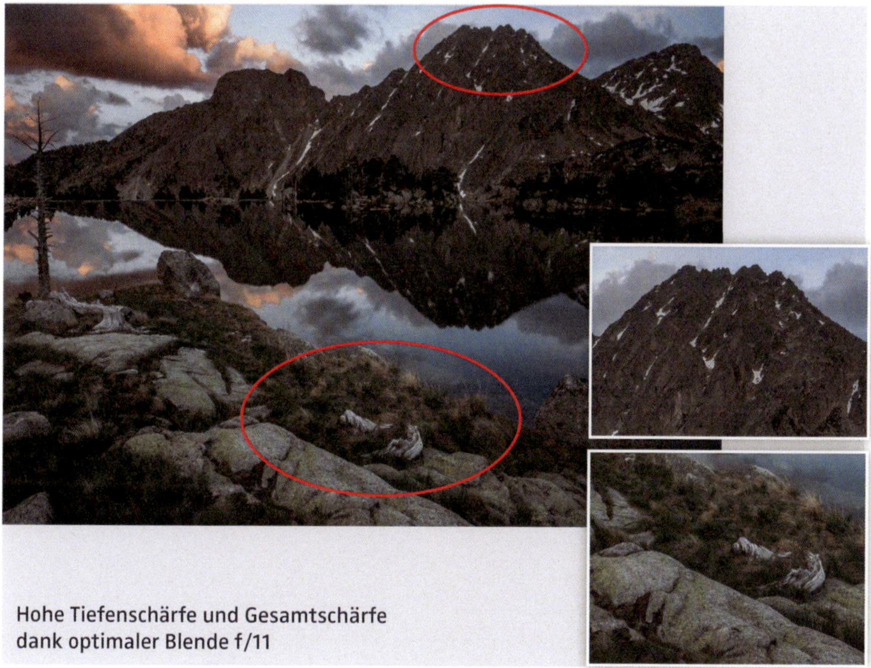

Hohe Tiefenschärfe und Gesamtschärfe dank optimaler Blende f/11

Im Ergebnis solltest du einen guten Kompromiss zwischen der Tiefenschärfe und der Beugungsunschärfe finden. Das nennt man die **optimale** oder **förderliche Blende**. Diese liegt im mittleren Blendenbereich, je nach Objektiv meist zwischen f/8 oder f/11.

Einstellung der Blende

Die Blende wird heute meist elektronisch eingestellt. Den gewünschten Wert stellst du entweder in deinem Kameramenü oder komfortabler über ein Drehrädchen an deinem Kameragehäuse ein. Bei analogen Objektiven kann man die Blende über einen Drehring (Blendenring) einstellen.

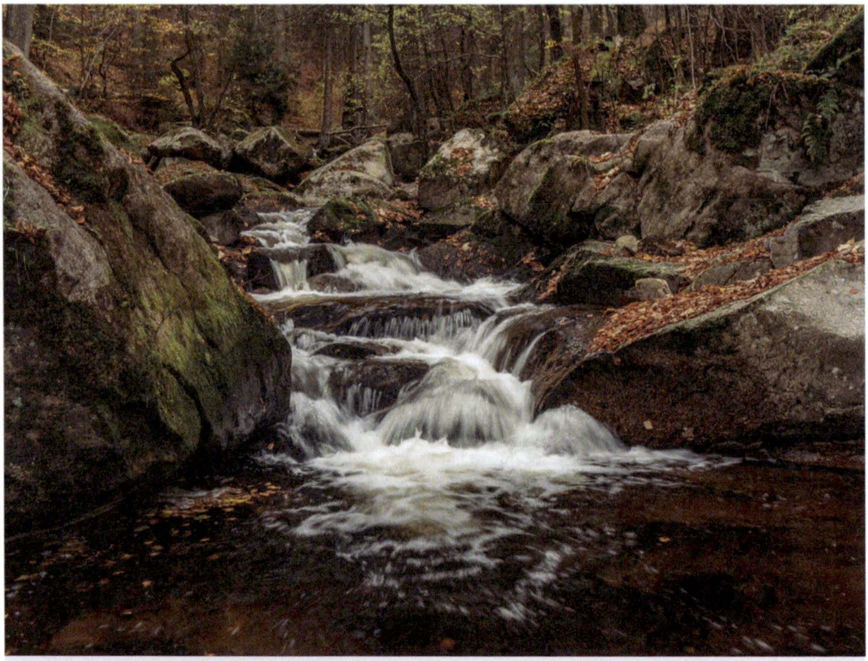

Kurze Belichtungszeit (1/50 sek)

Belichtungszeit

Die Belichtungszeit gibt an, wie lange der Verschluss deiner Kamera geöffnet bleibt, um Licht auf den Sensor zu lassen. Sie wird daher auch Verschlusszeit genannt und ist entscheidend dafür, ob dein Bild richtig belichtet ist.

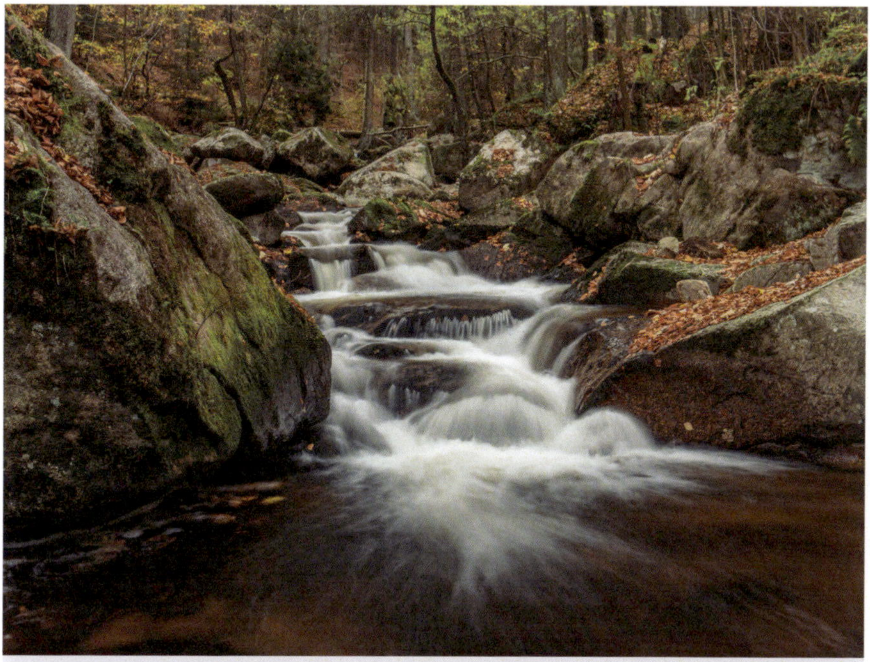

Lange Belichtungszeit (1 sek)

Die Belichtungszeit hat indirekt auch Einfluss auf die Schärfe. Je dunkler dein Motiv ist und je höher die verwendete Blendenzahl, desto länger ist die notwendige Belichtungszeit. Dabei solltest du wissen, dass du ein Bild selbst bei ruhiger Hand nur bis maximal 1/100 Sekunde freihand halten kannst. Danach verwackelt es, wird also unscharf. Je länger du belichtest, desto höher also die Gefahr von Unschärfe, wenn du nicht auf Stativ arbeitest.

Die Belichtungszeit stellst du entweder in deinem Kameramenü oder über ein Drehrädchen an deinem Kameragehäuse ein. Dort sind meist Einstellungen bis 30 Sekunden möglich.

Der Bulb-Modus

Möchtest du noch länger belichten, nutzt du den Bulb-Modus. Bei manchen Kameras ist dieser über das Moduswahlrad („B“) zugänglich, bei anderen kann man die Funktion über den manuellen Modus erreichen, indem man am Rädchen die Belichtungszeit über 30 Sekunden hinausdreht.

Beim Bulb-Modus kannst du so lange belichten, wie du möchtest, du musst dann aber selbst das Schließen des Kameraverschlusses vornehmen. Damit es nicht zu Verwacklungen kommt, solltest du das mittels Fernauslöser tun. Wenn es ein etwas besseres Modell ist, kannst du dort die gewünschte Belichtungszeit einstellen, ansonsten musst du selbst auf die Uhr schauen. Was es sonst zu beachten gibt, lernst du im Abschnitt „Langzeitbelichtung“.

ISO-Zahl

Die ISO-Zahl bestimmt die Empfindlichkeit des Kamerasensors, also wie viel Licht innerhalb einer bestimmten Zeit auf den Sensor gelangt. Je größer der Wert, desto heller wird das Bild. Durch die Erhöhung des ISO-Wertes kannst du die notwendige Belichtungszeit verkürzen. Hierbei gilt die Faustregel, dass sich mit einer Verdopplung der ISO-Zahl (z. B. von ISO 100 auf ISO 200) die Belichtungszeit halbiert. Bei vielen modernen Kameras kannst du eine unterstützende **ISO-Automatik** einschalten. Wenn die Belichtungszeit zu lang wird, um unter den vorhandenen Lichtbedingungen die Aufnahme noch verwacklungsfrei zu halten, schaltet die Kamera automatisch auf einen höheren ISO-Wert bei Beibehaltung aller anderen Einstellungen.

Wenn du sowohl die Blende als auch die Belichtungszeit vorgeben möchtest, kannst du den ISO-Wert als Korrektiv nutzen. Das funktioniert aber nur in Grenzen, denn du solltest möglichst kleine Iso-Zahlen verwenden. Je größer der ISO-Wert, desto schlechter wird nämlich die Bildqualität. So nimmt mit zunehmender ISO die Schärfe ab, die Farben verblassen und das unerwünschte Bildrauschen nimmt zu. Je kleiner der Kamerasensor, desto schneller treten diese unerwünschten Effekte ein.

Genau deshalb nutzen wir Landschaftsfotografen große Sensoren und meist ein Stativ: Damit können wir die ISO-Zahl so klein wie möglich halten. Es gibt eine Ausnahme. In der Nachtfotografie, wenn wir Sterne, die Milchstraße oder Polarlichter fotografieren, nutzen wir aufgrund der Dunkelheit hohe ISO-Werte, um genügend Licht auf den Sensor zu bekommen. Das starke Bildrauschen müssen wir in diesem Fall in Kauf nehmen und in der Nachbearbeitung entfernen.

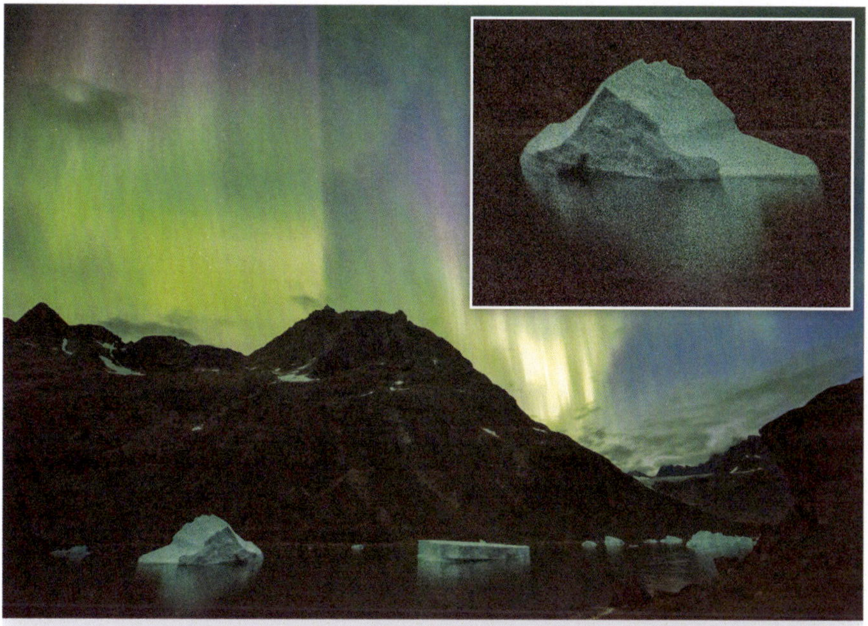

Hohe ISO-Zahlen bringen auch bei Dunkelheit genügend Licht auf den Sensor, führen aber leider auch zu ungeliebtem Bildrauschen und Schärfeverlust: hier ein Bild mit ISO 6400

Brennweite

Die Brennweite bestimmt zusammen mit der Sensorgröße den Bildwinkel, also wie viel aufs Bild kommt und wie nah oder fern es abgebildet wird (siehe auch Abschnitt „Objektive")

Auch die Brennweite hat indirekt Einfluss auf die Schärfe. Je größer die Brennweite ist, desto länger wird die notwendige Belichtungszeit und damit auch die Gefahr von Verwacklungsunschärfen.

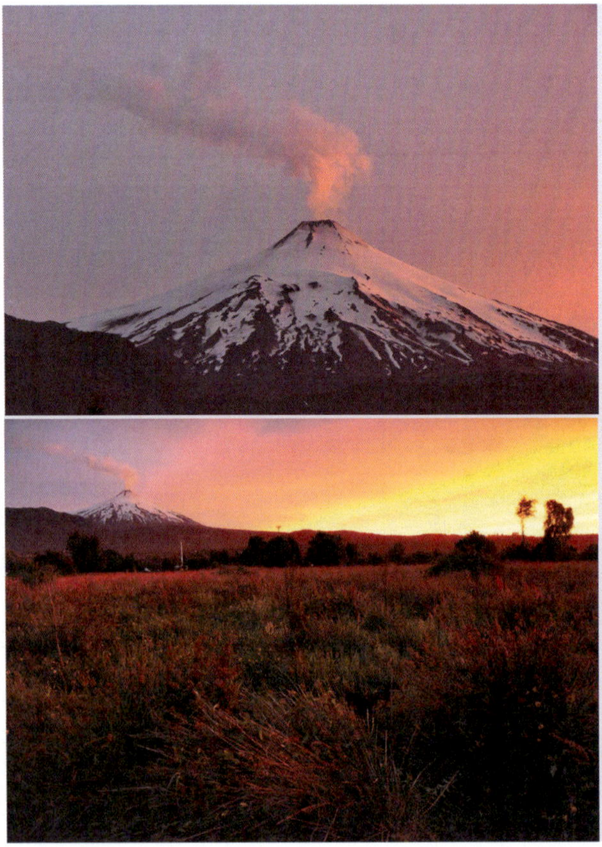

Ein Motiv, einmal mit kurzer Brennweite (18 mm), einmal mit langer Brennweite (300 mm)

Blenden- und Belichtungsautomatik

Vielleicht hast du dich schon einmal gefragt, was eigentlich die Buchstaben auf dem Moduswahlrad deiner Kamera bedeuten sollen? Es ist sozusagen das Alphabet des guten Lichts.

Wenn du die Blende gezielt für die Schärfesteuerung einsetzen möchtest, dir die anderen Parameter aber unwichtig sind, kannst du dich von deiner Kamera mit einer Halbautomatik unterstützen lassen. Bei der sogenannten **Blendenvorwahl** stellst du die gewünschte Blende ein. Die Kamera wählt dann automatisch unter Beachtung weiterer Einstellungen wie ISO-Wert, Brennweite und den Lichtbedingungen die passende Verschlusszeit dazu. Diese Funktion findest du unter A (Nikon, Sony) oder Av (Canon). „A“ bzw. „Av“ steht für „aperture“ (Blende) bzw. „aperture value“. Dieser Modus, der auch **Zeitautomatik** genannt wird, ist bei den meisten Landschaftsfotografen die Standardeinstellung.

Die **Zeitvorwahl** ist eine weitere Halbautomatik, bei der der Fotograf die gewünschte Belichtungszeit einstellt und die Kamera in Abhängigkeit davon die passende Blende zusteuert. Dieser Modus wird als S (Nikon, Sony) oder Tv (Canon) gekennzeichnet, wobei „S“ für „shutter speed“ (Verschlusszeit) steht, „Tv“ für „time value“. Der Modus wird auch **Blendenautomatik** genannt.

Die **Programmautomatik** ist eine Vollautomatik, bei der die Kamera selbstständig sowohl Blende als auch Belichtungszeit einstellt. Diesen Modus findest du unter P. Da du hier keinerlei Einfluss auf Blende und Belichtungszeit hast, ist dieser Modus ein bisschen wie eine Lotterie. Daher empfehle ich ihn dir nicht.

Der **manuelle Modus** ist das genaue Gegenteil. Hier stellst du ohne Zutun der Kamera sowohl die Belichtungszeit als auch die Blende selbst ein. Dieser Modus ist auf der Kamera meist unter M zu finden. Jetzt fragst du dich vielleicht, warum man überhaupt manuell belichten sollte. In kontrastarmen Lichtsituationen versagt die Belichtungsautomatik der Kamera, z. B. bei Dämmerlicht, in der Nacht oder bei Nebel. Zum anderen kann es sein, dass man Belichtungszeit und Blende gemeinsam als Gestaltungsmittel einsetzen möchte. Das trifft z. B. für **Langzeitbelichtungen** zu (siehe dort), wenn man etwa den Nachthimmel fotografieren oder Wasserfälle, Flüsse oder das Meer dynamisch ablichten möchte. In diesen Fällen hat man mit dem manuellen Modus die volle Kontrolle, man muss aber auch selbst darauf achten, dass das Bild richtig belichtet ist (siehe Abschnitt „Belichtung prüfen").

Weißabgleich

Vielleicht hast du auch schon einmal festgestellt, dass manche deiner Fotos unschöne Farbstiche und die Farbtöne wenig mit der Realität gemein haben. Dann hat der Weißabgleich deiner Kamera versagt oder du hast ihn falsch eingestellt.

Der Weißabgleich steuert die **Farbtemperatur** (gemessen in Kelvin) deiner Aufnahme. Das ist deshalb notwendig, weil sich mit jedem Bild die Lichtfarbe verändert, z. B. durch die unterschiedlichen Lichttöne im Lauf eines Tages. Auch die Umgebung und die Lichtquellen haben einen Einfluss auf die Lichtfarbe. Um das auszugleichen, haben die meisten modernen Kameras einen automatischen Weißabgleich. Dieser funktioniert meist recht zuverlässig, so dass die Farben wirklichkeitsgetreu wiedergegeben werden.

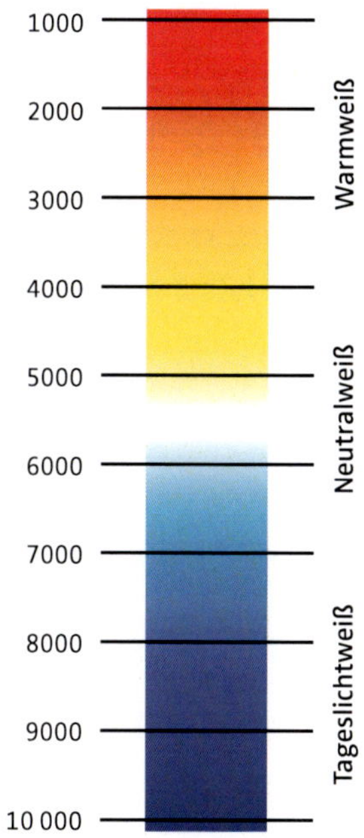

Farbtemperatur	Lichtquelle
1500 K	Kerze
2600–3200 K	Glühlampe, Halogenlampe
3100 K	Sonnenuntergang/Sonnenaufgang
3500 K	goldene Stunde
4000 K	Leuchtstofflampe weiß
4120 K	Mondlicht
4500–5000 K	Xenonlampe
5000 K	Morgen-/Abendsonne
5200–5500 K	Tageslicht bei freien Himmel
5500–5600 K	Blitzgerät
5500–5800 K	Mittagssonne bei Bewölkung
6000 K	LED-Lenser
6500–8000 K	bedeckter Himmel
7000–8000 K	Schatten
7500–8500 K	Nebel
9000–12 000 K	blaue Stunde
10 000–12 000 K	blauer Himmel bei Sonnenschein
> 10 000 K	Nacht

Eine wichtige Eigenschaft des Lichts ist die Farbtemperatur, die je nach Lichtsituation erheblichen Einfluss auf dein Bild hat

Es gibt aber auch Situationen, in denen die Automatik überfordert ist, meistens in Mischlichtsituationen (wie Sonnenlicht und Kunstlicht in einem Bild), aber auch bei Schnee oder in der Dämmerung. Wer Wert auf realistische Farben legt, kann den Weißabgleich dann manuell anpassen. Dazu änderst du einfach so lange den Kelvinwert, bis du mit dem Ergebnis auf dem Display zufrieden ist. Niedrigere Werte stehen für wärmere, gelbliche Töne, höhere für kältere, blaue Farben. Wenn du es ganz genau machen möchtest, suchst du dir einen weißen oder hellgrauen Referenzpunkt und stellst auf diesen den Weißabgleich von Hand ein.

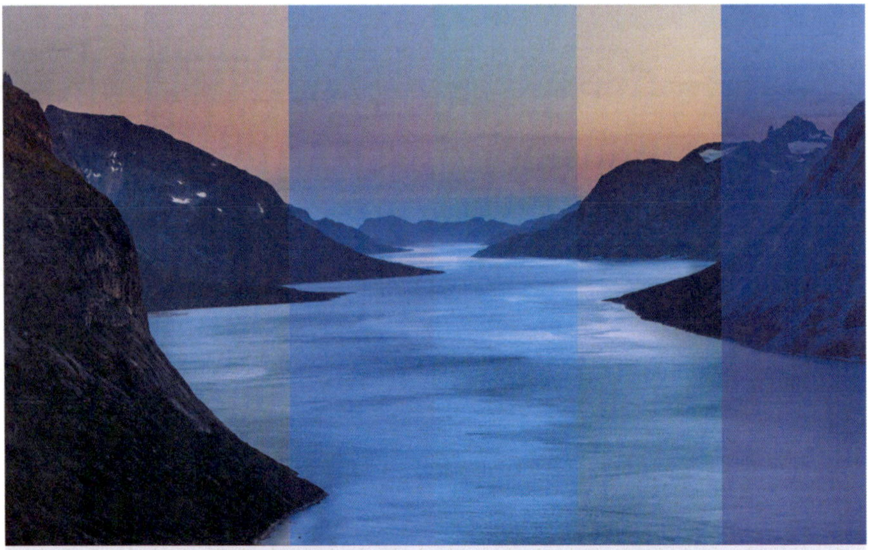

Ein Motiv mit unterschiedlichen Weißabgleichen: v.l.n.r. meine manuelle Einstellung bei 5200 K, Automatik, Tageslicht, Bewölkung, Blitzlicht, Leuchtstoffröhre

Du kannst den Weißabgleich aber auch umgekehrt dafür nutzen, mit der Bildfarbe zu gestalten. Wenn du z. B. eine orangefarbene Sonnenuntergangsstimmung verstärken möchtest, könntest du den Weißabgleich wärmer wählen. Entweder stellst du den Kelvinwert manuell ein oder verwendest eine der Voreinstellungen. „Schatten" oder „bewölkt" sind beispielsweise Voreinstellungen für ein warmes Bild.

Übrigens: Wenn du im RAW-Format (siehe Kapitel „Bildbearbeitung") fotografierst, kannst du den Weißabgleich einfach ignorieren. Die Kamera nimmt dann das vollständige Farbspektrum auf, und du kannst später in der Bildbearbeitung den Weißabgleich selbst viel präziser einstellen. Außerdem musst dich dann nicht auf das möglicherweise schlecht kalibrierte Display deiner Kamera verlassen.

EIN WORT ZU DEINEM HANDBUCH

Das Wissen um die fotografischen Parameter ist das eine. Es sollte dir aber auch klar sein, wie du diese an deiner Kamera einstellst. Mach dich also gerade am Anfang mit der Bedienung deiner Kamera und sonstiger Ausrüstung gut vertraut. Wirf ruhig auch mal einen Blick in das Handbuch. Das gilt speziell, wenn du größere Fototouren oder Reisen planst und in deiner neuen Ausrüstung noch nicht ganz firm bist. Ich gebe zu, die Lektüre ist weniger spannend als der Urlaubskrimi. Tu es trotzdem – es lohnt sich, vor allem wenn es mal fix gehen soll. Bekanntlich gehen die schönsten Momente immer viel zu schnell vorbei, erst recht, um sie auf einem Foto festzuhalten.

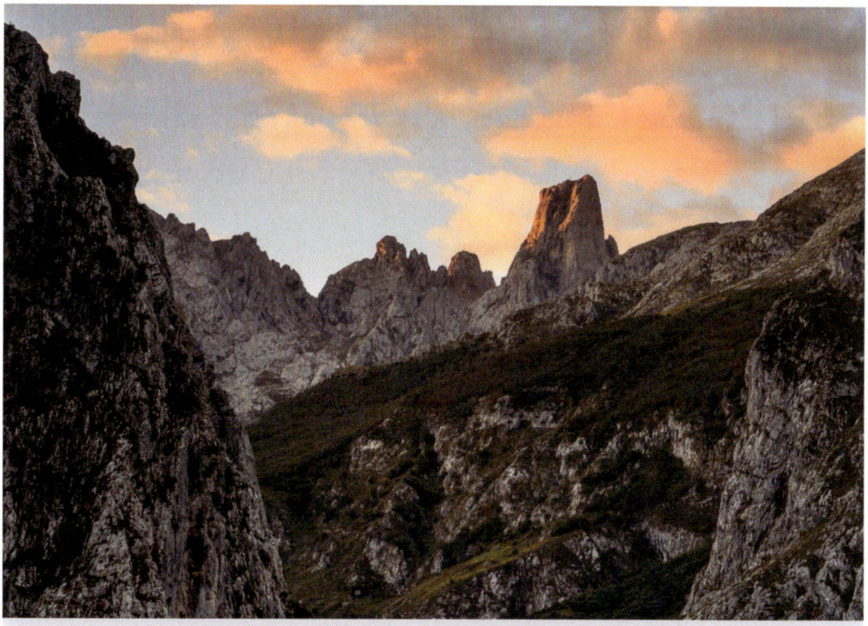

Dieser Lichtmoment in den Picos de Europa währte nur wenige Sekunden – gut, wenn man dann die Kamera aus dem Effeff bedienen kann

MOTIV

Ein gutes Landschaftsfoto steht und fällt mit dem Motiv, das darauf zu sehen ist. In diesem Kapitel zeige ich dir, wie du spannende Motive finden kannst.

Eindrucksvolle Landschaftsfotos haben selten mit Zufall zu tun, sondern bedürfen einiger Planung und Vorbereitung. Die Entstehung der meisten meiner Bilder beginnt deshalb lange vor dem eigentlichen Druck auf den Auslöser. Und zwar auf der heimischen Couch.

Motivsuche zu Hause

Sobald klar ist, wohin mich meine nächste Fototour oder Reise führen wird, betreibe ich erst einmal ausführliche Recherche. Besonderes Augenmerk lege ich auf die Suche nach vielversprechenden Motiven. Was könnte vor Ort fotografisch reizvoll sein, wo finde ich z. B. Seen, Flüsse, Berge, Wasserfälle? Welche topografischen Bedingungen herrschen vor? Welche Standorte sind optimal, welche Perspektiven versprechen interessant zu sein? Wir Landschaftsfotografen nennen das „Location Scouting“.

Heute gibt es neben den klassischen Quellen wie Reiseliteratur und Landkarten hilfreiche digitale Tools. Diese vermitteln dir schon zu Hause eine gute Vorstellung davon, was dich vor Ort erwartet.

Aus dem modernen Location Scouting fast nicht mehr wegzudenken ist Google Maps bzw. Google Earth. Hier kannst du dir Satelliten- und Luftbilder, Geländekarten und realitätsnahe 3-D-Ansichten von jedem beliebigen Ort auf der Welt anzeigen lassen. Das hilft ungemein bei der Prävisualisierung deiner Motive.

GOOGLE MAPS UND STREET VIEW

Wenn du bei Google Maps in der Satellitenansicht die Strg-Taste gedrückt hältst und dann den Mauszeiger bewegst, wechselst du in die 3-D-Ansicht. Du kannst dann dein Fotogebiet und seine Topografie plastisch ansehen und wie ein Vogel hindurchfliegen.

Für viele touristische Plätze gibt es auch fotorealistische Ansichten (Google Street View). Klicke dazu auf das kleine gelbe Männchen-Symbol unten rechts, halte die linke Maustaste gedrückt und ziehe das Symbol an die gewünschte Stelle in der Karte. Das ist dann fast so, als wärst du selbst direkt vor Ort.

Weitere Inspirationen findest du auf speziellen Internetseiten wie www.locationscout.net oder Smartphone-Apps wie ViewPointer. Für weitere Impulse kannst du auch die Bildsuche bei Google und Bing bemühen oder einen Blick in Foto- und Reiseforen werfen.

Im letzten Schritt plane ich noch, wie ich vor Ort komme. Fahre ich mit dem Auto, ist Google Maps wieder die erste Wahl. Bin ich zu Fuß oder mit dem Rad unterwegs, nutze ich mein GPS-Gerät oder eine GPS-App, die ich dann später auch auf der Fototour einsetze. Diese funktioniert idealerweise auch ohne Internetverbindung mit Offline-Karten. Ich selbst nutze Outdooractive Pro.

Solche Planungen kosten einige Zeit und wirken auf den ersten Blick vielleicht etwas bieder und unspontan. Aber es lohnt sich. Wenn du nämlich gut vorbereitet bist, vermeidest du unliebsame Überraschungen. Du hast dann vor Ort viel mehr Zeit, die Naturkulissen zu genießen und natürlich auch zu fotografieren.

Motivsuche vor Ort

Nach all der Vorbereitung bist du endlich an deinem Fotostandort angekommen. Du bist voller Euphorie und dir juckt es schon in den Fingern. Was machst du als Erstes? Wahrscheinlich holst du sofort die Kamera heraus und knipst ganz schnell drauf los, richtig? Das kann ich wirklich gut verstehen, empfehle dir aber trotzdem, genau das nicht zu tun.

Die meisten Fotoanfänger machen den Fehler, das Bild einfach von dort aufzunehmen, wo sie gerade stehen. Das ist zwar bequem, meistens aber auch ziemlich langweilig. Die erstmögliche Perspektive ist nämlich häufig nicht die beste. Wenn du mehr als einen Schnappschuss willst, mach es besser. Lauf herum und suche dir bewusst einen Standort mit einer spannenden Perspektive. Manchmal reichen schon ein paar Schritte. Und wenn du schon einmal in Bewegung bist: Achte auch auf Umgebungselemente, die du in dein Bild einbauen könntest, vielleicht einen pittoresken Baum, einen schönen Felsvorsprung oder einige hübsche Wildblumen.

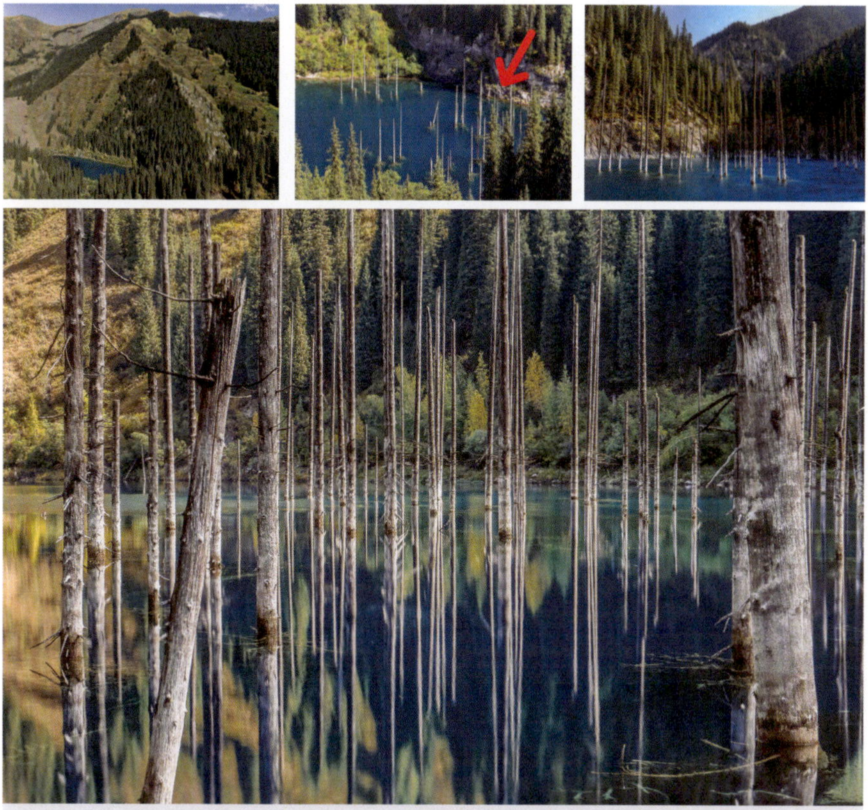

Ein Motiv, verschiedene Standorte: Erst mit der Perspektive unten am Ufer (Pfeil) war ich zufrieden und nahm hier das finale Bild auf.

Erst sehen, dann fühlen, dann fotografieren

Einer meiner liebsten Tipps lautet: „Erst sehen, dann fühlen, dann fotografieren.“ Nachdem ich physisch angekommen bin, nehme ich mir stets die Zeit, auch mental anzukommen.

Bevor ich die Kamera auch nur anfasse, halte ich einige Minuten inne. Ich sehe mich ganz in Ruhe um, lasse die Szenerie auf mich wirken. Welche Stimmung löst die Landschaft in mir aus? Ist sie heiter und licht, majestätisch und erhaben oder düster und bedrohlich? In meinen Landschaftsfotografie-Workshops nenne ich das gern „Kommunizieren mit der Landschaft“.

Ich versuche auch herauszufinden, was genau mich an der Kulisse fasziniert. Sind es die Farben oder bestimmte Strukturen in der Landschaft? Ist es die Dynamik der Elemente wie z. B. ein tosender Wasserfall oder dramatische Wolkenbewegungen? Fesselt mich die Weite oder finde ich ein bestimmtes Detail interessant?

Erst wenn ich all das weiß, habe ich eine Vorstellung davon, was ich eigentlich fotografieren möchte und wie. Und frühestens dann packe ich die Kamera aus. Probiere es einfach mal aus. Dann kommst du nicht nur viel entspannter und mit intensiveren Eindrücken von deiner Fototour zurück, du wirst auch staunen, wie viel besser deine Fotos werden.

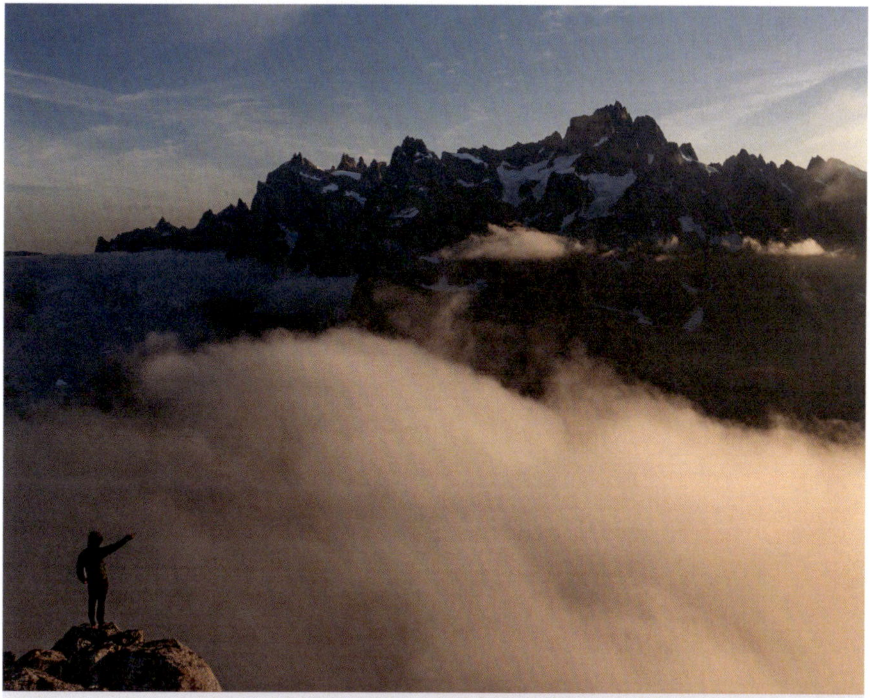

Erst mal ankommen: sehen, fühlen – bewusster fotografieren

BILDGESTALTUNG

Ein ästhetisches Foto verbindet Spannung mit Harmonie und lässt den Betrachter tief in das Motiv eintauchen. Genau das erreichst du mit einer bewussten Bildgestaltung.

Nachdem du deinen perfekten Fotostandort gefunden hast, geht es nun darum, dein Motiv eindrucksvoll zu inszenieren. Du wirst quasi zum Regisseur deines Fotos. Und Klappe!

„Ein gutes Foto ist ein Foto, auf das man länger als eine Sekunde blickt", sagte schon der legendäre Altmeister Henri Cartier-Bresson. Gute Bilder sollen den Betrachter verweilen lassen. Wenn das nicht gelingt, dann oft, weil es den Aufnahmen an Tiefe und Struktur fehlt. Sie können den Betrachter also buchstäblich nicht fesseln. Wenn du keine lieblosen „Knipserbilder", sondern ein mitreißendes Landschaftsfoto aufnehmen willst, solltest du dich also um eine effektvolle Bildgestaltung bemühen.

Perspektiven gekonnt einsetzen

Wie du oben gelernt hast, solltest du dir eine spannende Perspektive suchen, da du so deine Bildwirkung verstärken kannst. Normalerweise sind wir es gewohnt, unsere Umgebung aus Augenhöhe zu betrachten. Wenn du deinem Bild eine Extraportion Drama verleihen möchtest, weiche bewusst einmal von der alltäglichen Perspektive ab.

Froschperspektive

Zum einen kannst du deinen Kamerastandpunkt dazu möglichst tief unter Augenhöhe wählen. Aus dieser sogenannten Froschperspektive wirkt alles sehr gewaltig. Vielleicht erinnerst du dich noch an deine Kindheit? Weißt du noch, wie groß und faszinierend die Welt dir damals vorkam? Dann weißt du jetzt in etwa, was es damit auf sich hat.

Außerdem eignet sich die Froschperspektive bestens, dein Bild dreidimensional aufzubauen. Aufgrund der Bodennähe kannst du nämlich einen sehr dominanten und plastischen Vordergrund in dein Bild integrieren, z. B. auf der Erde liegende Steine oder dort wachsende Pflanzen.

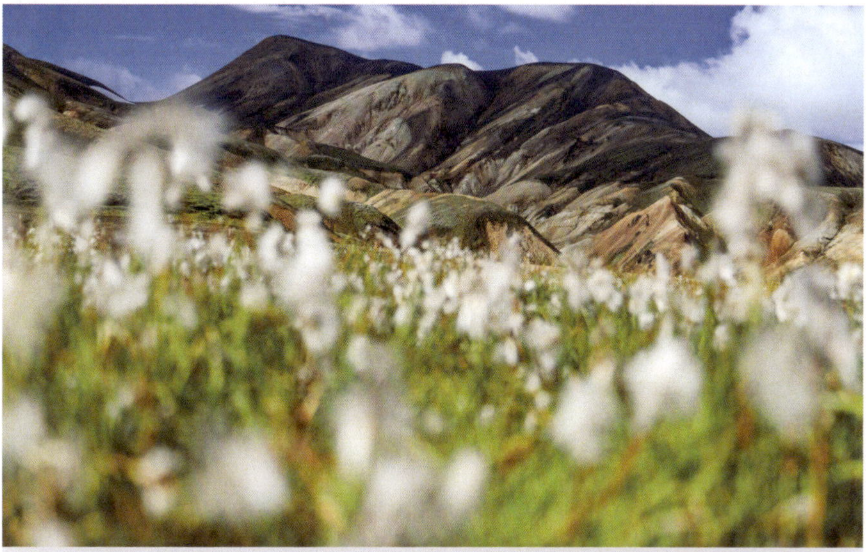

Ein Tal im isländischen Landmannalaugar aus der Froschperspektive. Dazu habe ich mich in das Wollgras auf den Boden gelegt.

Vogelperspektive

In der Vogelperspektive machst du es genau andersherum. Du suchst dir einen erhöhten Fotostandpunkt, der deutlich über Augenhöhe gelegen ist. Auch die Vogelperspektive ist faszinierend, weil sie die Welt aus einer nicht alltäglichen Sicht von oben zeigt.

In dieser Perspektive kannst du die verschiedenen Ebenen deines Motivs besonders plastisch staffeln. Je höher du kommst, desto abstrakter und miniaturisierter wirkt die Welt unter dir.

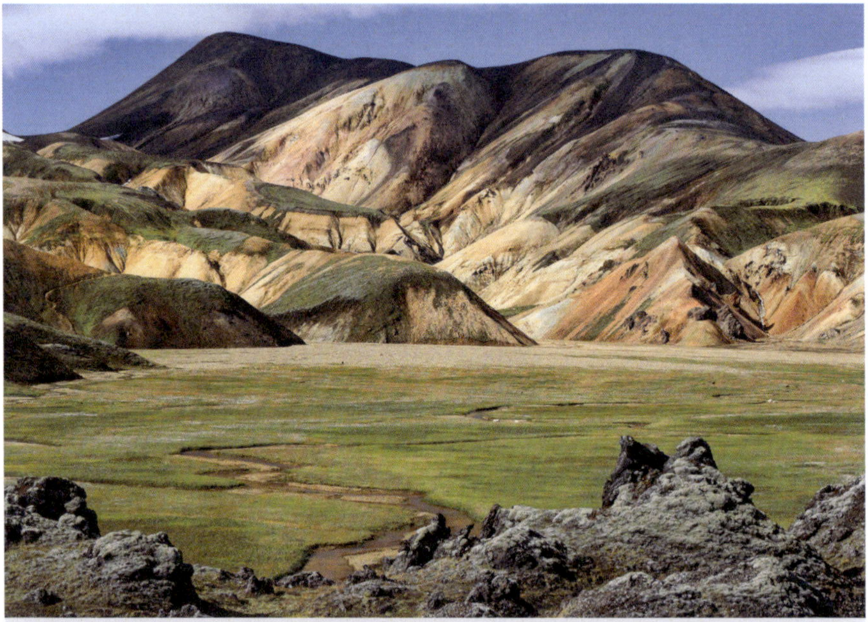

Dasselbe Tal, nun aus der Vogelperspektive, für die ich auf eine Anhöhe gestiegen bin

Draufsicht

Eine extreme Steigerungsform der Vogelperspektive ist die Draufsicht. Diese Perspektive ist typisch für Luftaufnahmen von Flugzeug, Ballon, Drohne etc. Diese Bilder wirken häufig sehr surreal, wie Gemälde aus einer anderen Welt.

Derartige Aufnahmen eignen sich gut, um charakteristische Strukturen und Muster einer Landschaft zu präsentieren oder wenn du eher abstrakte Naturimpressionen magst.

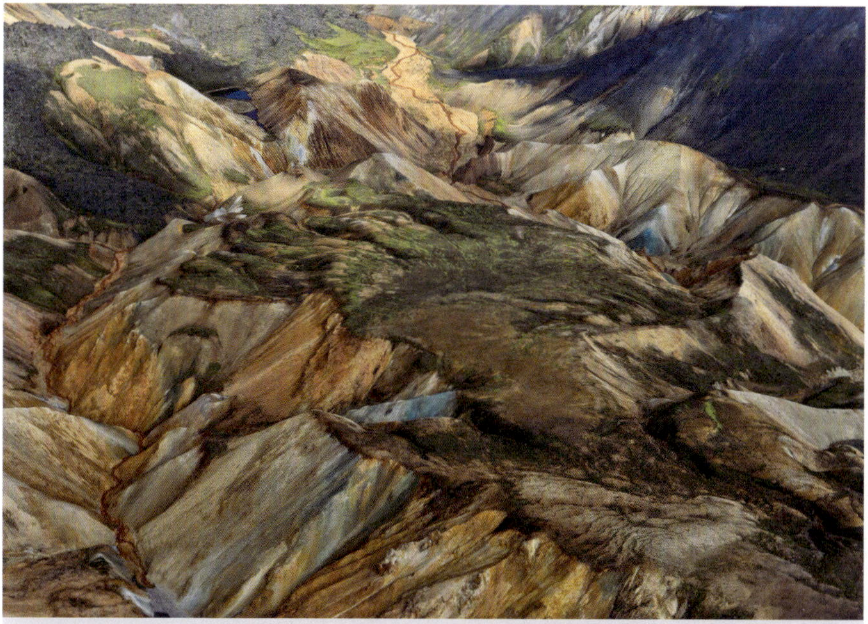

Nochmals Landmannalaugar, nun aber aus der Luft. Diese Draufsicht, die ich aus einem Flugzeug aufgenommen habe, wirkt sehr grafisch. Farben und Formen scheinen zu einem Gemälde zu verschmelzen.

Nun weißt du, wie du Perspektiven effektvoll einsetzen kannst. Also leg dich doch einfach mal auf den Boden oder klettere irgendwo hinauf. Es muss ja nicht gleich ein Fünftausender sein. Oft reicht schon der nächste Hügel, den du in zehn Minuten erklimmen kannst. Allein die ungewöhnliche Sichtweise wird dafür sorgen, dass du deinen Bildern einen Wow-Effekt verleihst. Entdecke ganz bewusst, wie ein und dasselbe Motiv in den verschiedenen Perspektiven eine völlig unterschiedliche Wirkung entfaltet.

Gestaltungsregeln

Als Nächstes ist es wichtig zu überlegen, was eigentlich das Hauptmotiv deines Fotos ist. Worauf also soll der Betrachter als Erstes schauen, wohin soll der Blick gelenkt werden? Wenn du das weißt, gilt es, dein Hauptmotiv richtig im Bild zu platzieren. Das Motiv einfach in die Mitte zu setzen, ist zwar weitverbreitete Praxis, meistens aber keine besonders gute Idee. Der Bildaufbau wirkt dann sehr statisch und lieblos, der Komposition fehlt es an Spannung. Besser ist es, sich an gängigen künstlerischen Gestaltungsregeln zu orientieren.

Der Goldene Schnitt

Der Goldene Schnitt ist der Klassiker der ästhetischen Gestaltung. Ob Architektur, Malerei oder eben Fotografie, seit Jahrtausenden findet diese Gestaltungsregel Anwendung. Der Goldene Schnitt ist einfach gesagt eine Aufteilung des Motivs in einem Teilungsverhältnis von ungefähr $1/3$ zu $2/3$. Wenn man in diesem Verhältnis einmal horizontal und einmal vertikal eine Achse denkt, entsteht ein Raster.

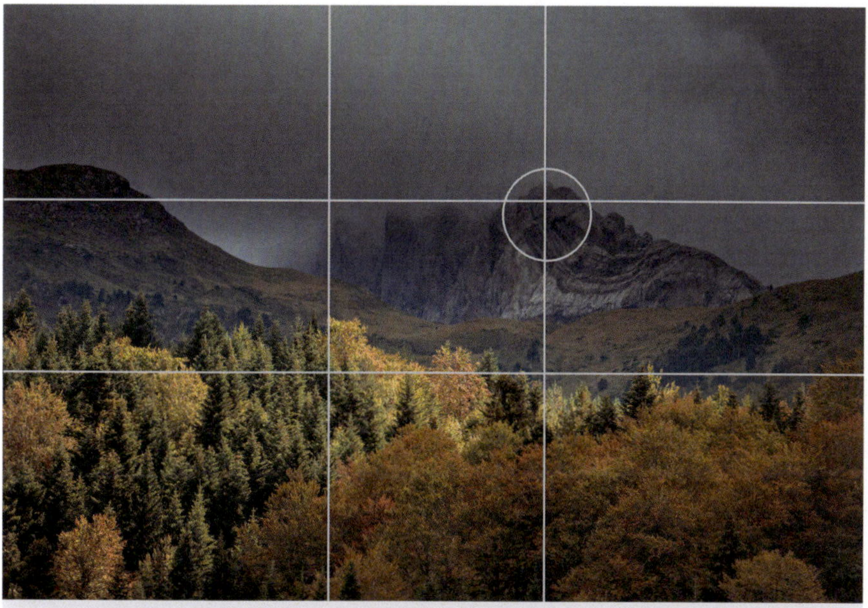

Das Hauptmotiv – hier der markante Berg in den Pyrenäen – mit dem Goldenen Schnitt inszeniert

Platzierst du an den Schnittpunkten bildwichtige Elemente, wird der Blick des Betrachters subtil dorthin gelenkt. Ein weiterer Vorteil ist, dass eine solche Bildkomposition unterbewusst als sehr harmonisch wahrgenommen wird, weil sich genau diese Proportionen auch oft in der Natur wiederfinden. Wenn du dich für dieses spannende Thema interessierst, suche bei Google einmal nach der „Fibonacci-Folge“.

Die Drittelregel

Am beliebtesten und einfachsten ist die Drittelregel, eine Abwandlung des Goldenen Schnitts. Hier drittelt man das Bild durch zwei vertikale und zwei horizontale Linien im gleichen Abstand zueinander. Bildwichtige Teile bzw. das Hauptmotiv platziert man dann in einem der vier äußeren Schnittpunkte und lenkt so wieder subtil den Blick des Betrachters auf diesen Punkt. Um die Drittelregel anzuwenden, brauchst du bei neueren Kameras nicht einmal viel Vorstellungsvermögen. Nahezu jedes Modell hat heute entsprechende Raster und Hilfslinien, die du im Sucher oder Display ein- und ausblenden kannst.

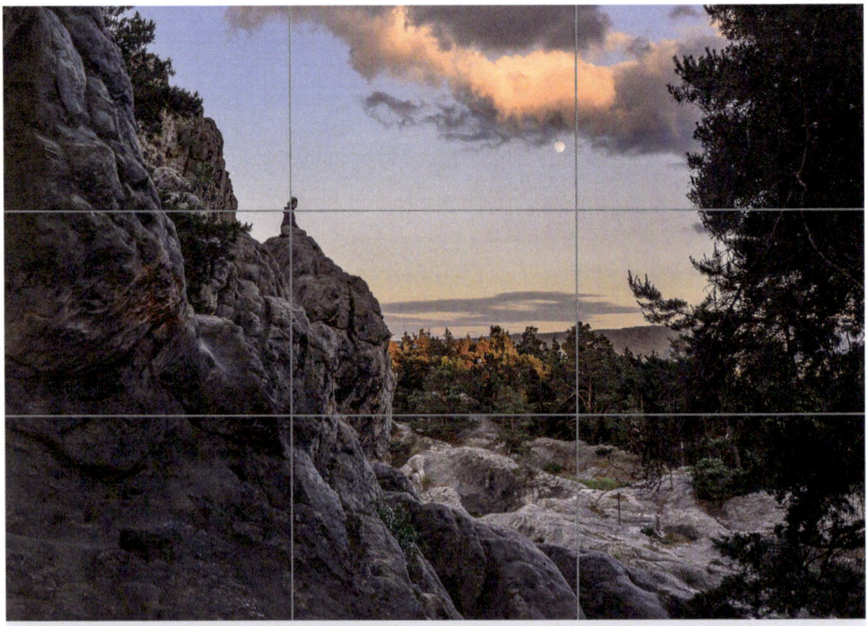

Die Drittelregel ist einfach, aber wirkungsvoll: Hier wird die Aufmerksamkeit auf die Frau auf dem Felsen im Harz gelenkt.

Die 1/3-2/3-Regel

Die Drittelung des Bildes eignet sich auch bestens für die Betonung von Bildteilen. Legst du z. B. die Horizontlinie auf die untere waagerechte Drittellinie, wird dadurch der Himmel prominent dargestellt (2/3 Himmel). Legst du den Horizont hingegen auf die obere Drittellinie, wird der Landschaft im Vordergrund die überwiegende Beachtung geschenkt (1/3 Himmel). So kannst du in Verbindung mit einem weiten Bildausschnitt sehr dramatische Bilder aufnehmen und gezielt den Blick des Betrachters lenken.

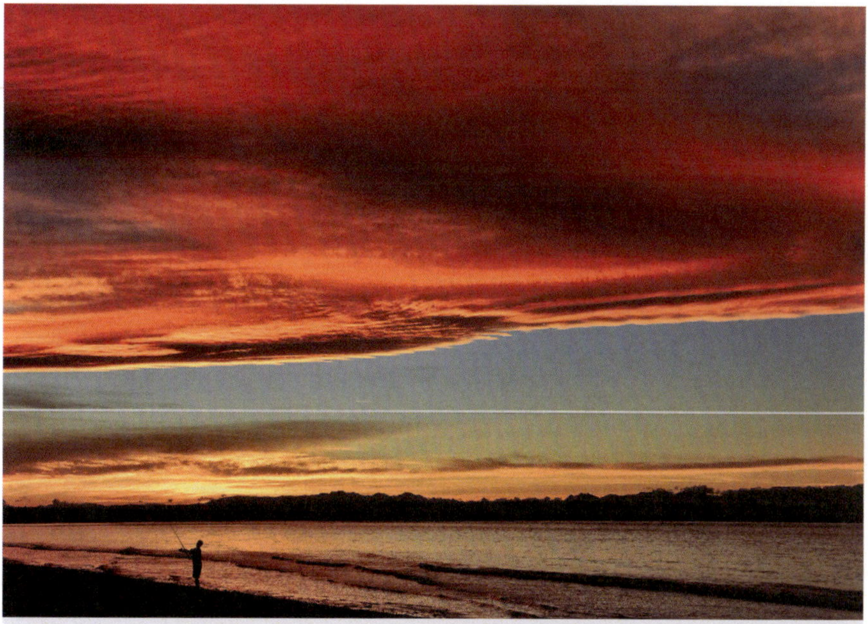

Mit Drittelung können Bildteile betont werden, hier der Himmel

Die Dreieckskomposition

Die Dreieckskomposition hat – ähnlich wie der Goldene Schnitt – eine ordnende und harmonisierende Funktion. Die geometrische Form strahlt Ruhe und Balance aus, besonders bei gleichschenkligen Dreiecken. Dabei können sie entweder mehrfach im Bild vorkommen, oder das Hauptmotiv richtet sich an einem einzigen imaginären Dreieck aus.

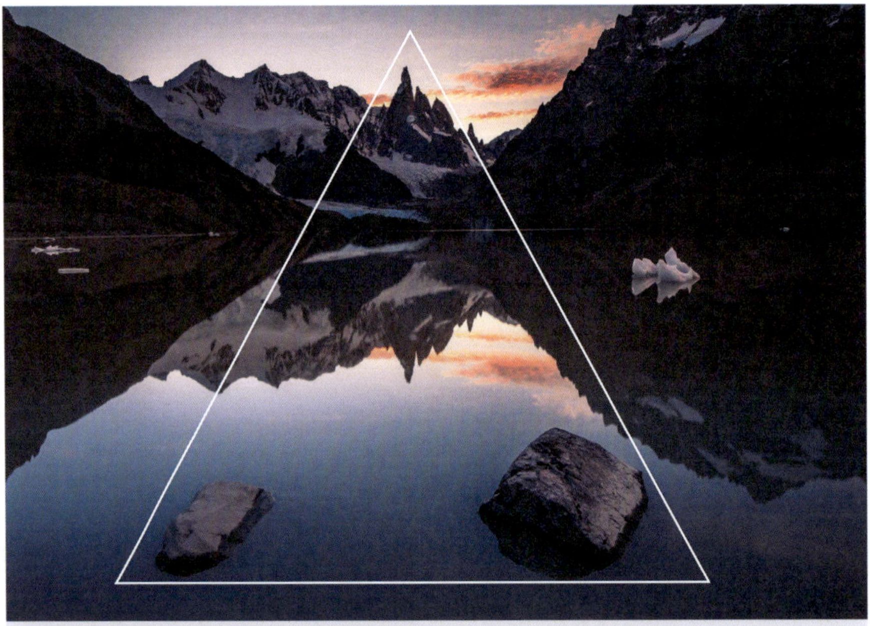

Meditative Wirkung: Das markante Profil des Cerro Torre bildet zusammen mit zwei Steinen ein gleichschenkliges Dreieck

Die symmetrische Komposition

Du hast bereits gelernt, dass das Hauptmotiv besser nicht in der Mitte platziert werden sollte. Aber keine Regel ohne Ausnahme. Wenn du symmetrische Motive fotografieren möchtest, vermittelt eine mittige Ausrichtung am besten die von diesen Motiven oft ausgehende Harmonie. Typische Beispiele sind Spiegelungen auf Seen, kegelförmige Berge und Vulkane oder auch gleichmäßig gewachsene Bäume. Bei symmetrischen Motiven solltest du darauf achten, dass das Bild nicht zu vollgepackt ist, damit sich die Wirkung besser entfalten kann.

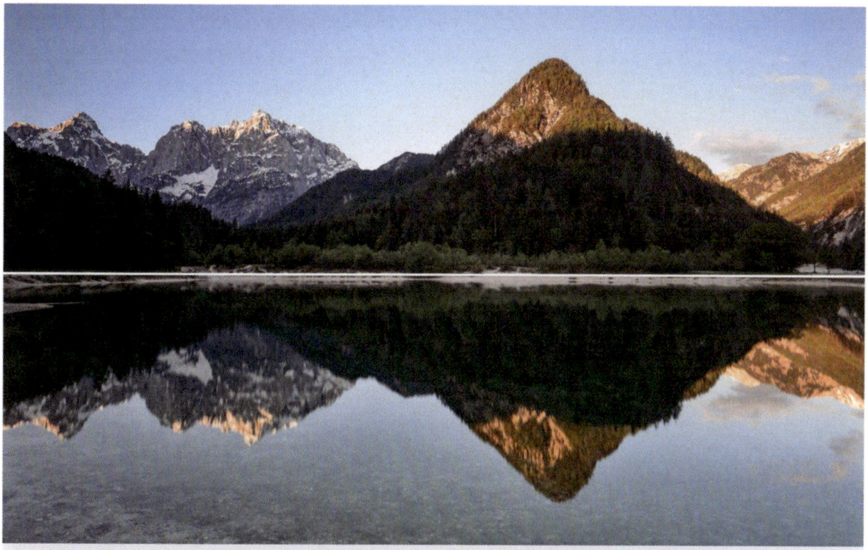

Eine kontemplative Wirkung dank bewusster Nutzung von Symmetrie

Mit Ebenen Räumlichkeit erschaffen

Eine weitere Gestaltungsmöglichkeit ist es, das Bild in Ebenen zu unterteilen. Das verleiht dem Foto zum einen Struktur und hilft dem Betrachter, sich im Bild zu orientieren. Zum anderen unterstützt es die räumliche Wirkung des Fotos. Es hat sich bewährt, in drei Ebenen zu arbeiten und dem Bild einen Vordergrund, eine Mittelebene und einen Hintergrund zu geben. Der Vordergrund muss übrigens nicht zwangsläufig im Nahbereich des Fotografen liegen. Als Vordergrund kannst du alles nutzen, was deutlich vor dem am weitesten entfernten Bereich des Bildes liegt.

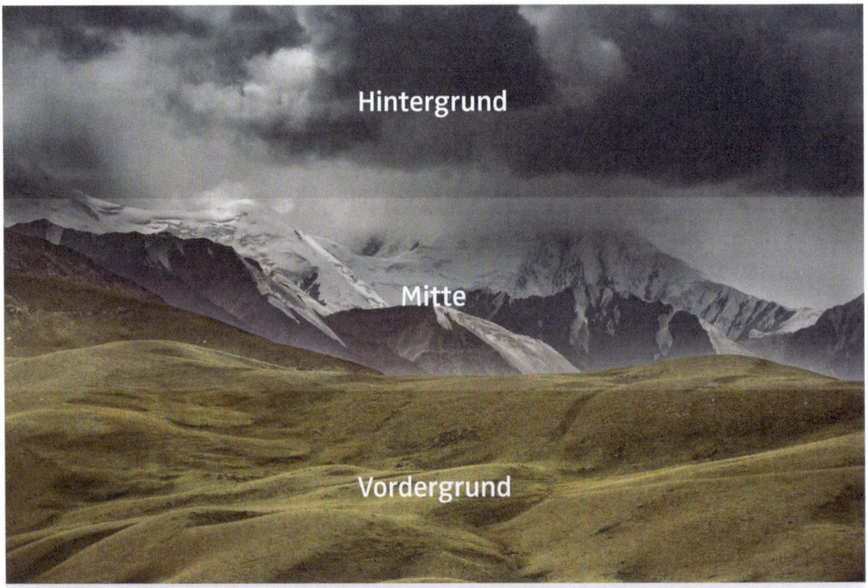

Räumlicher Bildaufbau mit Vordergrund, Mitte und Hintergrund

Schau dir z. B. die Bergkulisse aus dem Pamir an: Die grünen Hügel dienen als Vordergrund, die schneebedeckten Berge sind die Mittelebene und der dramatische Himmel bildet den Hintergrund.

Linien und Diagonalen

Linien leiten das Auge des Betrachters und sind daher ein weiteres Stilmittel für räumliche Bilder. Am besten wirken sie, wenn sie den Betrachter vom unteren Rand des Bildes „abholen" und sein Auge dann diagonal in das Bild hinein zum Hauptmotiv hinführen. Daher solltest du dir Linien und Diagonalen suchen und bewusst für deinen Bildaufbau nutzen.

Diese Formen kommen in vielfältigster Art in der Natur vor, z. B. in Form von Schneespuren, Küstenverläufen, umgefallenen Baumstämmen, diagonal verlaufenden Bergketten oder ganz generell natürlichen Mustern und Strukturen. Linien können aber auch vom Menschen geschaffen sein, etwa in Form von Straßen, Wegen oder Stegen.

Übrigens müssen die Linien nicht zwangsläufig gerade sein, es kann sich auch um S-förmige Linien handeln. Diese haben die Wirkung, den Betrachter regelrecht in das Bild „hineinzuschrauben" und sind daher besonders effektiv. Ein typisches Beispiel sind Flussläufe oder Serpentinen in den Bergen.

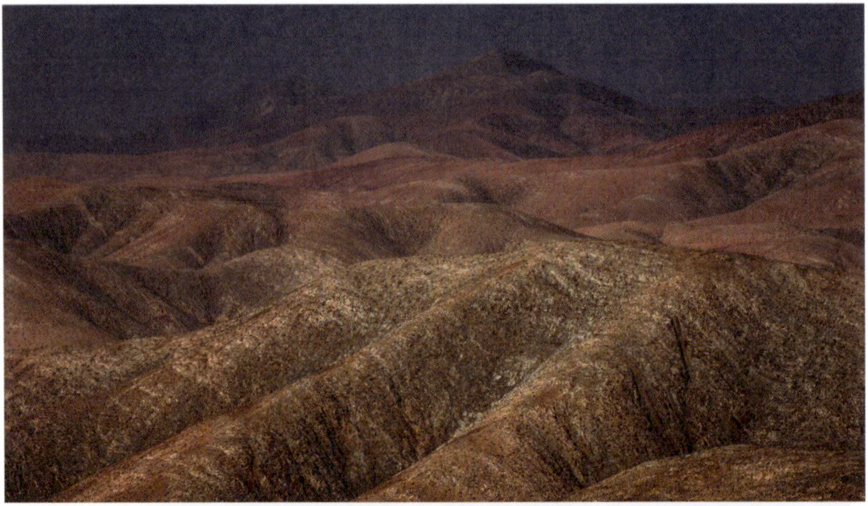

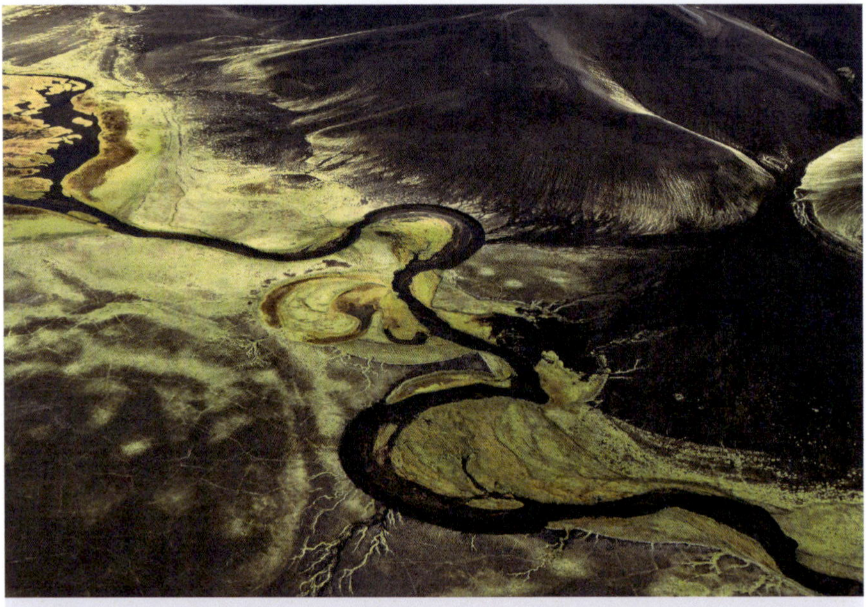

Diagonale Linien führen das Auge des Betrachters ins Bild: gerade Linien wie die Bergkämme auf Fuerteventura (oben), S-förmige Linien wie der Flusslauf im isländischen Hochland (unten)

Natürliche Rahmen

Um das Auge des Betrachters zu lenken, bietet es sich auch an, natürliche oder vom Menschen geschaffene Rahmen zu nutzen, die man vor Ort findet. Ein weit ausladender Ast, eine Felskante, Steine, Baumstämme, Buhnen oder Zäune sind typische Beispiele. Solche Begrenzungen an einem oder beiden Bildrändern schaffen Struktur und helfen dem Betrachter, sich in das Bild hineinzudenken.

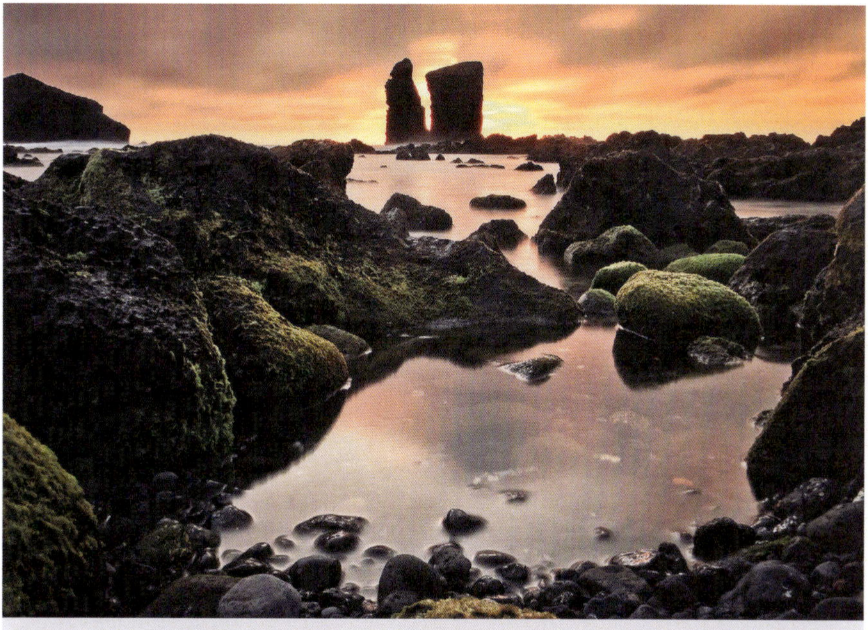

Der Lavapool auf den Azoren dient als natürlicher Rahmen für die markante Felsformation und den Sonnenuntergang

Wiederholungen

Ein weiteres Stilmittel sind Wiederholungen. Das können z. B. Strukturen, Muster und Formen sein, die mehrfach nacheinander im Bild auftreten. Ähnlich wie Linien führen sie den Betrachter in das Bild hinein und vermitteln dadurch Tiefe und Plastizität. Zudem wirken Wiederholungen auch immer etwas „hypnotisierend" und saugen den Betrachter regelrecht in das Bild hinein.

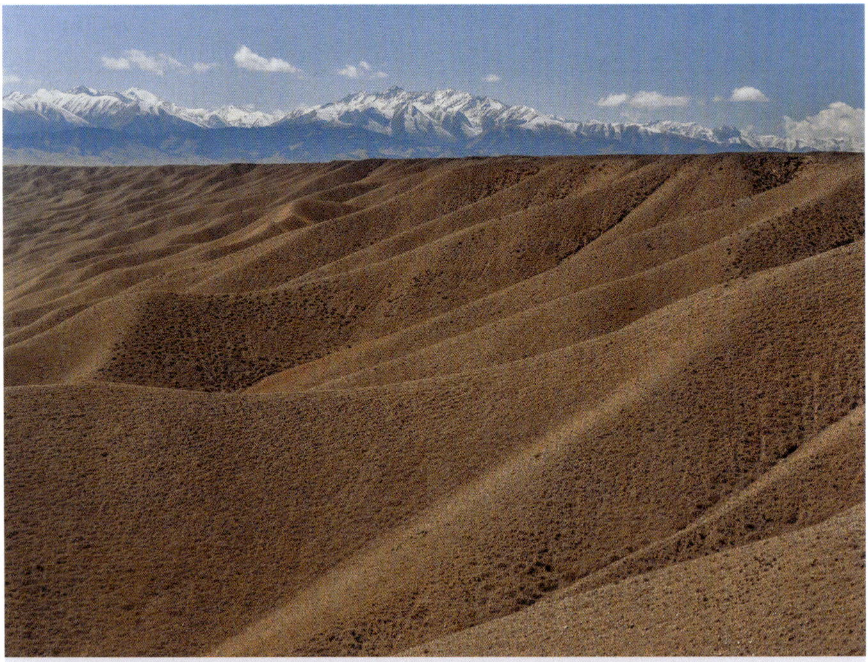

Wiederholungen, hier gestaffelte Dünenformationen im Tian Shan, Kasachstan

Größenrelationen schaffen

Hast du das auch schon erlebt? Du stehst inmitten einer atemberaubenden Landschaft und bist einfach überwältigt. Hinterher auf dem Foto will die Größe und Erhabenheit der Szenerie aber einfach nicht „rüberkommen". Warum ist das eigentlich so?

Wenn du selbst mitten in der Landschaft stehst, nimmst du diese in allen drei Dimensionen wahr und hast deshalb ein Gefühl von der Größe. Außerdem nimmst du die Kulisse nicht nur visuell, sondern auch mit allen anderen Sinnen wahr. Vielleicht pfeift dir eine steife Brise um die Nase oder du hörst das Echo in den Bergen?

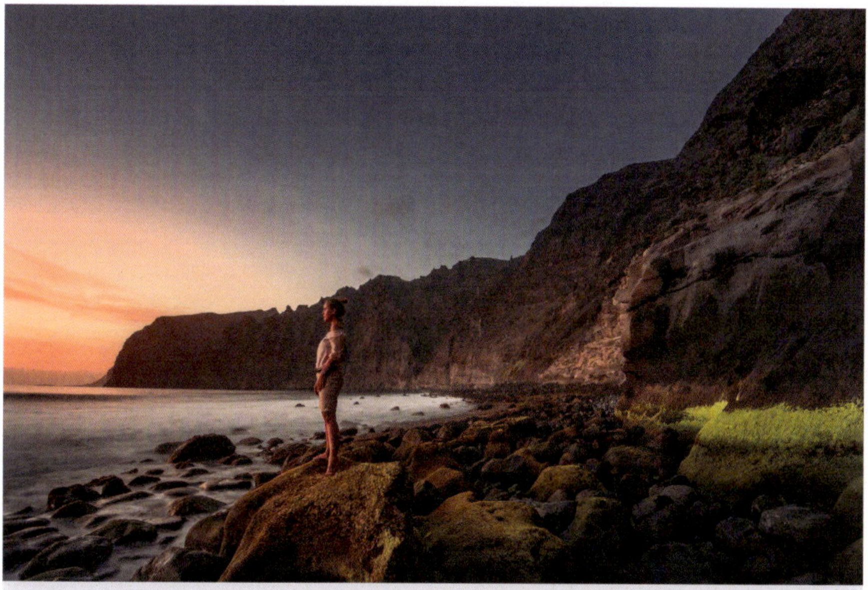

Die Frau im Bild vermittelt dem Betrachter die Größenverhältnisse der Steilküste Los Gigantes auf Teneriffa. Ihr Blick aus dem Bild hinaus sorgt außerdem für ein Gefühl der Weite.

Ein Foto findet aber rein optisch statt und hat nur zwei Dimensionen. Deshalb fällt es dem Betrachter schwer, sich die tatsächlichen Größenverhältnisse, geschweige denn das Flair des Ortes vorzustellen, wenn er selbst nie dort gewesen ist.

Ein einfacher Trick, um dieses Problem zu lösen, besteht darin, in das Bild etwas einzubauen, was das Auge des Betrachters bereits kennt. Das kann ein Mensch sein oder ein Tier, ein Auto, ein Baum, ein Haus oder auch dein Zelt. Mit diesem Referenzobjekt fällt es dem Betrachter unterbewusst leichter, sich die Dimension des Motivs auszumalen.

MENSCHEN IN DER LANDSCHAFT

Ich selbst setze gern Menschen in der Landschaft in Szene. Du bist allein unterwegs, und weit und breit ist niemand zu sehen, den du auf das Foto bitten könntest?

Macht nichts, verewige dich doch einfach selbst. Nutze den Selbstauslöser deiner Kamera oder einen Funkauslöser. Dann hast du gleich noch eine schöne Erinnerung fürs Familienalbum. Und jetzt bitte recht freundlich lächeln!

Kontraste

Schon im Kunstunterricht in der Schule wurde uns beigebracht, dass ein fesselndes Bild oft von den Kontrasten lebt. Sie schaffen Spannung und Dreidimensionalität. Kontraste in der Natur finden sich vor allem in den Farben, aber auch in den Formen und Strukturen.

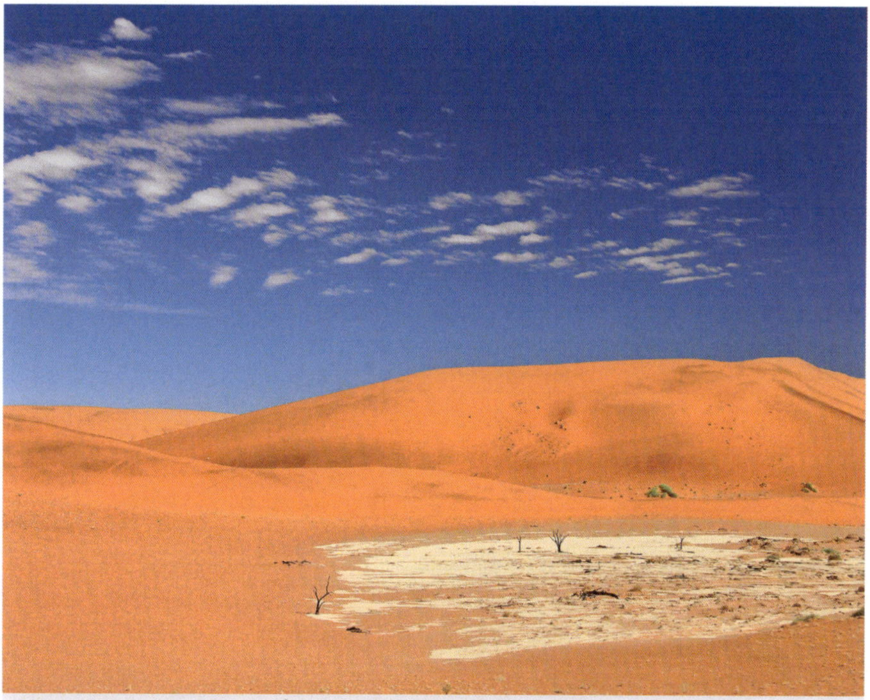

Lebhafter tonaler Kontrast durch die komplementären Farben im namibischen Sossusvlei: Blauer Himmel trifft auf orangefarbene Sanddünen

Wenn du deinem Bild mehr Leben einhauchen möchtest, suche dir also Kontraste und Gegensätze: helle und dunkle Töne, kalte und warme Farben, komplementäre Farben (gelb – violett, blau – orange, grün – rot), eckige und runde Formen, matte und glänzende Oberflächen, bewegte und statische Objekte. Ein typischer Farbkontrast ist z. B. eine orangefarbene Sanddüne unter einem knallblauen Himmel. Ein runder See unter einer spitz gezackten Bergkette ist ein Formenkontrast.

Dynamik

Landschaften bestehen meist aus statischen Elementen. Einen besonderen Reiz erlangen deine Outdoor-Fotos daher, wenn du bewusst bewegte Elemente wie Flüsse, Wasserfälle, das Meer oder ziehende Wolken einbeziehst. Effekte wie seidig weiche Wasserstrukturen führen dazu, dass die Bewegung im Foto visualisiert wird. Dadurch wirkt das Foto lebhaft und dynamisch. Solche Bilder entstehen mit Hilfe der Langzeitbelichtung. Mehr dazu erfährst du im entsprechenden Abschnitt.

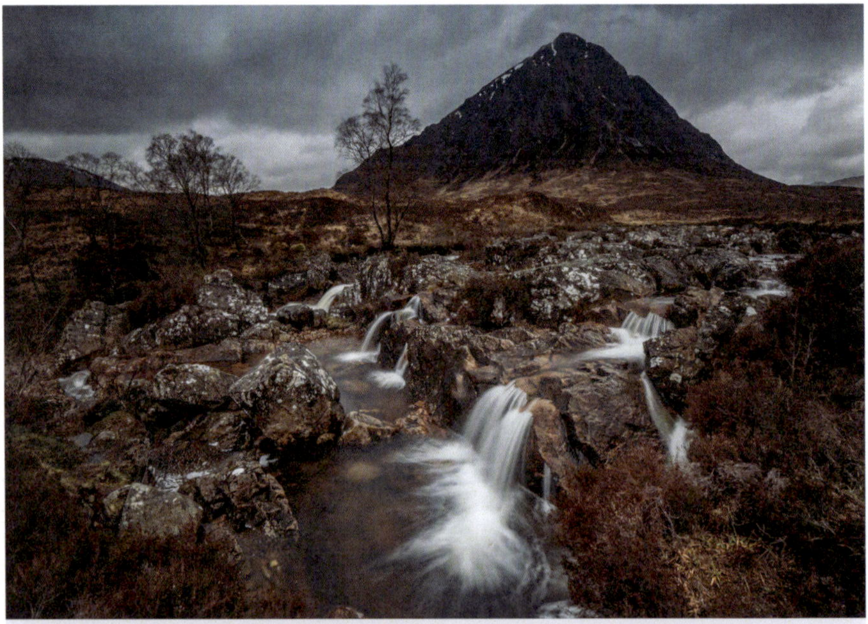

Die Visualisierung von Bewegung sorgt für ein dynamisch wirkendes Foto, hier die Kaskaden im Glen Etive, Schottland

Verdichtung

Fotoamateure machen oft den Fehler, zu viel auf ein Foto bringen zu wollen. Das ist verständlich, wenn man von einer atemberaubenden Kulisse verzaubert ist. Am liebsten möchte man sie dann in allen Facetten auf dem Bild verewigen. Allerdings sagt ein konzentrierter Ausschnitt oftmals mehr über eine Landschaft aus als eine weitläufige Aufnahme, in der sich der Betrachter schnell verliert, wenn nicht mit Bedacht fotografiert wird.

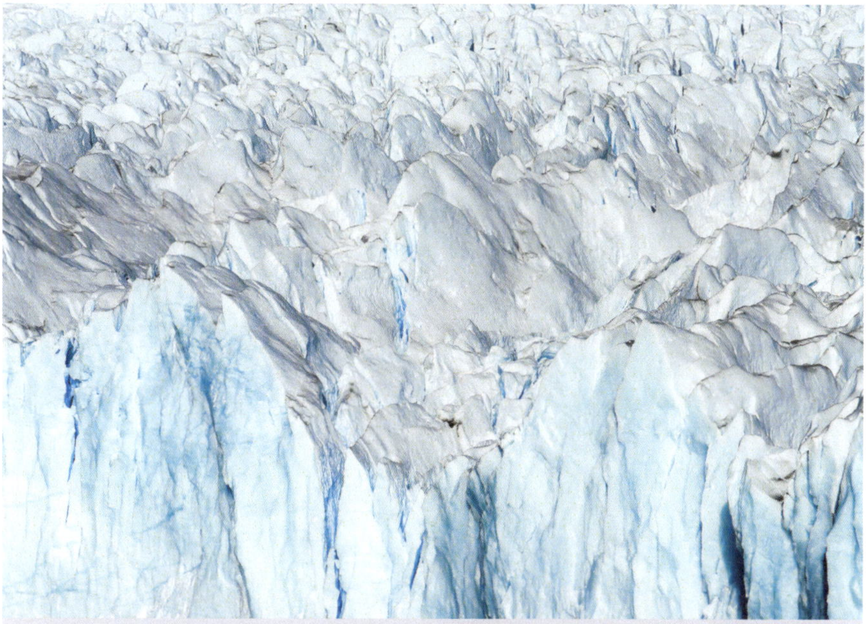

Weniger ist mehr: eine durch das Teleobjektiv verdichtete Landschaft, hier das gigantische Eisfeld des Perito-Moreno-Gletschers in Argentinien (eine weitere Perspektive siehst du übrigens im Kapitel „Bildbearbeitung")

Gelungene Landschaftsfotos leben oft von einer gewissen Reduktion. Also fotografiere nicht nur weitwinklig, sondern suche dir auch bewusst interessante, repräsentative Details in der Landschaft heraus. Dazu kannst du dein Teleobjektiv nutzen, denn mit einer langen Brennweite „verdichtest“ du die Landschaft und holst sie dir nah heran. Wenn du z. B. den Charakter einer Bergkette unterstreichen möchtest, suche dir gezielt einen einzelnen Gipfel heraus, anstatt das ganze Bergmassiv abzulichten.

Panoramen

Manchmal kann es aber auch Sinn machen, umgekehrt möglichst viel von einer Landschaft auf ein Foto zu bekommen. Denke nur an eine weit ausladende Bergkette oder eine lang gezogene Landschaftsform, z. B. einen Fjord oder ein Tal. Die Lösung ist dann, ein Panorama (von griechisch „alles sehen“) aufzunehmen. Solche Bilder zeichnen sich durch einen sehr weiten Betrachtungswinkel, im Extremfall bis hin zu einer 360-Grad-Rundumsicht, aus.

Die Herausforderung dabei: Einen solchen Ausschnitt bekommst du auch mit dem besten Weitwinkelobjektiv nicht in einem Bild unter. Daher brauchst du mehrere nebeneinander aufgenommene Einzelbilder, die dann später in der Bildbearbeitung zusammengesetzt werden („Stitching“). Noch vor einigen Jahren war das ziemlich aufwendig und bedurfte spezieller Software. Dank Fortschritten bei der Bildbearbeitung ist es heute leicht und ohne Vorkenntnisse zu bewerkstelligen. Bei Lightroom (siehe Kapitel „Bildbearbeitung“) genügen dafür wenige Mausklicks. Die Einzelbilder werden dann automatisch und wie durch Zauberhand aneinandergereiht.

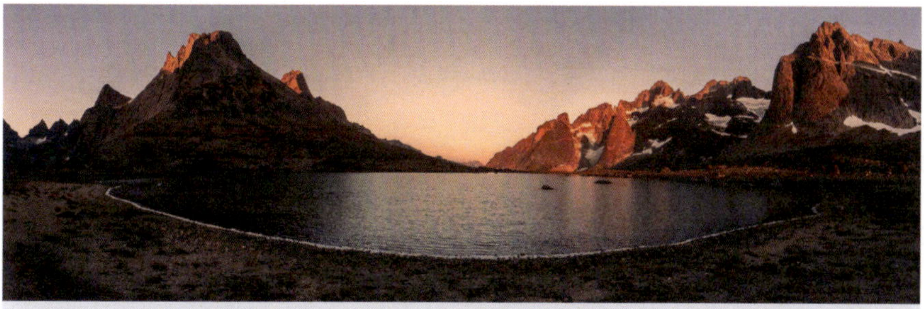

Um diesen See in Grönland auf ein einziges Foto zu bekommen, war ein Panorama aus sieben vertikalen Einzelbildern notwendig

Die Bilder für das Panorama nimmst du am besten im Hochformat und mit einem Weitwinkelobjektiv auf. Fotografiere dafür deinen gewünschten Bildausschnitt ab, indem du nacheinander von links nach rechts mehrere Einzelfotos aufnimmst. Versuche dabei, die Kamera möglichst auf einer geraden horizontalen Linie zu halten. Damit das gelingt, solltest du auf Stativ arbeiten und darauf achten, dass dieses gerade steht. Jedes Bild sollte die vorherige Aufnahme um mindestens 25 % überlappen.

Wichtig ist auch, dass alle Bilder mit identischen Einstellungen (Blende, Belichtungszeit, Brennweite etc.) aufgenommen werden. Stelle diese deshalb manuell ein. Die Belichtung misst du dabei auf der helleren Seite deines Bildausschnitts. Außerdem solltest du oben und unten reichlich Platz um deinen gewünschten Bildausschnitt lassen, da dieser Bereich später beim Zusammenrechnen verloren geht.

PANORAMEN MIT NAHEM VORDERGRUND

Diese oben vorgestellte Panorama-Technik ist sehr einfach, funktioniert aber nur, solange du keinen sehr nahen Vordergrund integrieren willst. Es wird dann nicht möglich sein, die Einzelbilder nahtlos zusammenzusetzen. Dies ist auf den sogenannten Parallaxen-Effekt zurückzuführen. Um diesen zu vermeiden, musst du das Panorama mit einem Nodalpunktadapter aufnehmen: Er dient dazu, die Kamera um die optische Achse des Objektivs, den sogenannten Nodalpunkt, zu schwenken. Den Adapter nutzt du anstatt des Stativkopfs.

Hochformat

Die meisten Fotografen nehmen ihre Bilder im Querformat auf. Das liegt schon allein daran, dass es unseren alltäglichen Sehgewohnheiten entspricht. Ob Fernseher, Bildschirm oder die aufgeklappte Zeitschrift – alles Querformate. Auch deine Kamera, vom Sucherbild bis zur Anordnung der Knöpfe, ist für die Verwendung in der Horizontalen konzipiert. Daher fristet das Hochformat eher ein Schattendasein.

Das ist schade, denn das vertikale Format ist durchaus sehr reizvoll. Zum einen verschafft es eine gewisse Grundspannung, weil es eben von der „normalen“ Sichtweise abweicht. Zum anderen eignet es sich besser als das Querformat für einen räumlichen Bildaufbau mit Vordergrund, Mittelteil und Hintergrund. Der Grund ist so einfach wie einleuchtend: Man hat in der Vertikalen einfach viel mehr „Platz“ für die Entwicklung einer Bildtiefe, der Betrachter wird regelrecht in das Bild hineingepresst.

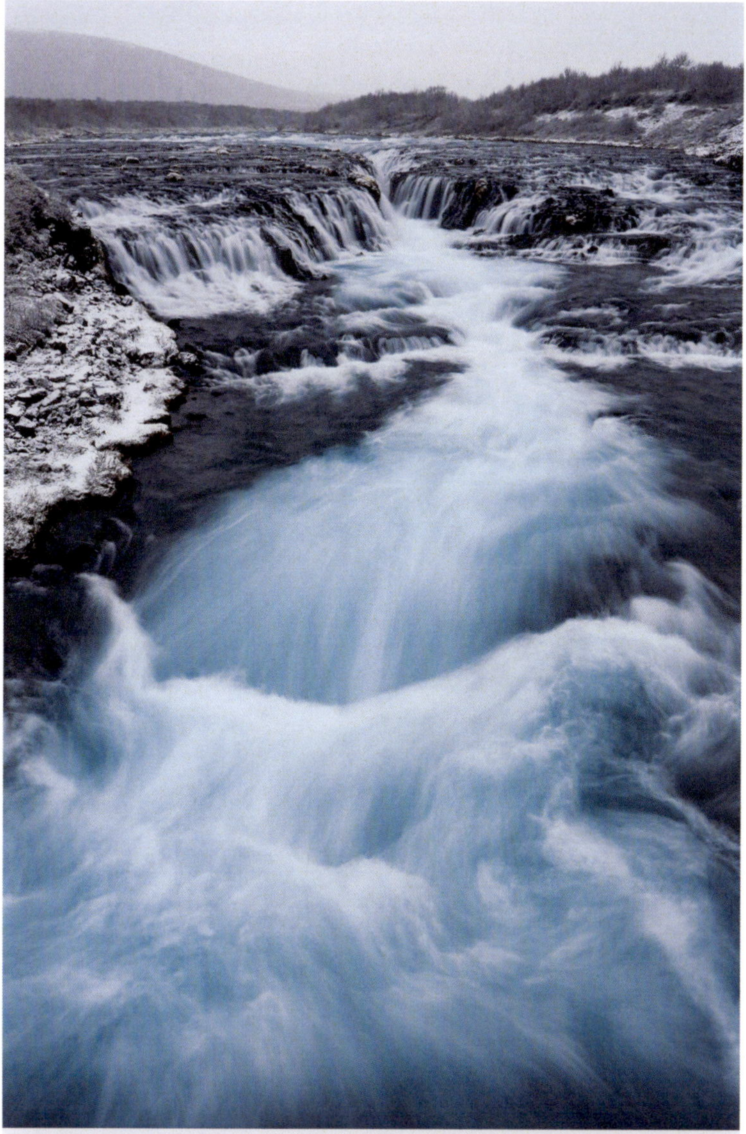

Ein Hoch auf das Hochformat: Die Vertikale schafft Räumlichkeit und genügend Platz für den Wasserfall auf Island

Schieflage vermeiden

Zum Schluss noch ein Tipp, mit dem du einen typischen Anfängerfehler vermeidest. Kennst du diese Art von Schnappschüssen, bei denen man allein vom Anschauen seekrank wird? Merke: Ein schiefes Foto geht gar nicht. Selbst wenn du den schönsten Strand der Erde, einen Vulkanausbruch oder die Landung eines UFOs fotografiert hast. Wenn der Horizont kippt, wird niemand auf dein Motiv achten. Wahrscheinlich wirst du nur ein schnödes „Kann es sein, dass das Foto ganz schön schief ist?“ hören.

Halte daher die Kamera beim Fotografieren möglichst gerade. Heute haben die meisten Kamerasucher oder Displays Hilfslinien, Raster oder elektronische Wasserwaagen eingebaut. Diese kannst du meist auch live einblenden.

Wenn deine Kamera keine digitale Ausrichthilfe integriert hat, musst du trotzdem keine schiefen Fotos machen. Du kannst dir auch mit einer kleinen Wasserwaage aus dem Fotohandel behelfen, die du dir auf deine Kamera kleben oder in den Blitzschuh stecken kannst. Oder du suchst dir Orientierungspunkte in der Landschaft, um dein Foto auszurichten, z. B. die Horizontlinie für die Waagerechte oder Bäume, Masten, Häuser etc. für die Senkrechte. Noch besser: Nutze ein Stativ. Dann kannst du deinen Bildausschnitt in aller Ruhe ausrichten und fixieren.

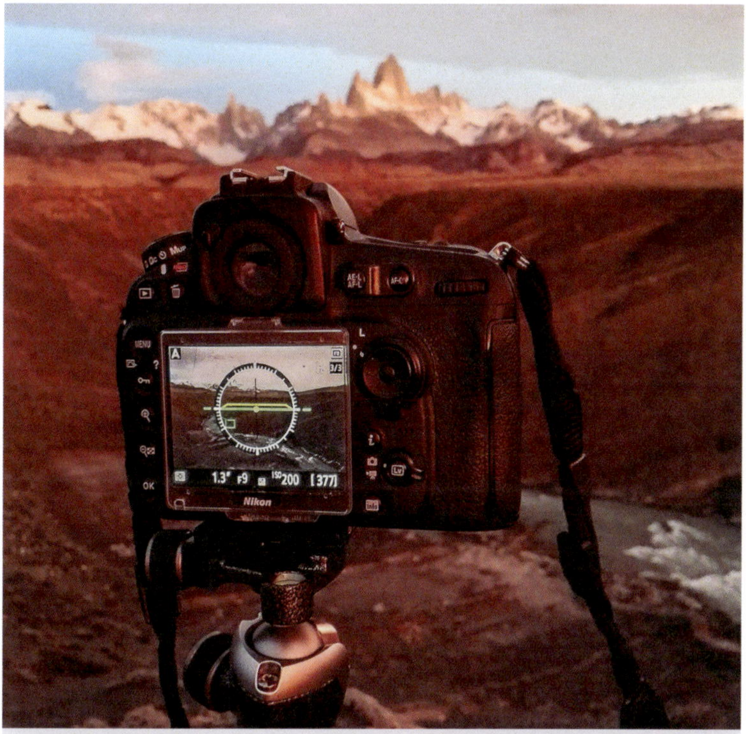

Hilfsmittel wie hier die virtuelle Wasserwaage meiner Kamera helfen effektiv bei der geraden Ausrichtung

LICHT

Das Licht bestimmt die Helligkeit und Atmosphäre deines Fotos. In diesem Kapitel lernst du, wie du natürliches Licht voraussagen, steuern und für effektvolle Bilder einsetzen kannst.

„Fotografieren ist Malen mit Licht“ lautet ein häufig bemühtes Zitat. Nicht von ungefähr, denn entscheidend für jedes gelungene Foto ist es, dass die richtige Menge Licht (**Lichtquantität**) auf dem Sensor ankommt, es also korrekt belichtet ist. Das Licht bestimmt mit seinen Eigenschaften (**Lichtqualität**) aber auch das Aussehen und die Stimmung deines Bildes. Licht ist deshalb das wichtigste Gestaltungsmittel in der Fotografie überhaupt. Wenn du atmosphärische Fotos aufnehmen möchtest, solltest du dir stets um das „richtige Licht“ Gedanken machen. Jetzt weißt du auch, warum wir Naturfotografen uns zum Abschied „Gut Licht!“ wünschen.

Lichtquantität

Die Grundvoraussetzung für ein perfektes Foto ist die richtige Belichtung. Doch was bedeutet eigentlich „richtig“? In der Landschaftsfotografie legen wir meist Wert auf eine ausgewogene Belichtung und einen hohen Dynamikumfang. Das bedeutet, dass wir möglichst alle hellen und dunklen Nuancen im Foto abgebildet haben wollen und unser Foto dem nahe kommt, was unser Auge vor Ort gesehen hat.

Musste man früher noch umständlich mit einem Belichtungsmesser hantieren, kümmert sich heute ganz komfortabel die **Belichtungsautomatik** deiner Kamera um die richtige Lichtmenge. In den meisten Fällen funktioniert sie auch sehr gut. Wichtig ist es allerdings, dass du ihre Funktionsweise verstehst.

Belichtungsmessung

Deine Kamera kann die Belichtung mit verschiedenen Methoden messen, die zu komplett unterschiedlichen Ergebnissen führen.

Matrixmessung

Die Matrixmessung ist meistens vom Werk aus eingestellt. Aus gutem Grund, denn damit gelingen die meisten Aufnahmen. Hier ermitteln zahlreiche Kameramessfelder die Belichtung über das ganze Bild und legen dann eine Durchschnittsbelichtung fest, bei der möglichst viel richtig belichtet ist. Gerade Anfänger, die keine großen Ambitionen haben, sich mit dem Thema zu beschäftigen, sollten diesen Modus einstellen.

Mittenbetonte Integralmessung

Die mittenbetonte Integralmessung misst auch das gesamte Bild ein, gewichtet aber den mittleren Bereich stärker. Hintergrund ist die Annahme, dass die bildwichtigsten Bildteile in der Mitte seien.

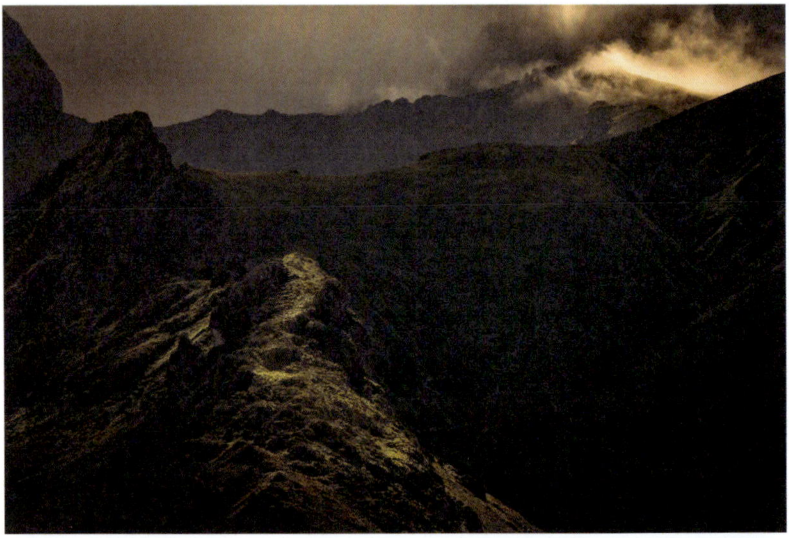

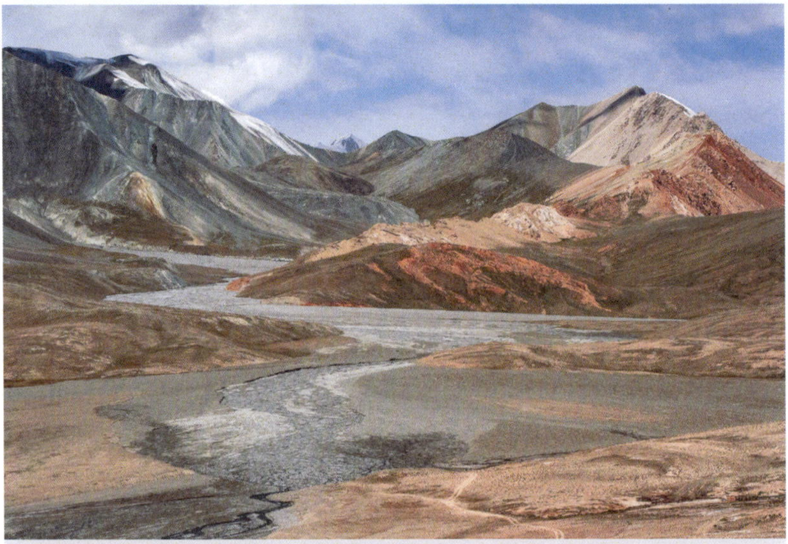

Belichtungsmessung für unterschiedliche Lichtsituationen: oben Spotmessung auf den Lichtreflex auf einer Bergflanke im Baskenland, unten Matrixmessung auf eine Berglandschaft in Tadschikistan

Spotmessung

Die Spotmessung geht genau umgekehrt vor. Sie misst nur in einem kleinen punktförmigen Bereich und vernachlässigt den Rest des Bildes. Das macht dann Sinn, wenn man einen ganz bestimmten Ausschnitt richtig belichtet haben möchte und dieser viel dunkler oder heller als der Rest des Bildes ist. Oftmals nutzt man diesen Modus, wenn man Lichtquellen in sein Foto integrieren möchte, z. B. Feuer, den Mond, die Sonne oder Lichtreflexe.

Selektivmessung

Die Selektivmessung funktioniert wie die Spotmessung, misst aber einen größeren Radius ein. Der mittlere Bildbereich wird dabei stark gewichtet, der Rest des Bildes wird vernachlässigt.

Belichtung prüfen

Die Belichtungsmessung funktioniert meistens zuverlässig. Blind solltest du ihr aber trotzdem nicht vertrauen. Nichts ist ärgerlicher, als erst zu Hause festzustellen, dass ein Foto völlig über- oder unterbelichtet und ein Fall für die elektronische Mülltonne ist. Erst recht, wenn du dafür um die halbe Welt gereist bist. Daher solltest du dir angewöhnen, die Belichtung deiner Fotos direkt vor Ort zu prüfen.

Ein weitverbreiteter Fehler ist es dabei, die Belichtung anhand des Kameradisplays zu beurteilen. Wie hell oder dunkel ein Foto darauf erscheint, ist nämlich von den Displayeinstellungen und dem Umgebungslicht abhängig. In der Nacht scheinen die Fotos z. B. viel heller zu sein, als sie tatsächlich sind.

Wenn du wirklich zuverlässig nachvollziehen möchtest, ob die Belichtung passt, dann bieten moderne Digitalkameras meist drei sehr nützliche Hilfsmittel: die **Lichtwaage**, das **Histogramm** und die **Belichtungswarnung**. Diese können im Display oder im Sucher live eingeblendet werden.

Histogramm

Das Histogramm hat nichts mit Geschichte zu tun, sondern ist ein Diagramm, das dir auf der horizontalen Achse die Lichtverteilung anzeigt und auf der vertikalen Achse, wie oft der Lichtwert (hell/dunkel) vorkommt. Je mehr das Diagramm nach rechts geht, desto heller ist das Foto, und je weiter nach links, desto dunkler. Überschreitet das Diagramm den rechten Rand, liegt eine Überbelichtung vor. Auf dem Foto äußert sich das dann in unansehnlichen weißen Partien ohne Zeichnung („ausgebrannte Lichter“). Eine linkslastige Kurve weist auf eine Unterbelichtung hin, auf dem Foto sind das dann komplett schwarze Bereiche („zugelaufene Tiefen“).

In der Landschaftsfotografie streben wir eine gleichmäßige Verteilung ohne Ausreißer nach links, rechts oder oben an. Bei einer ausgeglichenen Belichtung entspricht das Histogramm einer gleichförmigen Glockenkurve mit dem Scheitelpunkt in der Mitte des Diagramms.

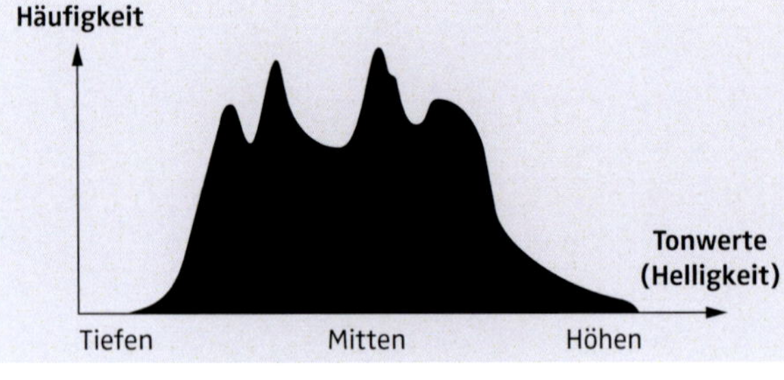

Histogramm bei ausgewogen belichtetem Motiv

Lichtwaage

Die Lichtwaage zeigt auf einer horizontalen Skala an, ob ein Bild über- oder unterbelichtet ist. Wenn es genau richtig belichtet ist, steht der Zeiger auf Null. Bei Unterbelichtung steht der Zeiger links und bei Überbelichtung rechts vom Mittelpunkt.

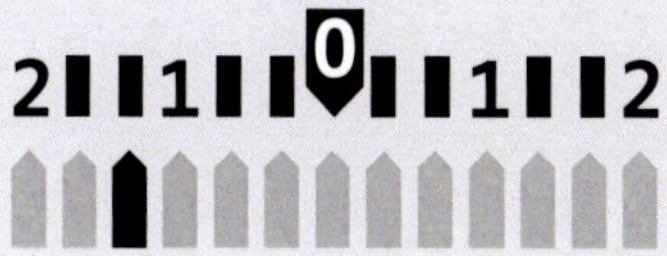

Lichtwaage, hier bei einem unterbelichteten Motiv

Belichtungswarnung

Auch sehr hilfreich sind Belichtungswarnungen. Das sind blinkende Flächen, die dir eine Unterbelichtung (meist weiß oder blau) und Überbelichtung (meist schwarz oder rot) auf dem Kameradisplay oder in einem Bildbearbeitungsprogramm anzeigen.

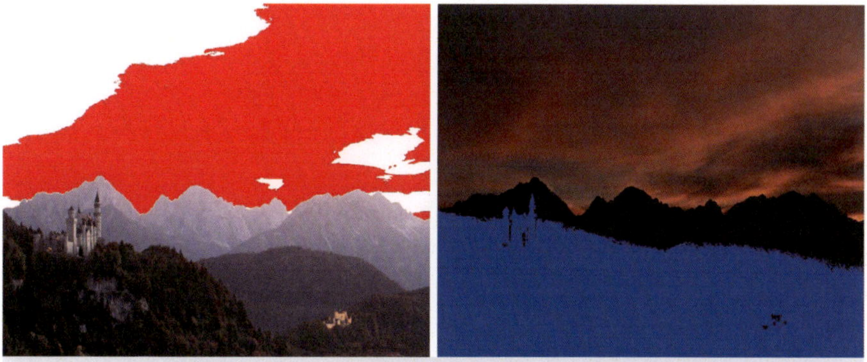

Dasselbe Motiv einmal überbelichtet mit Lichterwarnung (rot) und unterbelichtet mit Tiefenwarnung (blau)

Belichtungskorrektur

Wenn die von deiner Kamera ermittelte Belichtung nicht passt, kannst du jederzeit korrigierend eingreifen. Am einfachsten ist es, die **Belichtungskorrektur** zu nutzen. Meistens gibt es dafür einen eigenen Knopf, der mit „+/–“ beschriftet ist. Damit instruierst du deine Kamera, von der gemessenen Belichtung nach unten oder oben um einen bestimmten Lichtwert (auch „EV“ = „exposure value“) abzuweichen. Meist kannst du diesen in 1/3-Schritten festlegen.

Du kannst aber auch die vorgenommenen Einstellungen verändern. Wenn du z. B. ein zu helles Foto hast, könntest du unter Beibehaltung der anderen Einstellungen abblenden oder die ISO-Zahl reduzieren (siehe Abschnitt „ISO-Zahl“) Alternativ könntest du auch Graufilter (siehe Abschnitt „Filter“) verwenden.

Belichtungsreihen und HDR

Auch die modernsten Kamerasensoren können bis heute nicht mit dem Sehvermögen des menschlichen Auges mithalten. Während unser Auge selbst bei schwierigsten Lichtsituationen alle hellen und dunklen Nuancen (Tonwerte) problemlos wahrnehmen kann, ist der Kamerasensor bei sehr kontrastreichen Motiven überfordert und kann nur ein begrenztes Lichtspektrum abbilden.

Ein Beispiel für ein kontrastreiches Motiv ist eine abendliche Strandlandschaft. Sicherlich kennst du auch solche Bilder, wo vom purpurroten Himmel hinterher nur eine weiße Fläche auf dem Foto zu sehen ist, oder wo der Himmel leuchtet, aber vom Traumstrand samt Schatzi nur ein schwarzer Schatten übrig ist.

Um diese Unzulänglichkeit der Kamera auszugleichen, könnte man mit Grauverlaufsfiltern arbeiten, was aber einige Nachteile (siehe Abschnitt „Filter“) hat. Eine andere und von mir meist genutzte Methode, hohe Helligkeitsunterschiede im Bild zu beherrschen, ist eine kamerainterne Funktion, die **Belichtungsreihe**.

Dabei werden von einem Motiv kurz nacheinander mehrere Aufnahmen mit jeweils unterschiedlicher Belichtung aufgenommen. In den Kameramenüs findest du das meist unter „Bracketing“ (engl. „bracket“ = Klammer). Hier kannst du auch einstellen, wie viele Aufnahmen du machen möchtest und wie weit die Belichtungen auseinanderliegen sollen. Üblicherweise genügen drei bis fünf Bilder, die mit einem Abstand von einer Blende/Lichtwert aufgenommen werden. Wichtig ist dabei, dass alle anderen Aufnahmeparameter konstant bleiben.

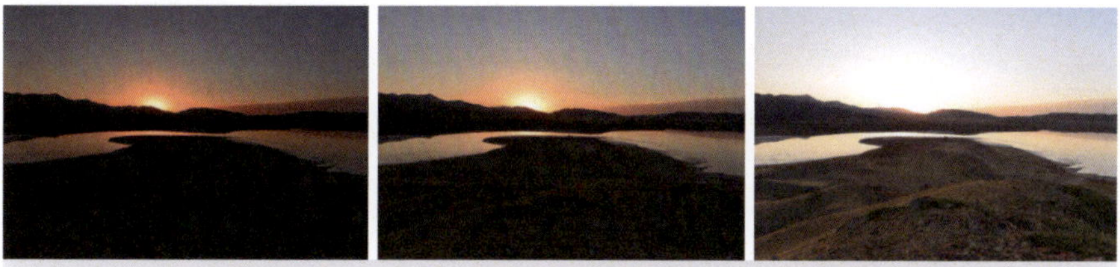

Um den hohen Dynamikumfang beim Sonnenaufgang in der kasachischen Steppe zu beherrschen, habe ich eine Belichtungsreihe mit drei Bildern und je zwei Blenden Unterschied aufgenommen

Diese Belichtungsreihe kannst du dann später in der Bildbearbeitung, z.B. mit Lightroom, sehr einfach zu einem Bild zusammensetzen. Dieses Bild, auch als **HDRI** (engl. „High Dynamic Range Image“ = Bild mit hohem Dynamikumfang) bekannt, vereint dann alle Tonwerte in einem Foto. Es kommt damit dem nahe, was auch dein Auge gesehen hat.

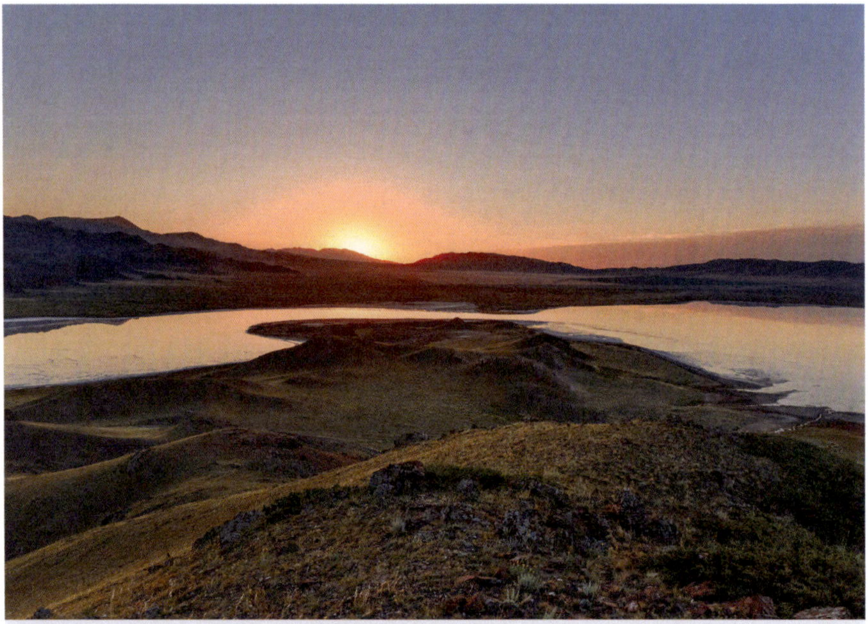

Aus drei mach eins: Die HDR-Technik vereint alle Belichtungen in einem Bild

HDR – EINE TECHNIK, KEIN BILDSTIL

Leider ist HDR etwas zu Unrecht in Verruf gekommen. Viele Menschen denken bei HDR an geschmacklose Kitschbilder mit überzogenen Bonbonfarben und unrealistischen Kontrasten. Dies hat damit zu tun, dass einige „Fotografen" die Technik als pseudokünstlerisches Effektmittel missverstanden haben. Dadurch entstand der falsche Eindruck, HDR wäre mit einem bestimmten Bildstil verbunden.

Überbelichtung/Unterbelichtung

Normalerweise streben wir in der Landschaftsfotografie ein gleichmäßig belichtetes Bild an. Man kann aber das Foto zu künstlerischen Zwecken auch gezielt „falsch" belichten. Dazu nutzt man wieder am einfachsten die Belichtungskorrektur.

Bei der **Überbelichtung** (auch **„High Key"**) lässt man helle Bildteile bewusst „ausreißen". Man erhält dann sehr helle, überstrahlte Bilder. Das funktioniert besonders gut im Gegenlicht. Man kann so einzelne Bildelemente, z. B. den Himmel, ausblenden, um die Aufmerksamkeit auf das Hauptmotiv zu lenken. Auch den grellen, warmen Vintage-Look, der in den letzten Jahren ziemlich trendy war, kann man so erreichen.

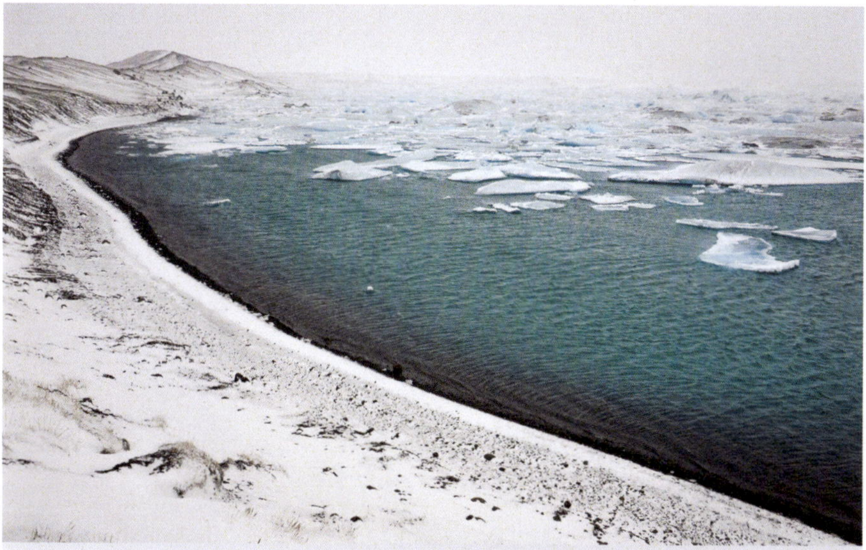

Gezielte Überbelichtung um eine Blende bei dieser Schneekulisse auf Island

Die Überbelichtung eignet sich auch dazu, Strahleneffekte um Kontrastkanten wie z. B. Äste oder Blattwerk gegen den Himmel zu erzeugen, was besonders bei Nebel und Dunst gut wirkt. Auch bei Schnee- und Eislandschaften wird oft mit Überbelichtung gearbeitet, um den reinen, hellen Charakter einer solchen Landschaft zu betonen und einzelne Details, z. B. Felsen oder Bäume, herauszuarbeiten.

Bei der **Unterbelichtung** (auch **„Low Key“**) macht man es genau umgekehrt und lässt dunkle Bildteile ins Schwarz „zulaufen“. Damit kann man hellere Details einer Landschaft, z. B. Lichtreflexe, hervorheben. Diese Bilder wirken dann meist sehr düster und mysteriös.

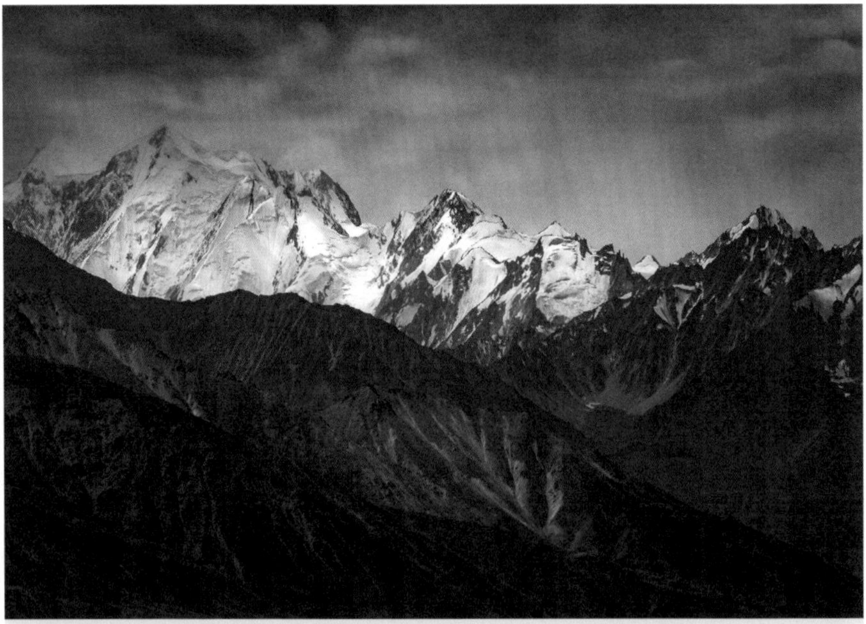

Gezielte Unterbelichtung, um den düsteren Look der Landschaft in Afghanistan und die angeleuchteten Siebentausender im Hindukusch-Gebirge zu betonen

Ein anderer stilistischer Einsatzzweck der Unterbelichtung sind Bilder in Scherenschnittoptik. Man belichtet dann den Himmel korrekt, Objektive im Vordergrund werden unterbelichtet. So heben sich Landschaftselemente als Silhouette gegen den Himmel ab. Das klappt besonders gut bei charakteristisch geformten Landschaften, z. B. zerklüfteten Bergketten oder markanten Bäumen.

Übrigens habe ich fast standardmäßig eine leichte Unterbelichtung zwischen –0,3 und –1 Lichtwerten eingestellt. Die ist hilfreich, um mehr Struktur und Kontrast in hellere Bildteile wie Himmel oder Wolken zu bringen und die bei der Matrixmessung tendenziell auftretende Überbelichtung zu vermeiden.

Langzeitbelichtung

Eine weitere kreative Gestaltungsmöglichkeit ist die Langzeitbelichtung. Meistens nutzt man diese Technik dazu, Bewegung zu visualisieren und damit Dynamik ins Bild zu bekommen. Genau gegenteilig kann man Bewegung damit auch komplett eliminieren und das Bild beruhigen. Typische Fotomotive sind Wasserfälle, das Meer, Flüsse, ziehende Wolken, im Wind wehende Pflanzen, Regen und Schneefall oder auch Fahrzeuglichter.

Wie schon der Name sagt, arbeitet man mit unüblich langen Verschlusszeiten von einigen Sekunden bis hin zu Minuten. Da es tagsüber in der Regel zu hell für derart lange Belichtungszeiten ist, kommt meist ein ND-Filter (siehe Abschnitt „Filter“) zum Einsatz.

Ein Langzeitbelichtung kann genau umgekehrt aber auch notwendig werden, wenn es zu dunkel ist, um genügend Licht auf den Sensor zu bekommen. Daher spielt die Langzeitbelichtung auch in der Nacht- und Astrofotografie (siehe Abschnitt „Nachtfotografie") eine große Rolle.

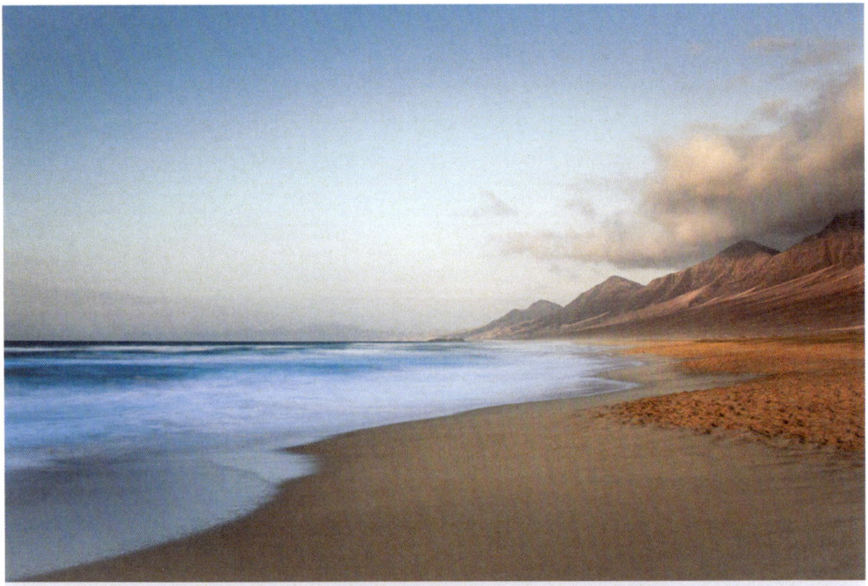

Eine typische Langzeitbelichtung sorgt für seidige, weichgezeichnete Wellen und bewegte Wolken an der Vulkanküste von Fuerteventura

Wie die Langzeitbelichtung gelingt

Um Verwacklungen zu vermeiden, solltest du

- auf Stativ arbeiten,
- den Bildstabilisator an deinem Objektiv deaktivieren,
- deine Kamera während der Aufnahme nicht berühren und deshalb Fernauslöser oder Selbstauslöser verwenden,
- bei DSLR die Spiegelvorauslösung aktivieren.

Bei DSLR solltest du auch den optischen Sucher verschließen oder abdecken, um Streulicht zu vermeiden. Durch die lange Belichtungszeit bildet deine Kamera jedes noch so kleine Streulicht ab, das während der Aufnahme vorhanden ist. Auf den Fotos äußert sich das dann in später kaum retuschierbaren Farbsäumen. Viele Kameras haben einen mechanischen Okularverschluss eingebaut. Wenn deine Kamera diesen nicht hat, bedecke den Sucher während der Aufnahme mit einem dunklen Stoff, z. B. einem Reinigungstuch.

Wenn du einen ND-Filter verwendest, empfehle ich dir,

- bei Weitwinkelobjektiven aufzupassen, dass keine Randabschattungen zu sehen sind (wenn dem so ist, zoome einfach ein wenig in das Bild hinein, bis die Vignettierung verschwindet),
- bereits vorher auszurechnen, wie lange die Belichtungszeit mit Filter sein muss (siehe Abschnitt „Filter“ bzw. das Kapitel „Merkzettel“),
- vor dem Aufsetzen des Filters den Bildausschnitt zu wählen, da du je nach Stärke des Filters nichts mehr im Sucher oder Liveview erkennen kannst.

Nutze den manuellen Modus an deiner Kamera, damit du Belichtungszeit und Blende flexibel selbst einstellen kannst.

Ist die Belichtungszeit länger als 30 Sekunden, verwende den Bulb-Modus deiner Kamera (siehe Kapitel „Einstellungen“).

Lichtqualität

In der Landschaftsfotografie arbeiten wir mit natürlichem Licht, in den allermeisten Fällen mit dem Sonnenlicht. Wir können das natürliche Licht nicht einfach nach Belieben beeinflussen wie etwa ein Studiofotograf mit seiner Blitzanlage. Vielmehr sind wir von den Launen der Natur abhängig und müssen uns darauf einstellen. Wichtig ist es deshalb zu verstehen, welchen Einfluss die natürlichen Lichtverhältnisse auf dein Motiv haben und wie du die Lichteigenschaften bzw. die Lichtqualität gezielt für deine Fotos nutzen kannst.

- Farbtemperatur (warm/kalt/neutral, gemessen in Kelvin)
- Lichtrichtung (seitlich, von hinten, von vorn, richtungslos)
- Helligkeit (hell/dunkel, kontrastreich/kontrastarm)

Die Lichteigenschaften hängen zum einen von der Lichtquelle (Sonne, Mond, Sterne, Kunstlicht etc.) und ihrer Position ab. Aber auch das Wetter, die Jahreszeit und die Tageszeit beeinflussen entscheidend das Aussehen des Lichts.

Daher ist es essenziell, dass du zur richtigen Zeit am richtigen Ort bist. Das setzt eine entsprechende Planung voraus. Dann klappt zwar auch nicht immer alles wie gewünscht, es erhöht sich aber die Chance auf ein spektakuläres Foto ungemein.

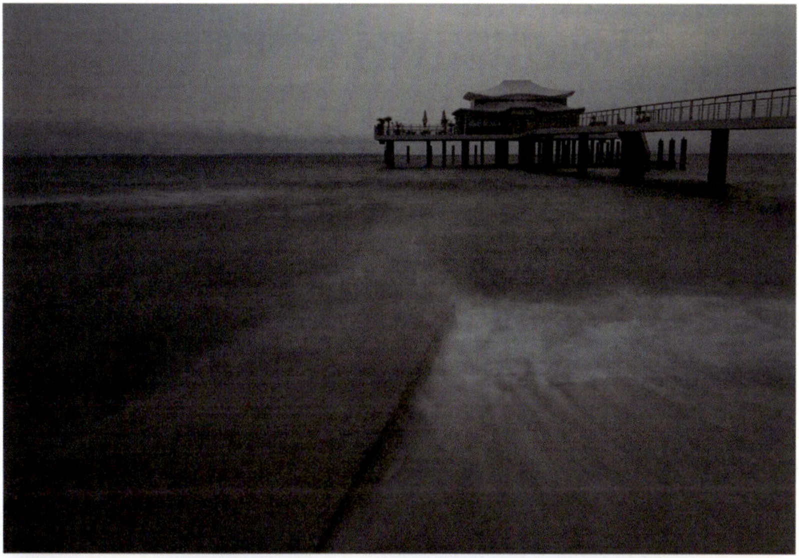

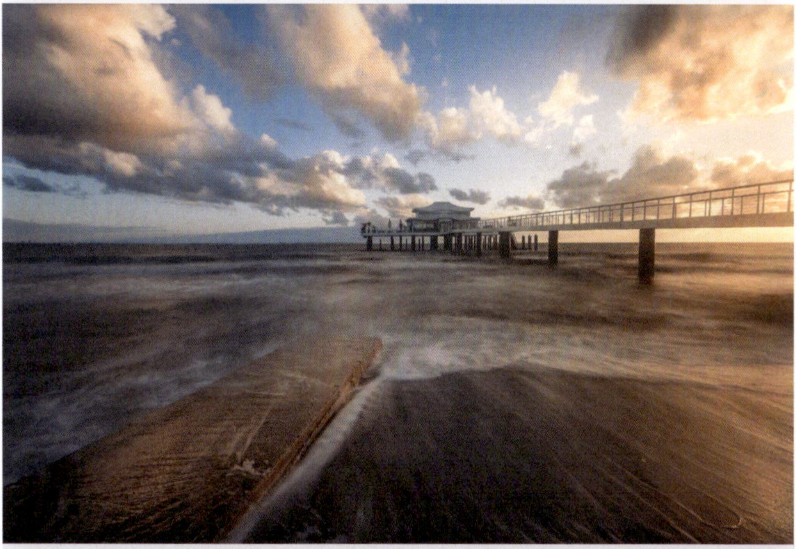

Ein Motiv am Timmendorfer Strand mit wenigen Stunden Abstand aufgenommen. Die komplett unterschiedliche Wirkung zeigt, wie wichtig das Licht für dein Foto ist (oben schlechtes, unten gutes Fotolicht).

Tageszeit

Ist dir eigentlich schon einmal aufgefallen, dass die meisten Sehnsuchtsfotos auf Postkarten und in Kalendern am frühen Morgen oder am späten Abend fotografiert worden sind? Das hat weniger damit zu tun, dass wir Landschaftsfotografen so schlecht schlafen. Es hängt damit zusammen, dass es fotogünstige und -ungünstige Zeiten gibt.

Die schlechteste Zeit zum Fotografieren ist der Mittag bzw. immer dann, wenn die Sonne sehr hoch am Himmel steht. Das Licht ist dann grell und hart, auf dem Foto wirken die Farben ausgeblichen und blaustichig. Es gibt dann auch keine Schatten, und dem Foto fehlt es deshalb an Tiefe. Wenn du gegen die Sonne fotografierst, kommen oft noch unschöne Flecken und Kringel, sogenannte Lens Flares, dazu. Außerdem ist der Tonwertumfang, also die Helligkeitsunterschiede im Bild, viel zu hoch für deinen Sensor und führt meist zu Überbelichtungen.

Besser ist es, deine Fotozeit in den frühen Morgen oder auf den Abend zu legen. Dann ist das Licht schön weich, die Landschaft erstrahlt in ansehnlichen Farben, Schatten und Lichtreflexe verleihen dem Bild Plastizität. Außerdem hast du gute Chancen, dass du zu dieser Zeit allein mit der Kulisse bist und niemand durchs Bild läuft. In Winter und Herbst sind aber auch der späte Nachmittag oder der frühe Vormittag noch brauchbare Zeitfenster.

Am liebsten mögen wir Landschaftsfotografen die Zeit um Sonnenaufgang und Sonnenuntergang. Wenn die Nacht in den Tag übergeht, wechselt die Lichtfarbe vom tiefen Nachtblau über Hellblau zu wärmeren Pastelltönen. Man spricht dann von der blauen Stunde. Dieses Zwielicht sorgt für eine geheimnisvolle Stimmung. Einige Minuten bevor die Sonne hinter dem Horizont hervorkommt, beginnen

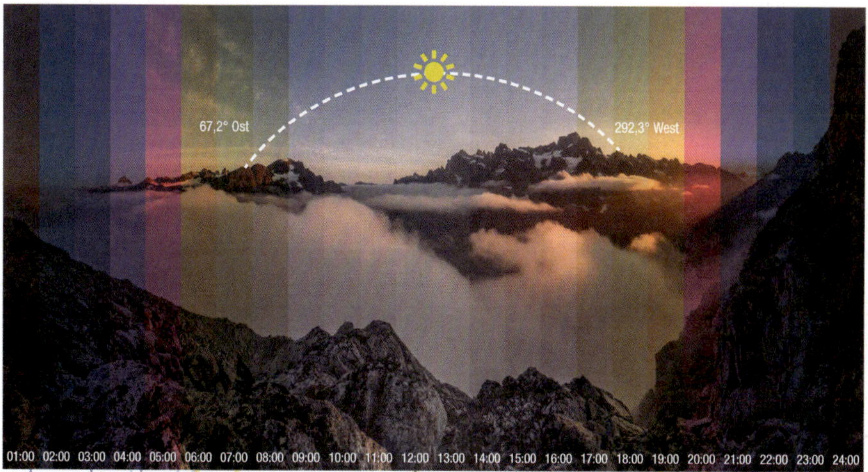

Nacht
Sonne: > 18 ° unter Horizont
Licht: schwarzblau, absolute Dunkelheit
Zeit: 00:02–02:13

Astronomische Dämmerung
Sonne: > 18 ° unter Horizont
Licht: dunkelblau
Zeit: 02:14–03:49

Nautische Dämmerung
Sonne: > 12 ° unter Horizont
Licht: mittelblau
Zeit: 03:50–04:52

Bürgerliche Dämmerung
Sonne: > 6 ° unter Horizont
Licht: hellblau
Zeit: 04:53–05:40

Mittag
Sonne: im Zenit
Licht: neutralweiß
Zeit: 12:00

Blaue Stunde
Sonne: knapp unter Horizont
Licht: pastellblau, lila, rosa
Zeit: 04:13–05:40

Sonnenaufgang
Sonne: erscheint am Horizont
Licht: rot, orange
Zeit: 05:41

Goldene Stunde
Sonne: knapp über Horizont
Licht: rot, orange, gelb
Zeit: 05:41–07:10

Vormittag
Sonne: steigt elliptisch an
Licht: hellgelb, bläulich
Zeit: 07:11–11:59

Nachmittag
Sonne: steigt elliptisch ab
Licht: bläulich, hellgelb
Zeit: 12:01–18:52

Goldene Stunde
Sonne: knapp über Horizont
Licht: rot, orange, gelb
Zeit: 18:53–20:22

Sonnenuntergang
Sonne: verschwindet am Horizont
Licht: rot, orange
Zeit: 20:22

Blaue Stunde
Sonne: knapp unter Horizont
Licht: pastellblau, lila, rosa
Zeit: 20:23–21:49

Bürgerliche Dämmerung
Sonne: > 6 ° unter Horizont
Licht: hellblau
Zeit: 20:23–21:09

Nautische Dämmerung
Sonne: > 12 ° unter Horizont
Licht: mittelblau
Zeit: 21:10–22:12

Astronomische Dämmerung
Sonne: > 18 ° unter Horizont
Licht: dunkelblau
Zeit: 22:13–23:43

Nacht
Sonne: > 18 ° unter Horizont
Licht: schwarzblau, absolute Dunkelheit
Zeit: 23:44–04:56

Tageslichtzeiten und die Änderung der Lichtfarbe im Verlauf eines Sommertages, hier am 26. August 2018 bei Nanortalik, Südgrönland

Himmel und Wolken farbenfroh zu leuchten. Etwas später sind dann höher gelegene Teile der Landschaft wie Berggipfel in ein intensives Morgenrot getaucht (Alpenglühen).

Der Sonnenaufgang läutet schließlich den Tagesanbruch und damit die goldene Stunde ein. Die ganze Landschaft wird in träumerischen warmen Tönen wie Rot, Orange und Gelb illuminiert. Lange Schatten sorgen für Dreidimensionalität.

Mit zunehmendem Stand der Sonne wird das Licht farbneutraler und heller, bis es schließlich spätestens zwei Stunden nach Sonnenaufgang oft viel zu grell zum Fotografieren ist. Am Nachmittag läuft das Lichtgeschehen noch einmal in umgekehrter Reihenfolge ab.

FRÜH AUFSTEHEN LOHNT SICH

Du hast einen vielversprechenden Fotostandort gefunden und möchtest diesen im besten Fotolicht in Szene setzen? Dann sei rechtzeitig da. Rechne genügend Zeit für die Vorbereitung vor Ort ein (Bildausschnitt suchen, Einstellungen etc.). Kalkuliere auch ein, wenn du zu deinem Fotospot noch fahren, wandern oder klettern musst. Idealerweise bist du vorher schon einmal dort gewesen, damit du dich vor allem in der Dunkelheit schnell orientieren kannst. Wenn du so wie ich kein geborener Frühaufsteher bist, kostet das gerade im Urlaub einige Überwindung. Aber es zahlt sich aus. Du kannst dann ganz entspannt und genau im richtigen Moment auf den Auslöser drücken. Und vielleicht hast du sogar noch Zeit, den Augenblick zu genießen.

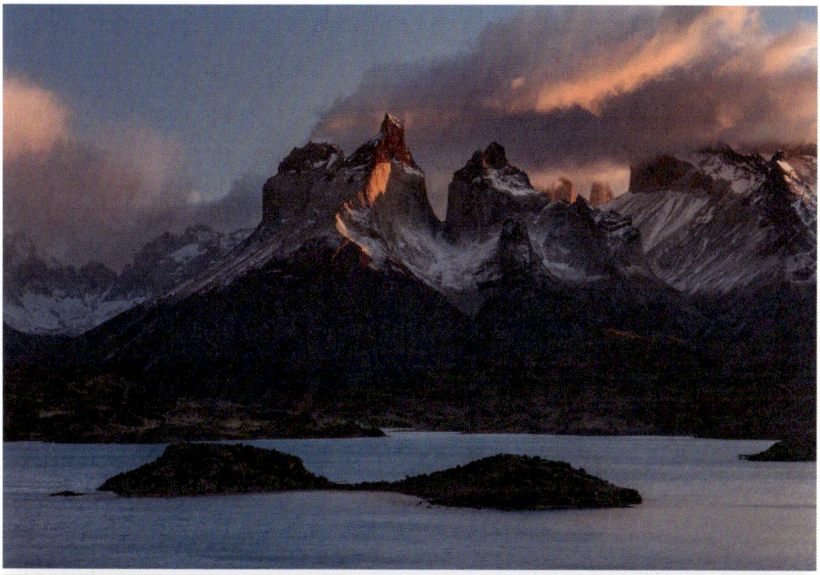

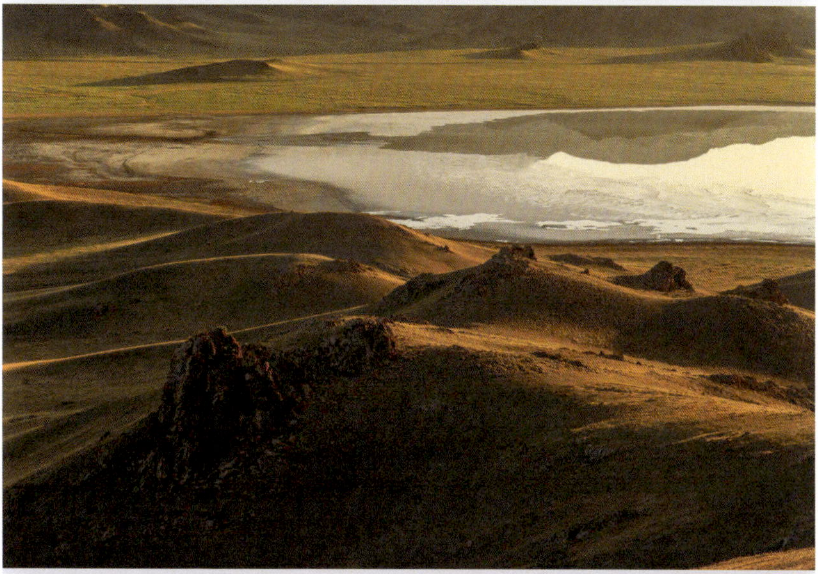

Blaue Stunde und Alpenglühen im Paine Massiv in Patagonien (oben), goldene Stunde in Kasachstan (unten)

Jahreszeit

Neben der richtigen Tageszeit ist auch die Jahreszeit wesentlich für ein gelungenes Foto. Jede Jahreszeit hat ihren ganz eigenen Charme. Aber nicht jedes Naturmotiv wirkt zu jeder Jahreszeit gleich gut. Manche Motive können zur falschen Jahreszeit vielleicht auch gar nicht fotografiert werden. Denke nur an Wasserfälle oder kleine Gebirgsseen, die im Sommer austrocknen. Es gibt auch Motive, die zwar immer fotografiert werden können, je nach Jahreszeit aber eine völlig unterschiedliche Wirkung entfalten.

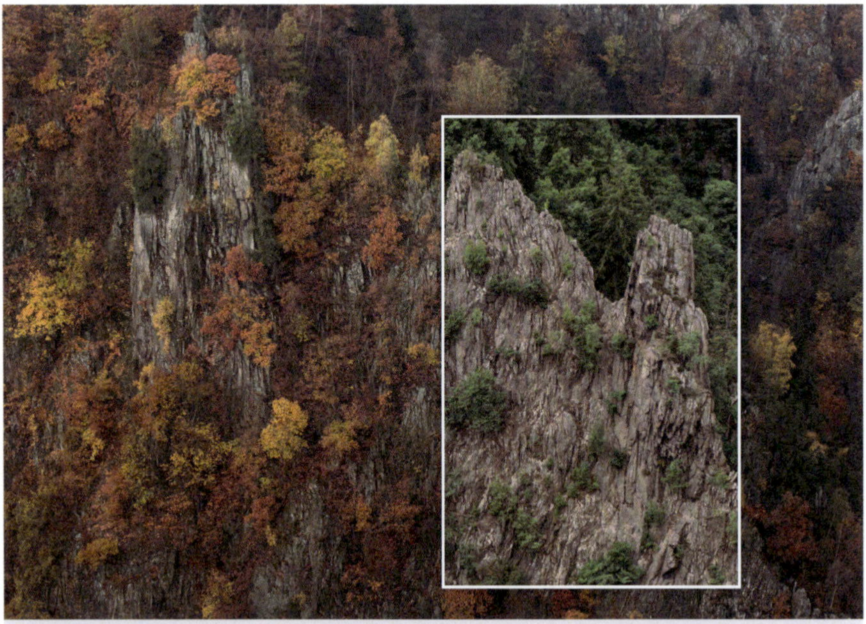

Die Kulisse des Bodetals im Harz, fotografiert bei idealer Jahreszeit (Herbst) und ungünstiger Jahreszeit (Frühjahr)

Welche Jahreszeit für dein Motiv am geeignetsten ist, hängt auch von deinen persönlichen Vorlieben ab. Nehmen wir z. B. ein klassisches Bergmotiv. Möchtest du die farbenfrohe Blumenwiese in den Alpen fotografieren (Frühsommer), bist du von den orangefarben leuchtenden Bäumen an den Hängen angetan (Herbst) oder sind eher die schneebedeckten Berge und zugefrorenen Eisseen für dich interessant (Winter, Frühjahr)?

Die meisten Landschaftsfotografen hierzulande bevorzugen übrigens den Herbst. Die Sonne steht dann auch tagsüber tief und lässt die Natur in einem weichen, goldenen Licht erstrahlen. Oft hast du dramatische Wolken am Himmel und Frühnebel in den Tälern. Die Laubfärbung verspricht farbenfrohe, lebhafte Bilder.

TIPPS FÜR GLOBETROTTER

Wenn dein nächstes Fotoreiseziel nicht in unseren Breiten liegt, solltest du dich vorher eingehend mit den dortigen Witterungs- und Lichtverhältnissen beschäftigen, um allzu große Überraschungen zu vermeiden. Zum Beispiel sind auf der Südhalbkugel die Jahreszeiten den unseren entgegengesetzt. Im hohen Norden und im tiefen Süden gibt es den Polartag und die Polarnacht. In Äquatornähe hingegen gibt es gar keine Jahreszeiten und nur eine extrem kurze Dämmerung. In den Tropen und Subtropen gilt es, Regen- und Zyklonzeiten zu beachten, die denkbar ungeeignet zum Fotografieren sind und schnell zu einem Sicherheitsrisiko werden können.

Informiere dich also vorher darüber, zu welchen Zeiten an deinem Reiseziel welche meteorologischen Bedingungen vorherrschen. Dann ersparst du dir unnötige Enttäuschungen und machst das Beste aus deiner Reise.

Wetter

Anfänger machen oft den Fehler, nur bei strahlendem Sonnenschein und schönem Wetter zu fotografieren. Den Bildern fehlt es dann aber oft an Ausstrahlung. Häufig sind sie aufgrund der extremen Helligkeitsunterschiede auch nicht richtig belichtet. Wenn du dir einmal beeindruckende Outdoor-Fotos ansiehst, wirst du feststellen, dass diese fast nie bei blauem Himmel fotografiert worden sind.

Wolken

Häufig beziehen Wow-Motive dramatische Wolken mit ein. Schöne Wolken verleihen jeder Landschaftskulisse das gewisse Etwas. Außerdem projiziert der Wechsel von Sonne und Wolken lebhafte Licht-und-Schatten-Spiele in die Landschaft, wovon das ganze Foto profitiert. Wenn die Wolken besonders beeindruckend sind, kann man sie auch prominent als Hauptmotiv im Foto platzieren. Besonders fotogene Exemplare sind z. B. Mammatus-, Amboss- oder Lenticularis-Wolken.

Bedeckter Himmel

Wenn der Himmel vollständig einheitsgrau und unansehnlich ist, vermeide ihn am besten ganz in deinem Bildausschnitt. Die Kamera muss trotzdem nicht in der Tasche bleiben. Ein bedeckter Himmel eignet sich bestens, um Details in der Landschaft, etwa Steine oder Pflanzen, zu fotografieren. Auch Bilder im Wald oder von Wasserfällen sind bei diesem Wetter aufgrund der weniger starken Helligkeitsunterschiede viel besser möglich.

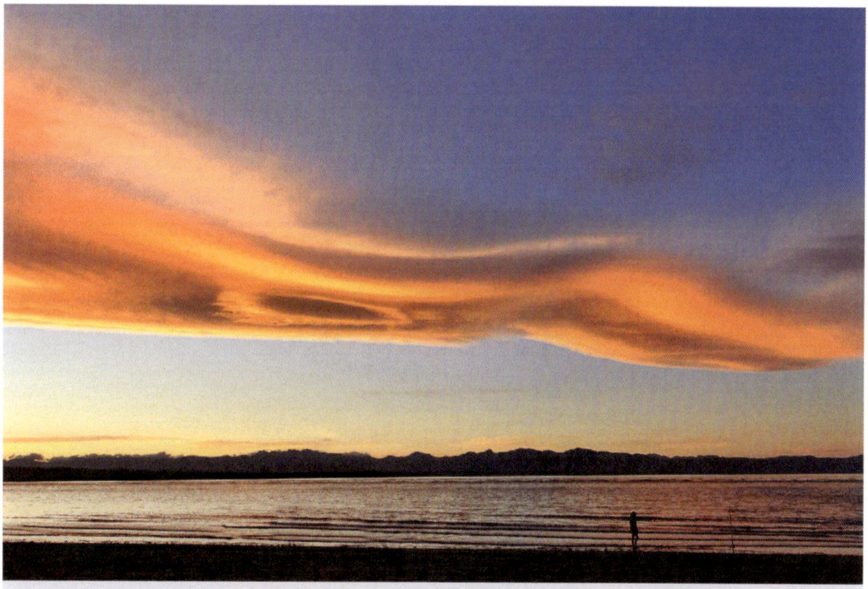

Darf es etwas Drama sein? Dann baue schöne Wolken ein. Wenn sie dann noch so spektakulär aussehen wie hier in Neuseeland, ist Wow-Feeling fast garantiert.

Regen

Aus dem grauen Himmel ist Regen geworden und der ersehnte Sonnenuntergang droht sprichwörtlich ins Wasser zu fallen? Zeit für Hotel, Hütte oder Zelt? Nicht unbedingt. Oft lohnt es sich, zuversichtlich zu bleiben und trotzdem rauszugehen oder sich bereitzuhalten. Nach Regen kommt bekanntlich Sonnenschein.

In meinen unzähligen Stunden draußen habe ich festgestellt, dass häufig kurz vor Sonnenuntergang der Himmel wieder aufreißt. Es lohnt sich also, geduldig zu sein. Das Warten wird dann oft mit einem spektakulären Farbenspiel, einem dramatischen Himmel oder einem Regenbogen belohnt.

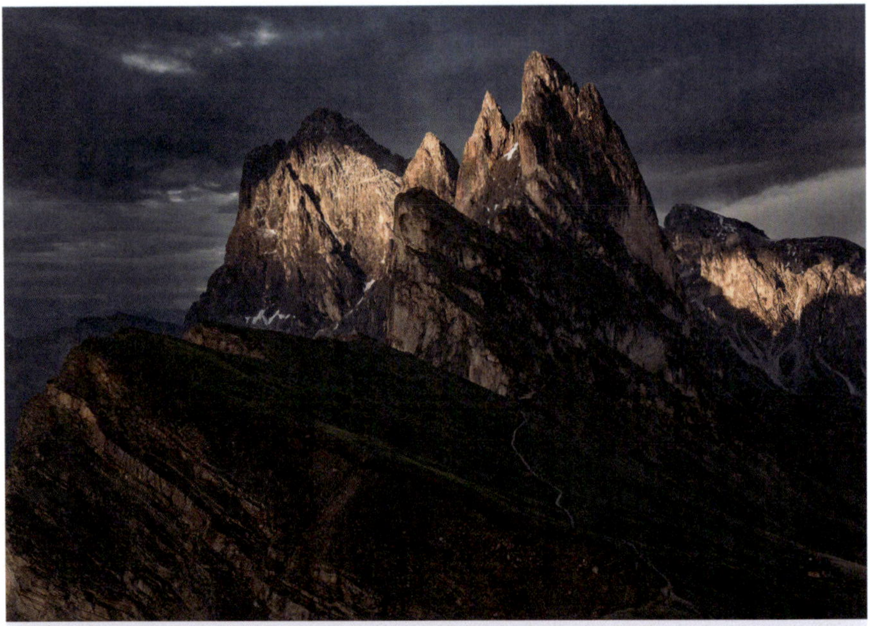

Auf Regen folgt meist Sonnenschein: Die mystische Lichtstimmung an der Seceda in Südtirol habe ich direkt nach starkem Regenfall aufgenommen.

DIE KAMERA SCHÜTZEN

Übrigens kann man auch im Regen selbst fotografieren, wenn man sich einen regendichten Unterstand sucht. Alternativ könntest du deine Kamera auch unter einen großen Regenschirm stellen. Diesen kannst du mit einer speziellen Halterung aus dem Fotohandel am Stativ befestigen, damit du die Hände zum Fotografieren frei hast. Wenn du mit etwas längeren Belichtungszeiten spielst, gelingt es dir vielleicht sogar, Regentropfen und Regenfäden im Bild festzuhalten.

Regenbogen

Regenbögen entstehen meist, wenn nach einem Regen der Himmel schnell aufklart und die tief stehende Sonne den abziehenden Niederschlag anleuchtet. In Mitteleuropa treten diese Bedingungen häufig am späten Nachmittag und im Anschluss an Wärmegewitter auf. Unabhängig davon kann ein Regenbogen auch im Sprühnebel bewegter Gewässer beobachtet werden, z. B. an Wasserfällen, Flüssen und Meereswellen.

Um einen Regenbogen zu fotografieren, solltest du leicht unterbelichten und einen Polfilter verwenden, um den Kontrast zu erhöhen und die Farben zu verstärken. Im Idealfall findest du einen Standpunkt, von dem aus du den ganzen Bogen in der Landschaft fotografieren kannst. Besonders gut eignet sich ein dunkler Hintergrund, von dem sich der Regenbogen deutlich abhebt.

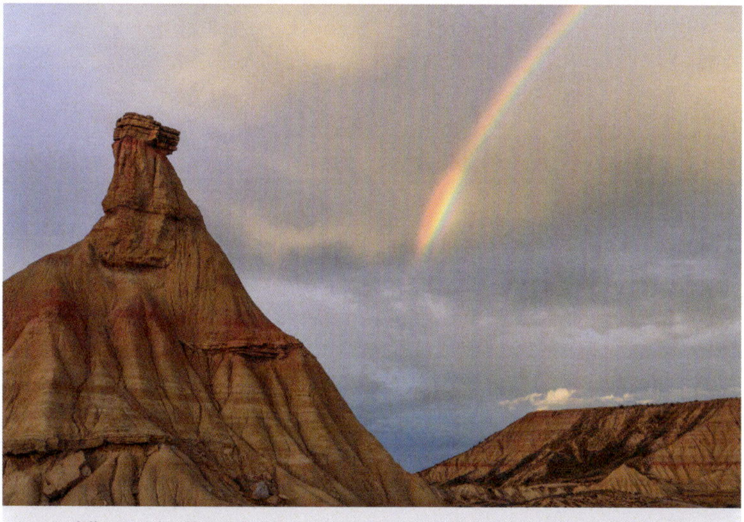

Regenbögen wie dieser in den spanischen Bardenas Reales strahlen immer etwas Geheimnisvolles aus

Gewitter

Ein Gewitter ist der Inbegriff von Naturgewalt, ein Blitz bringt Drama in jedes Landschaftsfoto. Die Herausforderung dabei: Ein Blitz dauert nur etwa 50–100 Millisekunden. Die Kunst ist es deshalb, genau den richtigen Moment abzupassen.

Du könntest natürlich versuchen, ein ganzes Gewitter lang jede Sekunde auszulösen und zu hoffen, dass du einen Treffer unter den tausenden von Bildern hast. Etwas smarter als Prinzip Zufall ist ein einfacher Trick, nämlich die Langzeitbelichtung zu nutzen. Am besten stellst du die größtmöglichen 30 Sekunden Belichtungszeit ein.

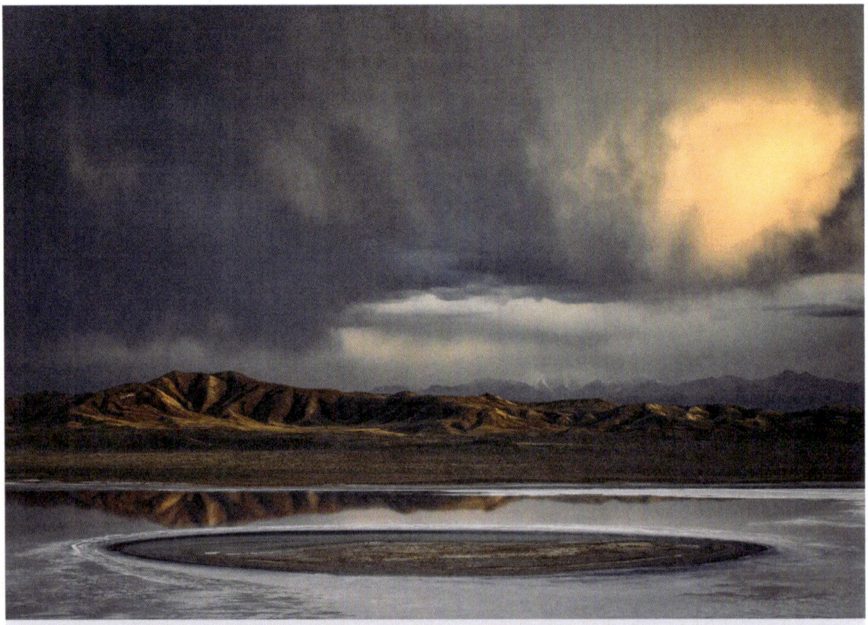

Auch vor dem Gewitter lohnt das Fotografieren, hier über einem Salzsee im Tian Shan, Kasachstan

Wähle dann die dazu passenden Einstellungen, so dass die Landschaft, in der du den Blitz aufnehmen willst, richtig belichtet ist. Der Blitz selbst wird ohnehin immer überbelichtet. Sollte das Bild mit der langen Belichtungszeit zu hell sein, nutzt du einen Graufilter (siehe Abschnitt „Filter“). Damit du nicht immer wieder neu auslösen musst, stellst du am besten eine Intervall- oder Serienauslösung ein, also z. B. alle 30 Sekunden ein Bild oder 1000 Bilder in Serie. Außerdem solltest du ein Weitwinkel verwenden.

Wenn du nicht warten, sondern gezielt ein Gewitter ansteuern willst, empfehle ich dir die Smartphone-App „Blitzortung Gewitter-Monitor“ bzw. die Webseiten blitzortung.org oder www.lightningmaps.org. Übrigens lohnen auch die Minuten vor und nach Gewittern. Meist hast du dann sehr spektakuläre, oft dramatisch gefärbte Wolkenformationen.

Nebel

Nebelstimmungen haben stets etwas Geheimnisvolles und eignen sich daher gut für mysteriöse Landschaftsansichten. Wenn du selbst im Nebel stehst, gibt es kein direktes Licht im Bild. Der Dunst wirkt dann wie ein großer Diffusor, das Licht ist wie durch einen Vorhang gedimmt. Weiter entfernte Bildteile verschwinden im Nebel.

Fotografisch ebenfalls reizvoll ist Bodennebel oder Hochnebel, in dem du nicht selbst stehst. Von einem weiter entfernten Standpunkt kannst du ihn effektvoll für deine Bilder einsetzen. Eine gute Zeit, um Nebel aufzunehmen, ist oft der frühe Morgen im Frühjahr oder Spätherbst, wenn es nachts bereits sehr kalt ist, tagsüber aber noch recht warm wird. Vor allem wenn es Nachtfrost gab, stehen die Chancen gut. Nebel bildet sich oft in Senken und Tälern, über Wäldern und in höheren Gebirgszügen.

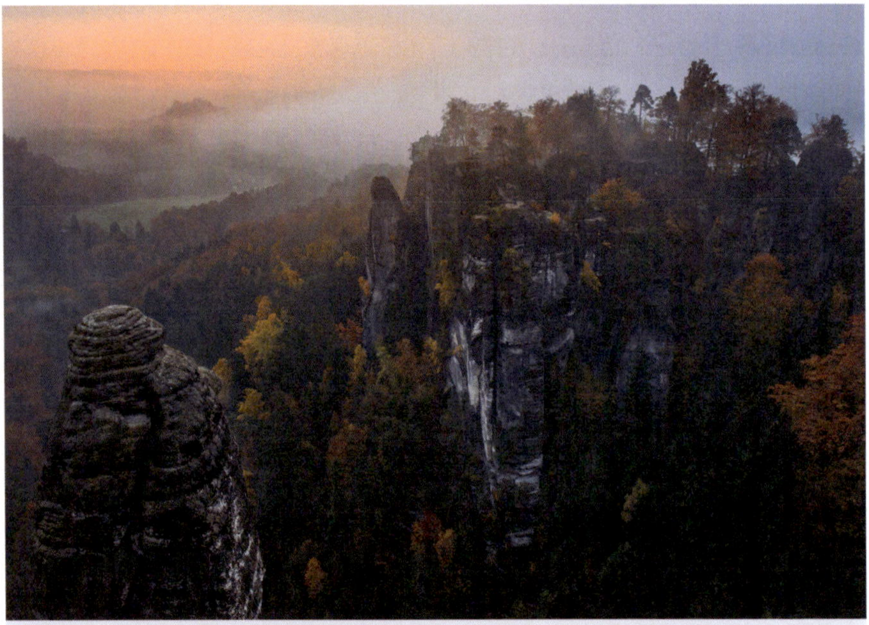

Nebel ist stets ein lohnendes Wetterphänomen, hier Bodennebel im sächsischen Elbsandsteingebirge

Auf das Wetter vorbereitet sein

„Es gibt kein schlechtes Wetter, sondern nur falsche Kleidung", heißt es treffend. Schütze dich und deine Ausrüstung vor Kälte, Wind und Regen. Besorge dir wasser- und winddichte Funktionskleidung, die du am besten nach dem Zwiebelprinzip anziehst. Denke auch an ein Raincover für deinen Kamerarucksack.

An erster Stelle steht deine Sicherheit. Wenn ein Gewitter oder Sturm aufzieht, solltest du dir schnellstens einen festen Unterstand suchen oder besser noch ins Auto gehen. Vor allem solltest du dich dann von Bäumen, Gewässern und Stromleitungen fernhalten. Kein Bild ist so wichtig, dass du dafür deine Gesundheit gefährden solltest!

GENUG ZEIT EINPLANEN

An manchen Tagen macht dir das Wetter trotz aller Vorbereitung und Geduld einen Strich durch die Rechnung. Gut, wenn du dann am nächsten Tag nochmals probieren kannst, dein Wunschmotiv aufzunehmen. Viele meiner Fotos sind tatsächlich nur deshalb entstanden, weil ich mehrfach wiedergekommen bin. Daher habe ich mir angewöhnt, an Naturkulissen, die ich unbedingt fotografieren möchte, mindestens zwei Tage zu bleiben. Das gilt erst recht für Orte, zu denen ich sehr weit oder aufwendig reisen muss. Denn nichts wäre ärgerlicher, als zu einer Destination um die halbe Welt zu reisen und dann kein einziges schönes Foto mitnehmen zu können.

Lichtrichtung

Die Lichtrichtung spielt eine weitere wichtige Rolle für die Wirkung deines Bildes. Du solltest dir daher immer bewusst machen, woher das Licht gerade kommt bzw. die Lichtrichtung idealerweise bereits in deiner Planung berücksichtigen.

Rückenlicht

Beim Rückenlicht befindet sich die Lichtquelle, also meistens die Sonne, hinter dir. Dadurch ist die vor dir liegende Szenerie gleichmäßig ausgeleuchtet, es kommt gerade in den Morgen- und Abendstunden zu einer ausgewogenen Belichtung des Motivs. Schatten, die ins Bild hineinlaufen, geben ihm Tiefe. Außerdem besteht die Gefahr von Sonnenreflexen nicht. Daher eignet sich Rückenlicht vor allem für Anfänger am besten, um schnell vorzeigbare Resultate zu erzielen.

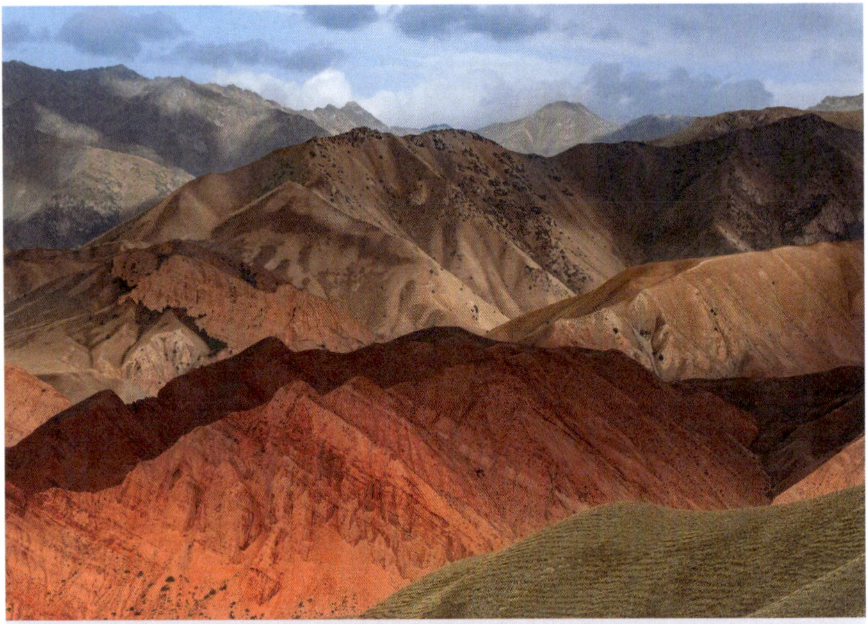

Rückenlicht sorgt für ausgewogene Belichtung und plastische Schatten wie hier in Kirgisistan

Wenn du in der Dämmerung mit Rückenlicht fotografierst, solltest du darauf achten, dass dein eigener Schatten nicht im Bild ist. Um dies zu umgehen, wählst du entweder den Bildausschnitt entsprechend oder zoomst in das Bild hinein. Oder du positionierst dich so, dass dein Schatten im Schatten eines größeren Objekts wie einem Baum oder Felsen verschwindet. Am besten harmoniert das Rückenlicht mit der Matrixmessung.

Streiflicht

Beim Streiflicht kommt das Licht von der Seite und setzt so spannende Lichtreflexe in die Landschaft. In den Morgen- und Abendstunden gibt es geheimnisvolle Hell-Dunkel-Kontraste und effektvolle Schattenwürfe. Einzelne Landschaftselemente wie Berge, Bäume oder Steine werden durch das seitlich einfallende Licht akzentuiert.

Der Nachteil ist, dass es große Helligkeitsschwankungen im Bild gibt, die eventuell nicht in einem Bild vom Kamerasensor abgebildet werden können. Dann kannst du dir mit einer Belichtungsreihe behelfen (siehe oben). Außerdem solltest du aufpassen, dass seitlich kein Licht in das Objektiv fällt, um Sonnenreflexe und ausbleichende Farben zu vermeiden. Mit der Sonnenblende bekommst du das aber gut in den Griff. Für das Streiflicht empfehle ich dir die Spotmessung.

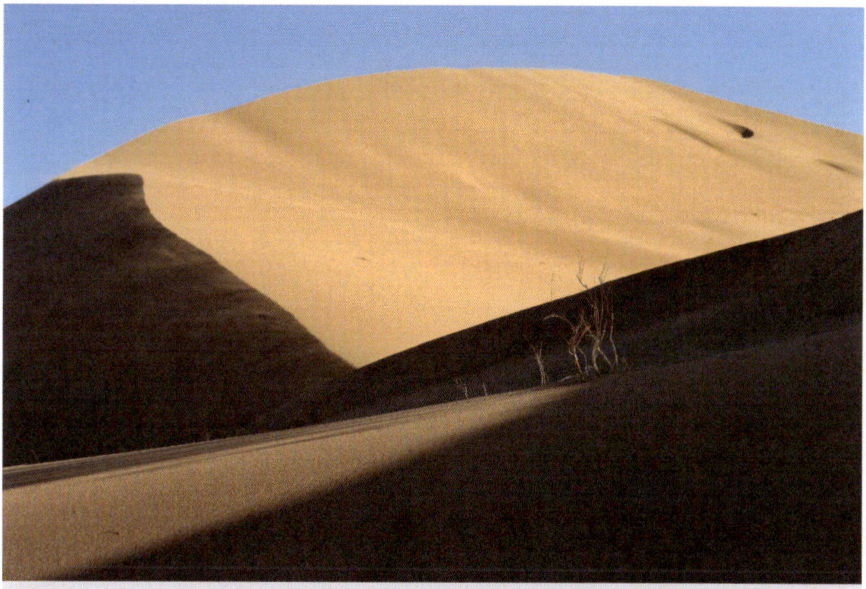

Seitenlicht setzt spannende Lichtakzente, wie hier in einer Sandwüste in Kasachstan

Gegenlicht

Beim Gegenlicht befindet sich die Lichtquelle vor dem Fotografen. Im Extremfall ist die Sonne sogar direkt im Bild zu sehen. Das Herausfordernde an Gegenlichtaufnahmen sind die extremem Helligkeitsunterschiede, die es meist unmöglich machen, alle Helligkeitswerte in einem Foto zu vereinen. Möchte man alles richtig belichtet haben, kommt man um eine Belichtungsreihe nicht umhin. Die Belichtung selbst misst du am besten mit der Spotmessung auf den hellsten Punkt. Alternativ kannst du Über- und Unterbelichtung auch als künstlerischen Effekt einsetzen (siehe oben).

Typische, warm-gleißende Gegenlichtaufnahme in Namibia mit der Sonne und Lens Flares im Bild

Beim Gegenlicht muss man meist mit Sonnenreflexen (Lens Flares) im Bild rechnen, selbst mit aufgesetzter Sonnenschutzblende. Diese kannst du hinterher in der Bildbearbeitung entfernen. Das klappt aber nicht immer und ist aufwendig. Man kann aber aus der Not auch eine Tugend machen und die Reflexe gezielt als Stilmittel einsetzen. Dazu solltest du bereits vor der Aufnahme genau beobachten, wie die Flares im Bild verlaufen, und den Bildaufbau entsprechend wählen.

Koronen und Sonnensterne

Bei einem niedrigen Stand der Sonne kann man Gegenlichtaufnahmen das gewisse Etwas verleihen, wenn man die Sonne komplett hinter einem größeren Objekt wie z. B. einem Baum oder einem Felsen platziert. Dann erstrahlen die Kanten des Objekts wie eine Korona, und das Bild erhält eine geheimnisvolle Stimmung.

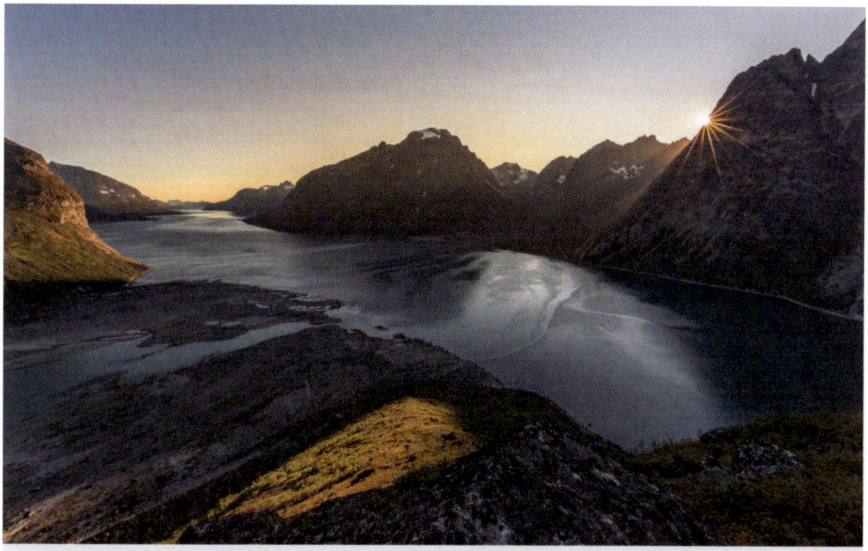

Ein Sonnenstern ist ein toller Effekt, hier über einem Fjord in Grönland

Eine weitere kreative Möglichkeit ist es, Sonnensterne zu fotografieren. Dazu verdeckst du die Sonne größtenteils durch ein Objekt (Baum, Felsen etc.). Es darf nur noch ein minimaler Teil der Sonne zu sehen sein. Dann blendest du stark ab. Durch die Lichtbrechung an den Blendenlamellen entstehen auf dem Foto Strahleneffekte um die Sonne. Auch das klappt am besten, wenn die Sonne tief am Horizont steht und dann etwa hinter einer Bergkette untergeht.

GEGENLICHT: NIE DURCH DEN OPTISCHEN SUCHER SEHEN!

Bitte schau bei Gegenlichtaufnahmen niemals durch den optischen Sucher direkt in die Sonne, wenn du mit einer Spiegelreflexkamera fotografierst. Hierdurch kann dein Auge irreversibel geschädigt werden. Benutze für Gegenlichtaufnahmen immer den Liveview!

Lichtstrahlen und God Rays

Eine Sonderform des Gegenlichts sind die sogenannten Strahlenbüschel oder Lichtbüschel. Aufgrund ihrer überirdisch anmutenden Erscheinung werden sie unter Fotografen auch God Rays genannt.

Sie haben Ähnlichkeit mit Sonnensternen, sind aber ein anderes physikalisches Phänomen. Es entsteht durch feine Wasser- und Staubpartikel, die die Sonne verdecken bzw. das Licht streuen. Am häufigsten sieht man das Schauspiel an Wolken, aus denen dann mehrere breite Lichtstrahlen hervorkommen. Aber auch morgens an dunstigen Gewässern, im Wald oder an hohen, zerklüfteten Bergketten kannst du manchmal solche Strahlen beobachten.

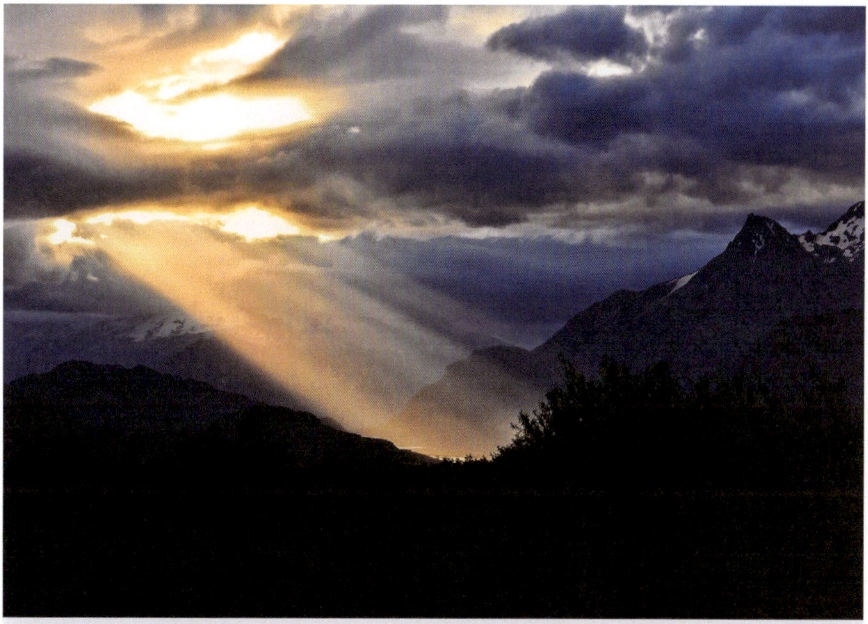

God Rays – ein göttliches Lichtspiel, hier bei Cerro Castillo in Chile

Ein ähnlicher Effekt entsteht auch an Wolkenlücken. Die Sonnenstrahlen breiten sich hier kegelförmig nach unten aus und setzen auf der Erde effektvolle Lichtspots. Das Lichtspektakel fotografierst du am besten mit einer Spotmessung auf die Strahlen, um Überbelichtung zu vermeiden.

NÜTZLICHE APPS FÜR DIE LICHTPLANUNG

Fast jeder Mensch besitzt heutzutage ein Smartphone. Entsprechend groß ist auch das Angebot von Foto-Apps. Darunter gibt es einige, die für die Planung des natürlichen Lichts extrem hilfreich sind und die ich selbst regelmäßig nutze:

- Mit Sun Surveyor bestimmst du für jeden beliebigen Zeitpunkt und Ort, wann Sonne, Mond und andere Himmelsköper auf- und untergehen und wie ihr Lauf über das Firmament sein wird. Du kannst all dies dank Augmented Reality sogar dreidimensional im Liveview deiner Handykamera anzeigen lassen. Auch Dämmerungsphasen, die goldene und die blaue Stunde oder besonders fotogene Himmelserscheinungen können exakt vorhergesagt werden. Alternativen sind PlanIT! For Photographers und Photopills, die noch weitere nützliche Funktionen mitbringen.
- Bei Mobile Observatory und Stellarium steht der Nachthimmel im Mittelpunkt. Wie bei einem Planetarium kannst du den Lauf von Planeten, Sternbildern, Galaxien, Kometen oder der Milchstraße verfolgen.
- Mit Aurora Alert kannst du das Auftreten von Polarlichtern vorhersagen.
- Mit Dark Sky Map findest du geeignete Orte für die Nachtfotografie.
- Mit Blitzortung Gewitter-Monitor kannst du Gewitter lokalisieren.

Nachtfotografie

Die allermeisten Landschaftsfotos entstehen tagsüber und nutzen das Sonnenlicht. Wie du damit arbeiten kannst, hast du auf den letzten Seiten ausführlich gelernt.

Wenn du deinen Bildern eine außergewöhnliche Ausstrahlung verleihen möchtest, fotografiere doch einmal nachts. Nachts sind nicht nur alle Katzen grau, sondern auch die meisten Fotografen untätig. Eine Landschaftsaufnahme im Mondlicht, mit einem funkelnden Sternenhimmel oder tanzenden Polarlichtern ist deshalb immer etwas Besonderes. Außerdem kannst du auch künstliche Lichtquellen effektvoll einsetzen und hast die Fotospots meist ganz für dich allein. Und bei Bedarf etwas Gruselfeeling inklusive.

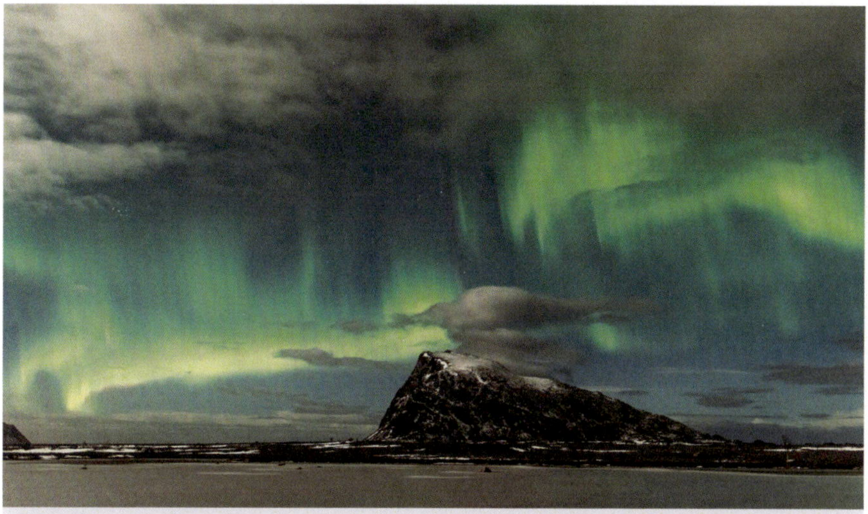

Nachtfotos wie hier die tanzenden Polarlichter auf den Lofoten sind eine spannende Facette der Landschaftsfotografie

Grundlagen der Nachtfotografie

In der Nachtfotografie herrschen gänzlich andere Bedingungen als am Tag. Der Hauptunterschied ist natürlich, dass es viel dunkler ist. Entscheidend für jede gelungene Nachtaufnahme ist daher die Beachtung bestimmter Einstellungen und eine sorgfältige Vorbereitung.

Der richtige Ort

Nächtliche Lichtphänomene wie Milchstraße oder Polarlichter lassen sich umso besser aufnehmen, je dunkler es ist. Ideal ist daher ein Standort mit wenig Lichtverschmutzung, möglichst weit weg von Ortschaften mit ihrer Beleuchtung. Solche Orte findest du z. B. online unter www.lightpollutionmap.info oder mit der App Dark Sky Map. Nachtfotografie gelingt auch umso besser, je klarer die Luft ist. Besonders gut geeignet sind daher beispielsweise das Hochgebirge oder Wüsten, zumal dort auch die Lichtemissionen gering sind.

Wichtig für deinen Fotostandort ist ein weiter, freier Blick in die Landschaft und zum Himmel. Auch in der Nacht sollte man schließlich nicht den Bildaufbau vergessen. Das Polarlicht oder die Milchstraße allein machen noch kein gutes Foto, sondern wirken am besten in Verbindung mit einer gelungenen Bildkomposition.

Der richtige Zeitpunkt

Bei deiner Planung solltest du den Stand und die Phase des Mondes mitberücksichtigen. Am besten sieht man Milchstraße, Sterne und Nordlichter natürlich, wenn der Mond nicht am Himmel steht. Die komplette Dunkelheit hat allerdings den großen Nachteil, dass der Rest deines Bildes kaum zu erkennen sein wird. Neumondnächte oder andere Zeiten ohne Mond sind also nur bedingt für nächtliche

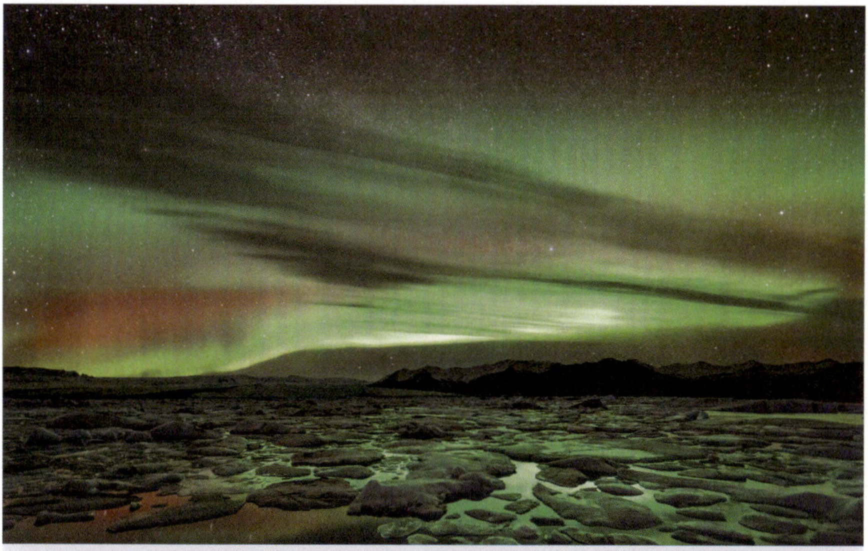

Ein passender Ort, die richtige Zeit und das Wetter sind die Zutaten für eine gelungene Fotografie in der Nacht, hier die Eislagune Jökulsárlón auf Island

Fotoausflüge zu empfehlen. Dasselbe gilt für Vollmondnächte, die andersherum viel zu hell sind.

Ich empfehle dir eine frühe Phase des zunehmenden oder eine späte Phase des abnehmenden Mondes. Außerdem sollte der Mond möglichst flach am Himmel stehen. Das Mondlicht ist dann hell genug, um die Landschaft zu beleuchten, aber nicht so hell, dass der Himmel überstrahlt wird. Idealerweise suchst du dir also ein Zeitfenster um den Mondauf- oder -untergang. Sehr hilfreich für diese zeitlichen Planungen sind wieder die oben genannten Smartphone-Apps.

Auch der Wettervorhersage solltest du Beachtung schenken. Ideal ist ein klarer, wolkenfreier Himmel, denn das schönste Polarlicht nützt nichts, wenn es durch Wolken verdeckt wird.

GEEIGNETE STANDORTE VORBEREITEN

Am besten bereitest du vorab eine Auswahl von geeigneten Standorten vor. Idealerweise besuchst du sie schon tagsüber und suchst dir interessante Perspektiven. Dann du nachts und wenn es schnell gehen muss, nicht lange zu suchen. Je nach aktueller Vorhersage entscheidest du dann situativ, welchen Standort du nachts ansteuerst.

Die richtige Ausrüstung

Wichtig ist, dass der Kamerasensor auch bei einer hohen Empfindlichkeit möglichst rauscharm ist. Insofern sind moderne Spiegelreflex- und spiegellose Vollformatkameras die beste Wahl.

Ebenso wichtig ist ein lichtstarkes Objektiv, das über eine Anfangsblende von f/2.8 oder größer verfügt. Für Polarlichtfotografie bieten sich vor allem Weitwinkel- oder Fisheye-Objektive an. Dank ihres großen Bildwinkels bekommst du einen weiten Teil des nächtlichen Himmelsspektakels und dazu noch einen Vordergrund auf ein Bild.

Die lange Belichtungszeit macht die Verwendung eines stabilen Stativs und eines Fernauslösers unbedingt erforderlich.

Sonstige Vorbereitungen

Du erkennst die Himmelschauspiele am besten, wenn deine Augen der Dunkelheit angepasst sind. Deshalb ist es empfehlenswert, sich bei guten Bedingungen draußen aufzuhalten. Du kannst auch im Auto etc. warten, solltest dort aber das Licht auslassen und auch dein Smartphone oder Tablet möglichst nicht nutzen. Aus demselben Grund empfehle ich dir auch, rotes Licht mitzuführen, das dich in der

Nacht weniger blendet als normales Licht. Viele Stirn- und Taschenlampen haben deshalb heute rotes Licht eingebaut.

Da du in der Nacht viel mit energiezehrendem Liveview fotografierst, solltest du genügend Akkus dabeihaben. Bei Kälte trägst du sie am besten am Körper, um eine Entladung zu verhindern.

In kalten Nächten, vor allem im Winter, solltest du deine Fotoausrüstung rechtzeitig im Freien platzieren. Würdest du sie direkt aus dem Warmen (Haus, Auto) in die Kälte bringen, würde sich Kondenswasser auf der Optik bilden und deine Fotos unscharf werden.

Kameraeinstellungen

In der Nachtfotografie gilt alles schon bei der Langzeitbelichtung Gesagte (siehe oben). Aber auch weitere spezielle Einstellungen an deiner Kamera sind notwendig.

Richtige Blende und Belichtungszeit finden: Die Blende sollte so weit wie möglich geöffnet werden (z. B. f/2.8). Die sonst in der Landschaftsfotografie gültigen Regeln für die optimale Blendenwahl kannst du in der Nacht vernachlässigen.

Wie lange belichtet werden muss, lässt sich nicht pauschal beantworten, sondern ist von den Bedingungen vor Ort abhängig. Vor allem das Umgebungslicht (Mondlicht, künstliches Licht von Siedlungen etc.) hat einen Einfluss. Bei Polarlichtern spielt auch deren Stärke und Bewegung (statisch oder tanzend) eine Rolle.

Wenn Mondlicht vorhanden ist, kann man grob sagen, dass je nach Phase, Richtung und Höhe die Belichtungszeit meist zwischen zwei und 15 Sekunden bei Blende f/2.8 und ISO 800 liegt. Wenn Neumond ist, können bei gleichen Einstellungen für den Vordergrund aber auch Belichtungszeiten von deutlich mehr als 30 Sekunden erforderlich werden.

Zu lange Belichtungen sind aber nicht zu empfehlen, da wegen der Erdrotation ab ca. 30 Sekunden die Sterne nicht mehr punktförmig abgebildet werden und sich Sternspuren (Startrails) bilden. Bei tanzenden Polarlichtern verwischt bei zu langer Belichtung die Bewegung, ein paar Sekunden können hier schon zu viel sein.

Solltest du trotz offener Blende keine hinreichend kurze Belichtungszeit verwenden können, musst du die Lichtempfindlichkeit des Sensors (ISO) erhöhen. In der Nachtfotografie kannst du bei der ISO-Zahl

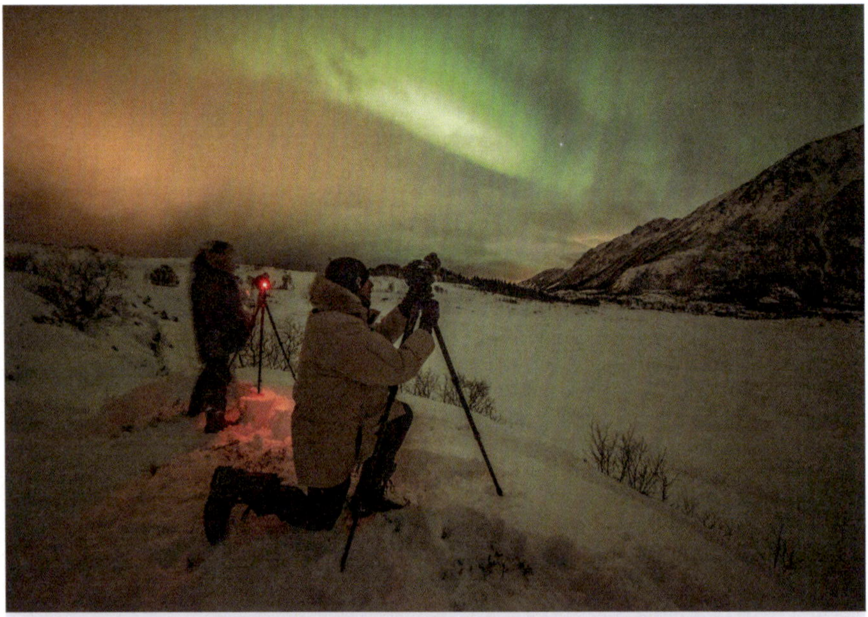

Essenziell für Nachtfotografie – die richtige Ausrüstung und spezielle Einstellungen

großzügiger sein als tagsüber. Es ist immer noch besser, das Foto ist verrauscht, als dass es zu dunkel ist, keine Sterne zu erkennen sind oder die Struktur der Polarlichter verwischt. Die meisten Nachtaufnahmen habe ich zwischen ISO 800 und 6400 fotografiert. Bei modernen Sensoren ist das Rauschen dann noch erträglich und kann später in der Bildbearbeitung entfernt werden.

Die Belichtung solltest du nachts manuell vornehmen, da die Belichtungsmessung der Kamera dann versagt. Denke auch daran, dass die Bilder auf dem Monitor in der Nacht viel heller scheinen, als sie wirklich sind. Prüfe also deine Bilder stets mit dem Histogramm.

Wenn der Vordergrund sehr dunkel ist, könntest du ihn mit künstlichen Lichtquellen, z. B. deiner Taschenlampe oder Stirnlampe, aufhellen. Alternativ kannst du auch eine Belichtungsreihe aufnehmen, so dass einmal der dunkle Vordergrund und einmal der Himmel richtig belichtet sind. Wenn dafür länger als 30 Sekunden nötig sind, nutze die Bulb-Funktion deiner Kamera.

Fokussieren: Der Autofokus versagt im Nachteinsatz in aller Regel. Deshalb schalte ihn aus und fokussiere manuell. Dafür suchst du dir einen hellen, weit entfernten Punkt zum Scharfstellen, z. B. Polarstern, Mond oder beleuchtete Bergketten. Prüfe die Einstellungen mit Hilfe der Vergrößerungsfunktion im Liveview. Wenn das nicht möglich ist, kannst du den Fokus auch auf unendlich stellen. Dabei solltest du aber beachten, dass die Unendlichkeitsmarkierung des Objektivs (∞) meist nicht dem tatsächlichen Unendlichkeitspunkt entspricht, sondern oft davor oder dahinter liegt. Wenn du dich später nicht über unscharfe Bilder ärgern möchtest, solltest du das bereits tagsüber ausprobieren.

RAW-Format verwenden: Mit dem RAW-Format erhältst du die optimale Ausgangsbasis für eine spätere Bildbearbeitung, die bei Nachtaufnahmen obligatorisch ist. Das mit hohen ISO-Zahlen einhergehende Bildrauschen lässt sich so wesentlich besser entfernen, dunkle Bereiche lassen sich besser aufhellen. Solltest du Spitzlichter im Bild haben (bei Polarlichtern häufig), hast du so noch eine Chance, diese wiederherzustellen. Mehr zum RAW-Format erfährst du im Kapitel „Bildbearbeitung".

Rauschunterdrückung aus: Die kamerainterne Rauschunterdrückung sollte ausgeschaltet bleiben. Diese beseitigt zwar sehr effektiv etwaiges Rauschen, indem ein Schwarzbild erzeugt und mit dem eigentlichen Bild verrechnet wird. Aber das dauert einige Zeit, und zwar genau so lange, wie die eigentliche Aufnahme belichtet wurde. Diese Zeit hast du aber nachts oft nicht. Polarlichter können z. B. jeden Moment wieder verschwunden sein.

Licht aus, Himmelskino an: Du solltest jegliches Licht während der Nachtaufnahme vermeiden, z. B. von Stirn- und Taschenlampe oder deinem Handy. Durch die lange Belichtungszeit und die hohe Sensorempfindlichkeit reagiert deine Kamera extrem sensibel auf jedes noch so kleine Streulicht.

Kreative Nachtfotografie: Du hast deine gewünschten Motive im Kasten und die Nacht ist noch lang? Dann ist es Zeit, deiner Kreativität freien Lauf zu lassen. Du könntest andere Menschen oder dich selbst in das Bild einbauen. Oder du versuchst dich in Lichtmalerei mit künstlichen Lichtquellen. Beispielsweise könntest du mit deiner Taschenlampe Landschaftsdetails in deiner Nähe akzentuieren. Schau dich einfach um, bestimmt findest du etwas, das du effektvoll in Szene setzen kannst. Vermeide aber kalte, blaustichige Lichtquellen wie z. B. normale LED-Lampen. Dieses Licht sieht auf deinem Bild extrem unnatürlich aus. Besser ist es, neutrale oder warme

Lichtquellen einzusetzen. Entweder du schaust gezielt nach entsprechenden LED-Lampen oder du verwendest gleich Xenon-Leuchten.

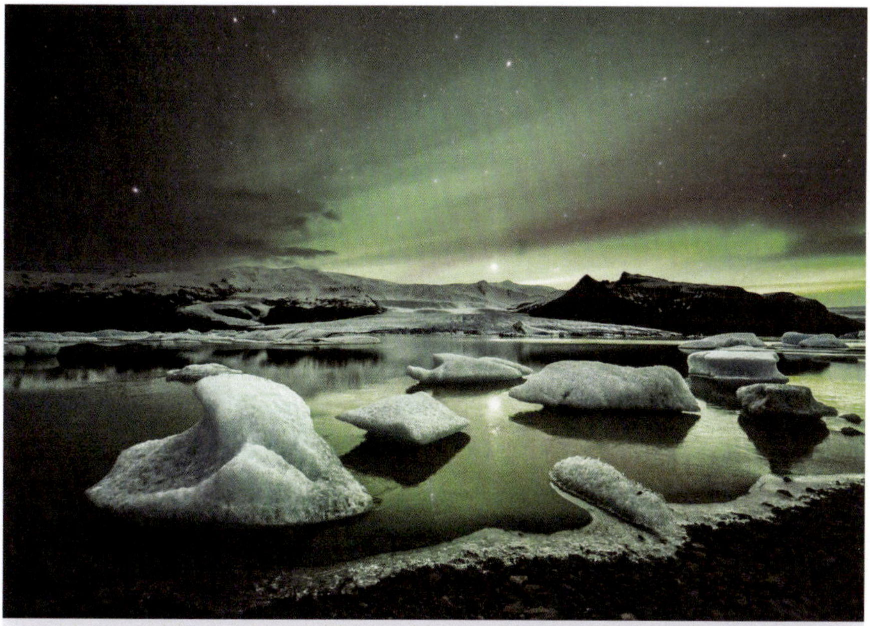

Kreative Nachtfotografie: Hier habe ich die Eisberge in der Gletscherlagune Fjallsárlón auf Island mit Xenonlicht illuminiert

Mond

Der Mond sorgt in fast jeder Nacht für Beleuchtung auf unserer Erde. Umso erstaunlicher, dass kaum Fotos im Mondlicht entstehen. Das ist schade, denn das fahle hellgelbe warme Mondlicht ergibt zusammen mit dem Tiefblau der Nacht ungewöhnliche, mystische Stimmungen.

Mond als Lichtquelle: Bei Mondlicht gelten grundsätzlich dieselben Regeln wie bei Sonnenlicht, egal ob bei Bildkomposition oder Belichtung.

Allerdings gibt es auch einige Besonderheiten. So hat die Mondphase einen maßgeblichen Einfluss auf die vorhandene Lichtmenge. Jeder kennt Vollmondnächte, die fast taghell, und Neumondnächte, die stockfinster sind. Zwischen den beiden Extremen ist Fotografieren am sinnvollsten. Dabei ist zu beachten, dass der halbe Mond nicht etwa halb so hell wie der volle ist, sondern tatsächlich nur etwa 11 % der Leuchtkraft besitzt.

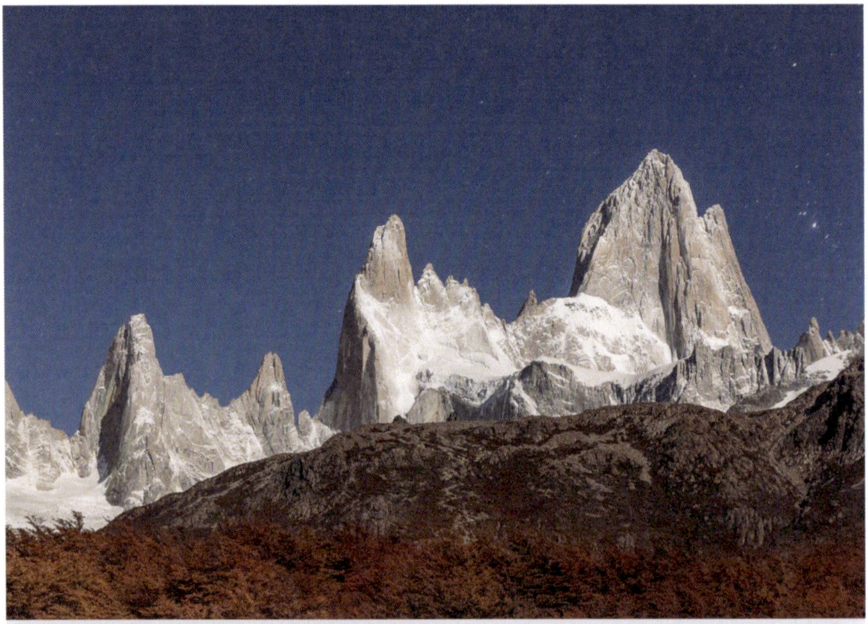

Nächtliche Szene in Patagonien bei Vollmond

Ein weiterer Einflussfaktor ist der Mondstand. So wie ein Tag am hellsten ist, wenn die Sonne im Zenit steht, ist die Nacht am hellsten, wenn der Mond den höchsten Stand hat. Ein niedriger Mondstand führt zu geringeren Kontrasten und längeren Schatten und ist daher zu bevorzugen. Einen Unterschied gibt es aber auch hier: Die Sonne erreicht immer genau in der Tagesmitte ihren Höchststand. Beim Mond ist diese Zeit hingegen von Tag zu Tag unterschiedlich. Deswegen ist es wichtig, dass du dich auch über Mondauf- oder -untergang informierst.

DÄMMERUNGSPHASE BEIM MOND

Die wenigsten wissen, dass es auch beim Mond eine Dämmerungsphase gibt, die man wie auch beim Sonnenlicht effektvoll einsetzen kann. So kann man kurz vor Mondaufgang eine abgeschwächte Form des Alpenglühens z. B. an hohen Bergmassiven fotografieren.

Mond als Motiv: Den Mond kannst du nicht nur als Lichtquelle nutzen, sondern natürlich auch als Hauptmotiv in deinem Foto inszenieren. Mit seinen charakteristischen Mondphasen (Mondsichel etc.) ist er ein spannendes Motiv in jedem Bild. Damit der Mond nicht zu winzig in der Landschaft wirkt, solltest du nicht zu weitwinklig fotografieren, sondern engere Bildausschnitte und längere Brennweiten wählen.

Der Mond ist in der Nacht viel heller als der Rest des Bildes. Wenn du nicht nur die Landschaft, sondern auch den Mond mit seinem typischen Aussehen (Mondkrater etc.) auf dem Bild haben möchtest, musst du eine Belichtungsreihe aufnehmen. Wenn du ihn in der Dämmerung aufnimmst, hast du hingegen meist eine ausgeglichene Belichtung und dazu eine farbige Lichtstimmung.

Eine andere Möglichkeit ist es, den Erdtrabanten als „Mondstern“ zu fotografieren. Hierbei gehst du genauso vor wie beim „Sonnenstern“.

Wenn du den Mond als Hauptmotiv formatfüllend ablichten möchtest, brauchst du selbst in tiefer Nacht nur sehr kurze Belichtungszeiten. Ein guter Anhaltspunkt bei Vollmond ist 1/100 Sekunde Belichtungszeit bei mittlerer Blende und ISO 100.

Besonders eindrucksvoll ist der Supermond. Der Durchmesser der Mondscheibe ist dann (scheinbar) bis zu 15 % größer als normalerweise. Der Effekt tritt immer dann auf, wenn der Mond der Erde besonders nah kommt (Perigäum), Vollmond ist und dieser tief am Himmel steht (Mondaufgang). Auch um einen Supermond zu fotografieren, wählst du einen näheren Bildausschnitt mit Teleobjektiv und versuchst den Vollmond durch Landschaftselemente einzurahmen oder diese vor ihm zu platzieren. Ein solches Ereignis ist ungefähr alle 14 Monate zu beobachten.

Milchstraße

Die Milchstraße ist ein faszinierendes Himmelschauspiel, das viele Menschen in den Städten heute gar nicht mehr kennen. Das Band unserer Heimatgalaxie erstreckt sich als breiter, milchig-heller Streifen über das Firmament. Von der Südhalbkugel aus steht das helle Zentrum der Milchstraße hoch am Himmel, während man von der Nordhalbkugel eher zum Rand hinblickt. Grundsätzlich fotografiert sich die Milchstraße auf der südlichen Hemisphäre besser. In unseren Breiten ist es entscheidend, den richtigen Zeitpunkt auszuwählen.

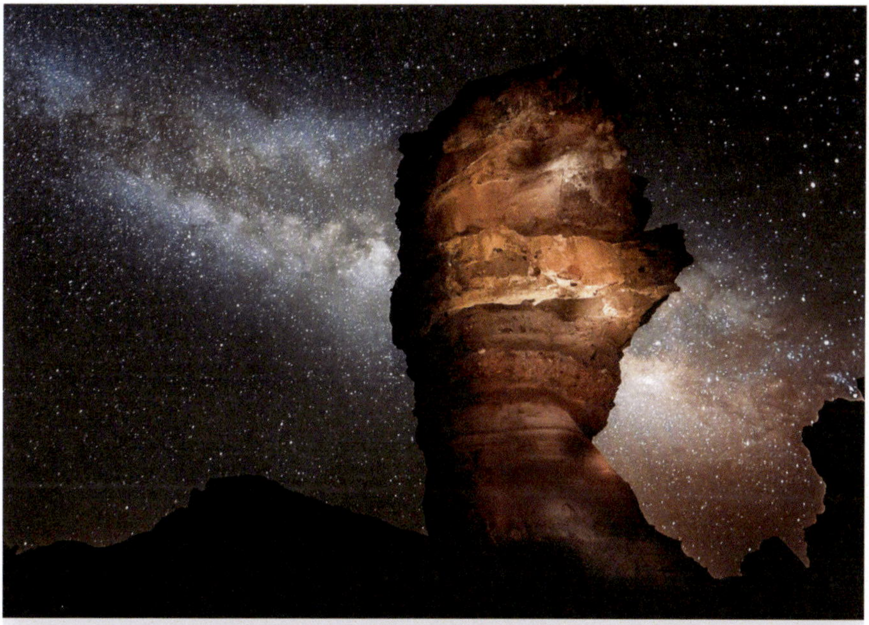

Die Milchstraße – ein faszinierendes Himmelsschauspiel, hier in Kombination mit einem durch Xenonlicht angeleuchteten Felsen auf Teneriffa

Am besten wirkt die Milchstraße, wenn sie horizontal über den Himmel läuft und das farbige, helle Zentrum der Milchstraße zu sehen ist. Ab April ist es erstmalig vollständig sichtbar und steht relativ flach am Himmel, dafür erscheint es aber erst spät. In den Sommermonaten lässt sich das Zentrum am besten erkennen. Allerdings steht das Band dann zunehmend steiler am Himmel und lässt sich damit schlechter fotografieren. Hinzu kommt, dass es in Sommernächten kaum richtig dunkel wird. Im Winter ist es zwar schön dunkel, jedoch rutscht das Zentrum nachts komplett hinter den Horizont. Daher bevorzuge ich in unseren Breiten das späte Frühjahr bzw. den Frühsommer.

Polarlichter

Polarlichter faszinieren die Menschen seit jeher. Minutenlang am Firmament verharrende Leuchtbänder geben sich ein Stelldichein mit flüchtigen, tanzenden Lichtmustern. Oft kleiden sie sich in ein grelles Grün, manchmal mischen sich aber auch gelbe, weiße, rote und violette Töne in das farbenfrohe Polarfeuerwerk. Wie es der Name schon verrät, treten Polarlichter vorrangig in den arktischen und subarktischen Polarregionen auf. Auf der Nordhalbkugel heißen sie auch Aurora Borealis, auf der Südhalbkugel Aurora Australis.

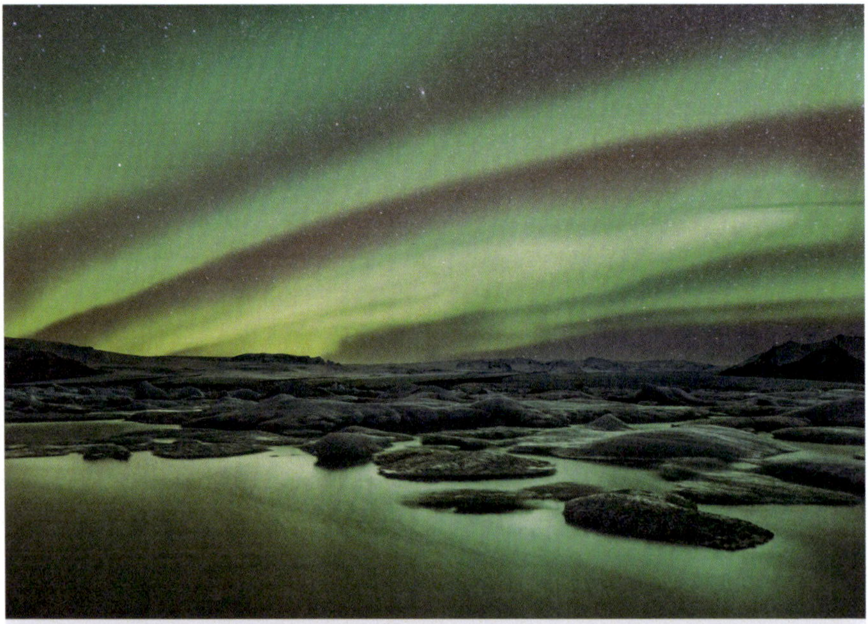

Wie Fabelwesen am nächtlichen Firmament: Polarlichter sind ein immer wieder lohnendes Fotomotiv

Die größte Wahrscheinlichkeit, sie zu sehen, gibt es ab dem 60. Breitengrad. Wenn sie auftreten, erstrecken sie sich in Bändern, die über zwei bis drei Breitengrade reichen. Alaska, Yukon, Antarktis, Grönland und Sibirien gelten als Polarlicht-Klassiker. Wesentlich einfacher und komfortabler zu bereisen sind für uns Mitteleuropäer die nördlichen Gebiete von Skandinavien. Aufgrund des milden Winterwetters und guter Infrastruktur haben sich vor allem Island und die Lofoten in den letzten Jahren als die Hotspots für Nordlicht-Begeisterte etabliert.

Ein guter Indikator für das Auftreten von Polarlichtern ist der sogenannte KP-Index. Dieser misst auf einer Skala von 0–9 vereinfacht gesagt die Aktivität des Erdmagnetfeldes bzw. geomagnetische Stürme. Je höher der Wert, desto wahrscheinlicher ist es, dass du Polarlichter siehst. Nach meiner Erfahrung lohnt es sich, ab KP 3 (moderates Aktivitätslevel) hinauszugehen. Um diesen Wert vorauszusagen, gibt es nützliche Smartphone-Apps wie Aurora Alert. Hier kann man sich für seinen Standort auch einen Alarm absetzen lassen, wenn das Polarlicht aktiv wird. So muss man sich nicht die ganze Nacht umsonst um die Ohren schlagen.

DIE BESTE ZEIT FÜR POLARLICHTER

Besonders gute Chancen für das spektakuläre Himmelschauspiel ergeben sich im Winterhalbjahr von September bis März. Der Oktober und der März gelten statistisch als die günstigsten Monate.

Leuchtende Nachtwolken

Leuchtende Nachtwolken (auch „noctilucent clouds“ oder „NLC“) sind ein atmosphärisches Phänomen, das bisweilen mit Polarlichtern verwechselt wird. Das Himmelschauspiel kommt regelmäßig auch in unseren Breiten vor. Trotzdem haben es nur die wenigsten Menschen je gesehen. Die faszinierenden Eiswolken an der Grenze zum Weltall schimmern perlmuttartig und sind silbrig-blau. Da sie das Restlicht der Dämmerung und das künstliche Licht von Städten reflektieren, können sie aber auch in bunten Farben strahlen. Eine zuverlässige Vorhersage ist bislang noch nicht möglich. Die besten Chancen zur Sichtung bieten sich aber in hellen Sommernächten (Juni, Juli) gegen Mitternacht am Nordhimmel.

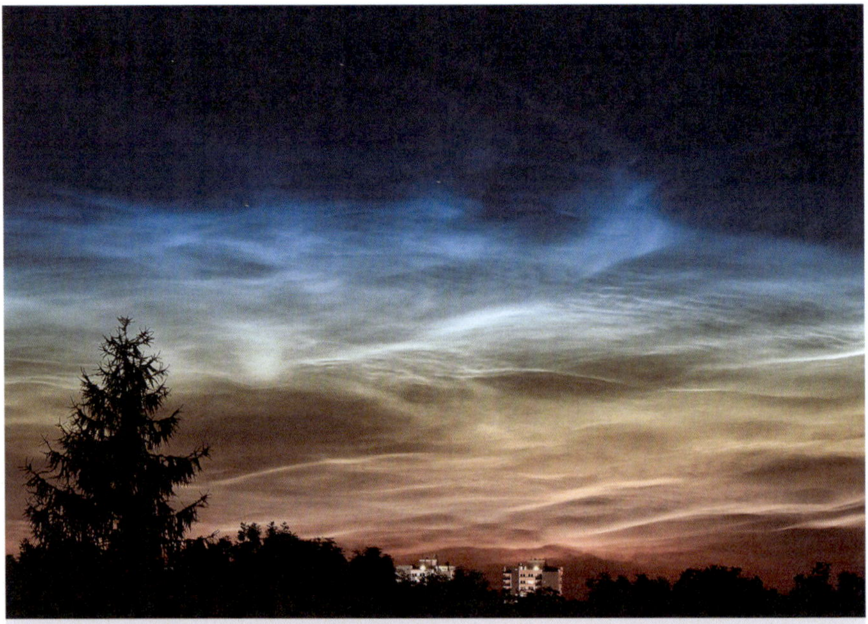

Nachtleuchtende Wolken sind auch hierzulande zu beobachten: Diese Aufnahme habe ich von meinem Küchenfenster aufgenommen.

SCHÄRFE

Oft wird die Qualität von Fotos zuerst an der Bildschärfe festgemacht. Aber was bedeutet Schärfe eigentlich, und wie werden deine Bilder knackig scharf? Genau das erfährst du in diesem Kapitel.

In der Fotografie verstehen wir unter Schärfe die Unterscheidbarkeit von Details in einem Bild. In der Landschaftsfotografie streben wir an, möglichst viele Details klar und deutlich abzubilden. Idealerweise erkennst du auch dann noch kleinste Nuancen, wenn du das Foto in voller Größe am Monitor ansiehst, selbst wenn du hineinzoomst oder es im Großformat ausdruckst. Meistens wünscht man sich auch, dass alles von vorne bis hinten scharf ist, vom kleinen Stein vor den Füßen bis zur fernen Bergkette am Horizont. Das nennt man dann **Tiefenschärfe**. Um eine optimale Schärfe im Bild zu erhalten, gilt es einiges zu beachten.

Wie scharf dein Foto wird und wie sich die Schärfe im Bild verteilt, hängt vereinfacht gesagt von fünf Faktoren ab:

1. **Kameraeinstellungen**
2. **Fokuspunkt**
3. **Stabilität beim Auslösen**
4. **Ausrüstung**
5. **Nachschärfung**

Kameraeinstellungen

Wie du schon im Kapitel „Einstellungen“ ausführlich gelernt hast, kannst du mit der Blende aktiv Einfluss auf die Schärfe deiner Bilder nehmen. Weil es so wichtig ist, hier noch einmal zur Wiederholung: Je kleiner die Blendenöffnung (je größer die Blendenzahl), desto größer wird die Tiefenschärfe, aber auch die Beugungsunschärfe nimmt zu. Verwende deshalb am besten eine mittlere Blende, um einen optimalen Kompromiss aus Tiefenschärfe und Beugungsunschärfe zu erhalten. Bewährt haben sich Werte zwischen f/8 und f/11.

Denke daran, dass auch Belichtungszeit, ISO-Zahl und Brennweite einen wenn auch indirekten Einfluss haben. Erinnere dich einfach an das magische Fotoviereck.

Fokuspunkt

Sicher hast du auch schon erlebt, dass du mit der Schärfe deiner Bilder nicht zufrieden warst. Vielleicht hast du deine Reisebegleitung oder einen Baum vor einer schönen Bergkette fotografiert? Hinterher hast du dann festgestellt, dass von deinem Hauptmotiv nur eine schwammige Silhouette zu sehen ist, die Berge aber scharf abgebildet sind oder umgekehrt. Ein klarer Fall von falsch fokussiert oder blind dem Autofokus vertraut.

Was aber ist eigentlich der Fokus? Der Fokus ist ein punktförmiger Bereich im Bild, auf den die Kamera scharfstellt. Wichtig für dich zu wissen: Ein Objektiv kann nur auf eine einzige Entfernung (Fokuspunkt oder Schärfepunkt) scharf eingestellt werden. Gegenstände davor oder dahinter werden umso unschärfer abgebildet, je weiter sie vom Fokus entfernt sind. Der Bereich, in dem alles noch scharf ist, wird Tiefenschärfe genannt und teilt sich in ca. $1/3$ vor und $2/3$ hinter dem Fokuspunkt auf. In der Landschaftsfotografie wünschen wir uns meist eine möglichst hohe Tiefenschärfe und müssen deshalb auf die richtige Position des Fokus achten.

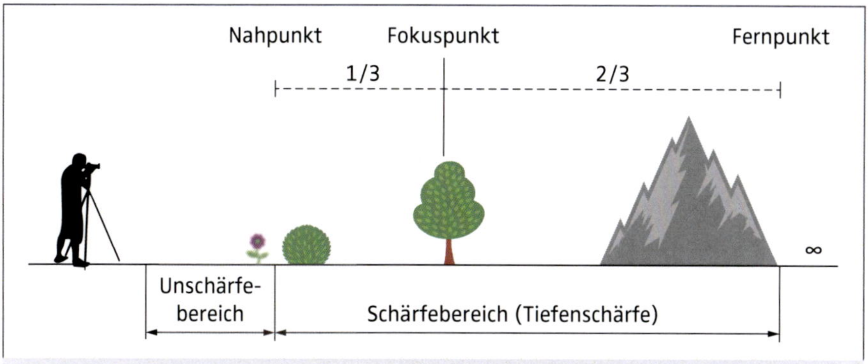

Der Schärfebereich (Tiefenschärfe) ist abhängig vom Fokuspunkt und anderen Kameraeinstellungen und reicht vom Nahpunkt bis zum Fernpunkt

Automatisches Fokussieren verstehen

Auch für das Fokussieren gibt es verschiedene Automatiken an deiner Kamera. Das ist für uns bequeme Menschen der Neuzeit eine super Sache. Einfach auf den Knopf drücken, fertig ist das scharfe Foto. So versprechen es uns die Hersteller. Zweifelsohne stellt die Automatik meist zuverlässig scharf. Die Frage ist nur, was genau scharf abgebildet wird. Die automatische Fokussierung ist zwar intelligent, aber kann (noch) nicht deine Gedanken lesen. Die Kamera stellt das scharf, was sie anhand einer internen Datenbank „glaubt", scharfstellen zu müssen. Das muss aber längst nicht das sein, was dir wichtig ist. Dazu solltest du zunächst wissen, dass es in der Regel zwei parallele Grundautomatiken für deinen Fokus gibt: die Fokusautomatik (Autofokus-Messfeldsteuerung) und den Autofokus.

Fokusautomatik

Die Fokusautomatik entscheidet anhand ihrer Motiverkennung und einer internen Datenbank, welcher Punkt in deinem Bild scharfgestellt werden soll. Diesen steuert sie dann über ihre Messfelder an. Meine Kamera z. B. hat für diesen Zweck 51 Messfelder.

Wenn du Herr über deine Schärfe sein möchtest, solltest du zunächst die Fokusautomatik (nicht den Autofokus!) abschalten. Dann überlässt du nämlich nicht mehr der Kamera, wohin sie fokussiert.

Den Fokuspunkt, meist ein kleines Kreuz oder Viereck, verschiebst du dann selbst dorthin, wo du scharfstellen möchtest. Dazu gibt es meist Pfeiltasten oder einen kleinen Joystick.

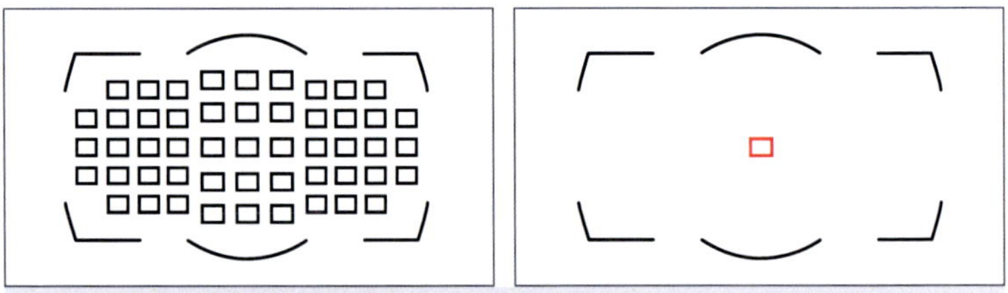

Fokusautomatik mit 51 Messfeldern (links), Fokusautomatik abgeschaltet mit nur einem Messpunkt, den du selbst an deinen gewünschten Fokuspunkt verschiebst (rechts)

Wenig sinnvoll ist dabei die weitverbreitete Gewohnheit, die Fokusautomatik zwar abzuschalten, das Sucherkreuz dann aber einfach auf der Voreinstellung in der Bildmitte zu belassen. Der Autofokus stellt dann immer in der Mitte scharf. Wenn dort aber nicht der gewünschte Fokuspunkt ist – und das ist er meist nicht –, wirst du hinterher nicht mit der Schärfe zufrieden sein.

Wo ist nun aber eigentlich der ideale Fokuspunkt, auf den du scharfstellen solltest?

Man könnte denken, dass es eine gute Idee ist, auf das Hauptmotiv scharfzustellen, z. B. auf eine spannende Bergkette am Horizont oder einen pittoresken Baum im Vordergrund. Tatsächlich gehen so auch die meisten Fotografen vor.

Auf das Hauptmotiv zu fokussieren ist in jedem Fall besser, als den Fokuspunkt in der Mitte zu belassen, weil so das dir wichtigste Element in deinem Bild scharf ist. Allerdings ist auch dieses Vorgehen nicht optimal, weil du meist Tiefenschärfe verschenkst, das heißt, unscharfe Bereiche in deinem Bild erzeugst. Würdest du zum Beispiel auf die Bergkette am Horizont fokussieren, wäre dein Vordergrund wahrscheinlich unscharf. Würdest du auf den Baum im nahen Vordergrund fokussieren, wäre der Horizont verschwommen. Dieses Phänomen hat mit physikalischen Gesetzen zu tun.

Worauf solltest du nun also tatsächlich fokussieren? Ganz einfach: Wenn du die maximale Tiefenschärfe im Bild haben möchtest, musst du deinen Fokuspunkt auf die sogenannte „hyperfokale Distanz" legen. „Hyper-was?" fragst du dich jetzt vielleicht.

Die hyperfokale Distanz

Als ich Schulkind war, eroberte der Song „Hyper Hyper" des Rave-Trios Scooter die Pausenhöfe. Der Track ist nicht gerade eine Perle der Musikgeschichte, aber dafür eine gute Eselsbrücke, um sich das Wortungetüm „hyperfokale Distanz" einzuprägen.

Da wir in der Landschaftsfotografie meist auf eine hohe Tiefenschärfe Wert legen, ist das Wissen um die hyperfokale Distanz wichtig, speziell, wenn du Motive mit einem Vordergrund in nächster Nähe ablichten möchtest. Im Internet gibt es unzählige Artikel dazu. Ich versuche sie dir hier einmal ganz praktisch zu beschreiben.

Für jede Blenden-Brennweiten-Kombination gibt es genau eine Fokusentfernung, mit der du eine maximale Tiefenschärfeausdehnung in deinem Bild erzielst. Dabei liegt die vordere Schärfegrenze (Nahpunkt) bei der halben Fokusdistanz und die hintere Grenze (Fernpunkt) bei unendlich. Diese Entfernung nennt man hyperfokale Distanz. Wenn du auf diesen Punkt scharfstellst, ist alles von der halben hyperfokalen Distanz bis in die Unendlichkeit scharf in deinem Bild.

Dazu ein kleines praktisches Beispiel. Schau dir das folgende Motiv aus dem schottischen Glen Coe an. Stell dir vor, du stehst im Fluss und vor dir befindet sich der kleine Felsen rechts. Diesen möchtest du als Vordergrund in deinem Bild nutzen. Dahinter siehst du den Lauf des River Coe mit weiteren Felsen im Wasser. Als Hintergrund soll die Hütte am anderen Ufer und die Berge am Horizont dienen. All das möchtest du scharf in deinem Foto haben. Damit du weißt, ob das funktioniert, kommt nun die hyperfokale Distanz ins Spiel. Dieser Wert hängt von deinem Sensor (genauer dem Zerstreuungskreis), von der Brennweite und der Blende ab.

Angenommen, du fotografierst mit einer Vollformatkamera, einem Weitwinkelobjektiv mit 14 mm und Blende f/11. Als hyperfokale Distanz ergibt sich dann rechnerisch ungefähr 60 cm. Wenn du darauf fokussierst, reicht dein Tiefenschärfebereich also von 30 cm (60 cm/2) bis unendlich. Du solltest insofern darauf achten, dass nichts in deinem Bildausschnitt ist, was weniger als 30 cm von dir entfernt ist, da es sonst unscharf würde. Da dein kleiner Felsen einen Meter von dir entfernt ist, würdest du nicht nur ihn, sondern auch alles andere dahinter scharf abbilden. Auch der Bereich vor dem Felsen wäre bis 30 cm vor dir scharf. Eine beeindruckende Tiefenschärfe, oder?

Würdest du stattdessen direkt auf den Felsen fokussieren, wären er und der Hintergrund auch scharf, aber der scharfe Bereich würde erst ab 37 cm losgehen. Würdest du jetzt noch ein paar Schritte auf den

Felsen zugehen, sagen wir bis auf 30 Zentimeter, und auf ihn fokussieren, wäre er immer noch scharf. Der scharfe Bereich würde sogar bis auf 20 cm an dich heranrücken. Allerdings wäre der Hintergrund bereits ab 59 cm unscharf. Du hättest also ziemlich viel Tiefenschärfe im Bild verschenkt. Und das nur, weil du die hyperfokale Distanz um ein paar Zentimeter unterschritten hast. Es lohnt sich also, über den Wert Bescheid zu wissen.

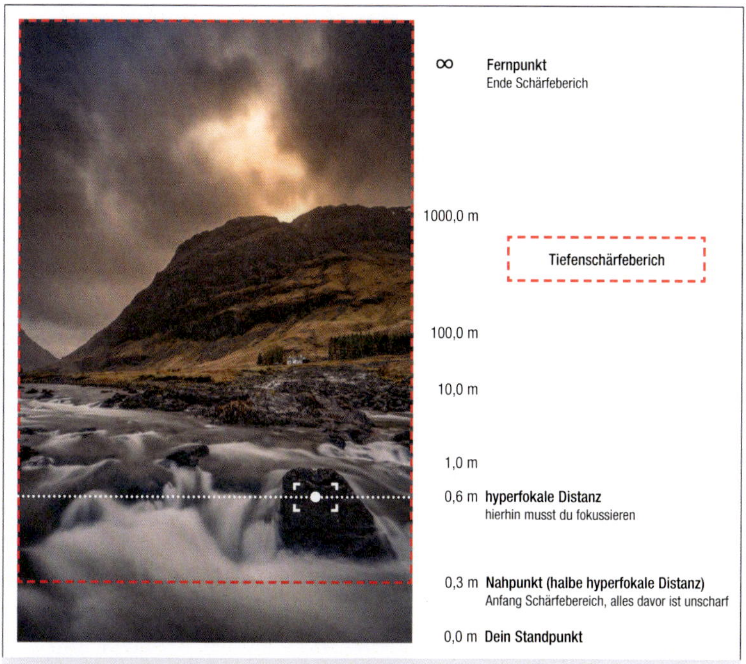

Perfekte Tiefenschärfe von vorne bis hinten dank hyperfokaler Distanz

Früher musste man dazu eine komplizierte Formel ausrechnen. Heute erledigen das komfortabel einschlägige Handy-Apps oder Programme für dich. Ich empfehle dir z.B. das kostenlose FotoTool oder HyperFocal. Alternativ kannst du auch www.dofmaster.com/dofjs.html besuchen, wo das anfangs vielleicht etwas verwirrende Thema anschaulich nachzuvollziehen ist. Eine Übersichtstabelle findest du außerdem im Kapitel „Merkzettel“.

Übrigens musst du nicht in allen Fotosituationen die hyperfokale Distanz bestimmen, sondern nur bei Motiven mit einem nahen Vordergrund. Ist dein Vordergrund weit von dir entfernt, z. B. wenn du in eine Landschaft hineinfotografierst, funktioniert fast immer die pragmatische Drittellinien-Faustregel. Dabei fokussierst du einfach auf die untere Drittellinie in deinem Sucherraster oder Liveview und erhältst so eine optimale Tiefenschärfe. Hyper, hyper!

Autofokus

Der Autofokus erledigt das eigentliche Scharfstellen, das du sonst über den Entfernungs-/Fokusring an deinem Objektiv selbst vornehmen müsstest. Da der Autofokus in der Regel sehr präzise und genauer als wir Menschen arbeitet, empfehle ich dir, ihn grundsätzlich zu nutzen. Eine manuelle Scharfstellung ist eigentlich nur dann notwendig, wenn der Autofokus seinen Dienst versagt. Das ist in kontrastarmen Situationen der Fall, z. B. bei Nebel, in der Dämmerung oder der Nacht. Dann macht es tatsächlich Sinn, manuell über den Fokusring scharfzustellen. Das gelingt am besten über den Liveview. Die Einstellung deiner Schärfe solltest du dann vor dem Auslösen überprüfen. Bewährt hat es sich, dazu die Ansicht im Liveview stark zu vergrößern.

FOKUS-PEAKING

Bei aktuellen Kameras hast du manchmal ein Feature namens Fokus-Peaking, auch Kantenanhebung genannt. Hier zeigt dir die Kamera im digitalen Sucher bereits vor der Aufnahme an, wo genau die Schärfe sitzt – eine sehr hilfreiche Funktion.

Single- oder Continuous-Modus

Meistens gibt es verschiedene Autofokus-Modi an deiner Kamera. Der Single-Modus (AF-S) ist für statische Motive vorgesehen. Der Continuous-Modus (AF-C) verfolgt bei beweglichen Motiven den Fokus nach. Oft gibt es auch noch einen Modus, der automatisch aus einer der beiden Einstellungen auswählt. Was du dabei bedenken solltest: Die dynamische Schärfennachführung kostet nicht nur viel Akkuenergie, sondern macht auch keinen Sinn, wenn dein Fotomotiv sich gar nicht bewegt. Da das bei Landschaftsfotografie üblicherweise der Fall ist, wähle immer den Modus AF-S.

Fokus und Belichtungsmessung trennen

Wenn du deinen Fokuspunkt einmal gewählt hast, aktivierst du bei fast allen Kameras die Scharfstellung, indem du deinen Auslöser halb drückst. Was vielen nicht bewusst ist: Fast immer ist voreingestellt, dass in diesem Punkt auch die Belichtung gemessen und fixiert wird. Der Auslöser ist also mit zwei verschiedenen Funktionen, nämlich der Scharfstellung (AF) und der Belichtungsmessung (AE) belegt. Bei der Mehrfeldmessung ist das kein Problem, denn dann wird die Belichtung sowieso über das ganze Bild ermittelt, so dass es unerheblich für die Lichtmessung ist, wohin du fokussierst.

Wenn du aber die Belichtung mit der Spot- oder mittenbetonten Integralmessung ermittelst, könntest du ein Problem bekommen. Und zwar dann, wenn du dort, wo du scharfstellst, gar nicht deine Belichtung messen möchtest. Wenn du z. B. auf ein Vordergrund-Objekt am Boden fokussierst, die Belichtung aber am Himmel messen möchtest, wird genau das nicht funktionieren. Der Himmel wird wahrscheinlich überbelichtet sein.

Daher empfiehlt es sich, die beiden Funktionen voneinander zu entkoppeln. Die erste Möglichkeit ist, erst die Belichtung zu messen und dann in einem sogenannten Messwertspeicher zu sichern (bei Nikon z. B. Taste AE-L). Danach wird der Bildausschnitt gewählt und scharfgestellt. Alternativ kannst du bei vielen besseren Kameras die beiden Funktionen auf verschiedene Tasten legen. Den Autofokus könntest du z. B. in der Standardeinstellung (Auslöseknopf) belassen und die Belichtungsmessung auf eine Funktionstaste legen. Wie das bei deiner Kamera geht, kannst du im Handbuch nachlesen.

Stabilität beim Auslösen

Ob ein Foto scharf wird, hängt auch maßgeblich davon ab, wie stabil deine Kamera im Moment des Auslösens ist. Je ruhiger die Kamera, desto schärfer das Bild. Wenn du deine Bilder freihand aufnimmst, sollte dir bewusst sein, dass deine Hände immer ein wenig in Bewegung sind. Selbst wenn du ein völlig ausgeglichener Mensch und cool wie Bruce Willis bist, wirst du es nicht schaffen, Belichtungen von deutlich mehr als 1/100 Sekunde still zu halten.

Bei Aufnahmen am helllichten Tag ist das kein Problem, weil die Belichtungszeiten sehr kurz sind und diesen Wert unterschreiten. Wir haben aber gelernt, dass gute Landschaftsfotos bevorzugt dann aufgenommen werden, wenn es nicht so viel Licht gibt („available light"). Hier benötigen wir längere Belichtungszeiten und die Verwacklungsgefahr steigt rapide an. Die dadurch verursachte Unschärfe ist umso auffälliger, je hochauflösender dein Sensor und je größer dein Bild ist.

Eine Möglichkeit, die Belichtungszeit zu verkürzen, ist es, eine größere Blendenöffnung zu wählen (aufzublenden), damit mehr Licht auf den Kamerasensor fällt. Wie du bereits im Kapitel „Einstellungen" gelernt hast, verringert das die Tiefenschärfe, ist also oft keine besonders gute Option. Eine andere Option besteht darin, den ISO-Wert hinaufzusetzen. Wie du aber auch schon weißt, nimmt mit größerer ISO auch die Bildqualität rapide ab.

Die beste Lösung ist es daher, die Kamera auf ein solides Dreibeinstativ zu stellen und sie damit zu stabilisieren. Dann kannst du auch kleine ISO-Werte für eine bestmögliche Bildqualität verwenden, entkoppelst die Kamera von deiner Körperbewegung und machst sie auch weitgehend gegen Wind oder Vibrationen am Erdboden immun.

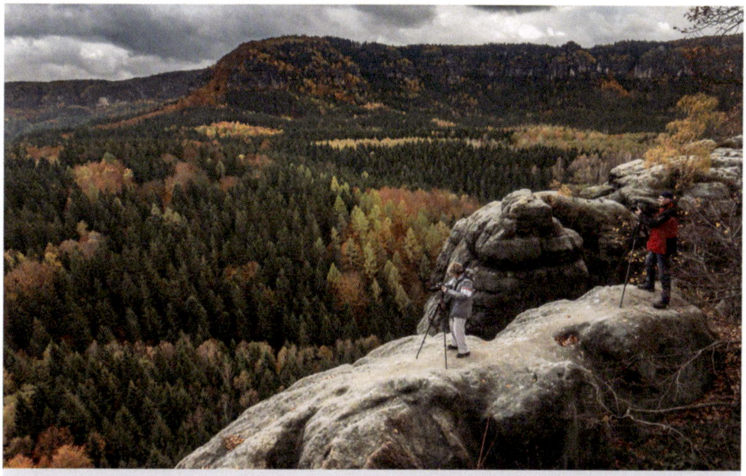

Stative sorgen für eine bestmögliche Bildqualität und schützen vor Wind und Vibrationen am Erdboden

Wenn du kein Stativ verwenden möchtest, kannst du die Quote verwackelter Fotos dennoch reduzieren. Und zwar wenn du darauf achtest, dass dein Objektiv oder deine Kamera über einen optischen Bildstabilisator verfügt. Dieses Feature verhindert Verwacklungsunschärfe bis zu einem gewissen Grad effektiv. Auf Stativ solltest du diesen aber ausstellen: Er würde sonst versuchen, eine Bewegung auszugleichen, die gar nicht vorhanden ist, was wiederum zu Vibrationen führt.

KEIN STATIV DABEI?

Als kostenneutrale Notlösung kannst du ein „Naturstativ" suchen, idealerweise eine stabile und freigestellte Fläche wie z. B. einen Baumstamm, einen Felsvorsprung oder deinen Rucksack. Die Bildgestaltung wird dann aber ziemlich frickelig.

Wenn du auf Stativ fotografierst, solltest du konsequenterweise den Auslöser nicht anfassen, denn sonst sorgt der Knopfdruck wieder für Bewegung. Verwende also besser einen Fernauslöser oder nutze den Selbstauslöser mit mindestens zwei Sekunden Verzögerung.

Wer mit einer Spiegelreflexkamera fotografiert, sollte auch die Spiegelvorauslösung verwenden, um zu vermeiden, dass der sonst direkt vor der Aufnahme hochklappende Spiegel die Aufnahme verwackelt.

Ausrüstung

Neben dem Stativ haben auch andere Teile der Ausrüstung einen Einfluss auf die Schärfe. Je besser nämlich das Auflösungsvermögen deines Kamerasensors und deiner Objektive ist, desto mehr Details wirst du im Bild erkennen können. Was es damit auf sich hat, habe ich dir bereits im Kapitel „Ausrüstung“ erklärt. Du solltest also möglichst hochqualitative Kameras und Objektive verwenden, wenn du auf knackscharfe Bilder Wert legst.

Nachschärfung

Wenn du all diese Hinweise beachtest, erhältst du bereits bei deiner Aufnahme ein knackscharfes Foto. In der Bildbearbeitung kannst du dein Foto weiter nachschärfen. Jedes Bildbearbeitungsprogramm hat entsprechende Instrumente an Bord.

Schärfefreaks gehen sogar noch einen Schritt weiter und nehmen von einem Motiv mehrere Aufnahmen mit jeweils unterschiedlichen Fokuspunkten auf. Sie stellen also z. B. einmal auf den Vordergrund, einmal auf die Mitte und einmal auf den Hintergrund scharf. Diese Fotos bauen sie mit einer speziellen Software zu einem Bild zusammen, das dann alle Schärfeebenen enthält. Diese Technik nennt man Focus Stacking (engl. „to stack“ = stapeln). Das kann hilfreich sein, wenn man Motive mit extrem niedriger Tiefenschärfe aufnimmt, etwa Makroaufnahmen. In der Landschaftsfotografie finde ich Focus Stacking eher übertrieben, da die Schärfewirkung nicht mehr dem natürlichen menschlichen Sehvermögen entspricht. Wie du siehst, kann dir die Bildbearbeitung helfen, deine Fotos noch zu optimieren. Und genau darum geht es nun im nächsten Kapitel.

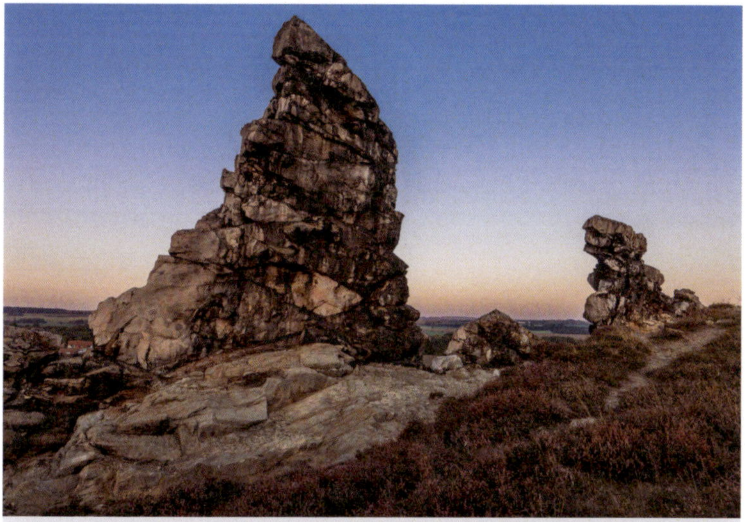

Knackige Schärfe in nah und fern dank der fünf Schritte Kameraeinstellungen, Fokuspunkt, Stabilität beim Auslösen, Ausrüstung und Nachschärfung

BILDBEARBEITUNG

Die Bildbearbeitung ist heute ein fester Bestandteil der modernen Landschaftsfotografie und aus dieser nicht mehr wegzudenken. Sie dient dazu, das Optimum aus deinem Foto herauszuholen. Was es dabei zu beachten gilt, lernst du in diesem Kapitel.

Die Bildbearbeitung dient vor allem dazu, das volle Potenzial deiner Fotos auszuschöpfen, aber auch Unzulänglichkeiten der Kameratechnik und deine eigenen handwerklichen Fehler zu kompensieren. Wenn du ein perfektes Landschaftsfoto anstrebst, solltest du dich deshalb auch mit diesem Thema beschäftigen.

Alles nur gephotoshoppt?

Es ist noch gar nicht so lange her, da wurde man in der Naturfotografie misstrauisch beäugt, wenn man „zugab", seine Bilder zu bearbeiten. Oft wurde dann geäußert, das hätte mit echter Fotografie und der Realität nichts mehr zu tun.

Was dabei gern vergessen wird: Auch in der analogen Fotografie hat man außerhalb des eigentlichen Fotografierens auf das Bildergebnis Einfluss genommen. Das begann mit der Wahl des Films, der unter anderem die Farbigkeit und Körnigkeit des Fotos bestimmte. Auch in der Dunkelkammer manipulierte man das spätere Foto, sei es durch bestimmte Chemikalien oder durch Techniken wie Abwedeln und Nachbelichten, mit denen man Helligkeit und Kontrast verändern konnte.

Wozu eigentlich Bildbearbeitung?

Stell dir dein Foto als einen Rohdiamanten vor. Er sieht zwar schon ganz ansehnlich aus, aber würde man diesen beim Juwelier in die Auslage tun? Natürlich nicht. Erst durch einen sorgfältigen Schliff wird daraus ein brillanter Edelstein, der hochwertig aussieht und Aufmerksamkeit auf sich zieht. Durch eine gezielte Bildbearbeitung gibst du deinen Fotos den sprichwörtlich letzten Schliff und schöpfst ihr volles Potenzial aus.

Vielleicht stellst du dir nun aber die Frage, ob denn nicht bereits die Kamera das Bild bearbeitet und es damit schon fertig ist? Ja und nein. Wenn du im jpeg-Modus fotografierst, nimmt die Kamera tatsächlich eine Bearbeitung vor. Bedenke aber, dass die Kamera nur einige wenige Grundeinstellungen ausführt, auf die du zudem kaum einen Einfluss hast. Um bestimmte Aufgaben wie etwa das Entfernen von Sensorflecken oder Farbsäumen kümmert sich die Kamera überhaupt nicht. Außerdem werden alle Bearbeitungen fest und irreversibel in deine Bilddatei geschrieben.

Dazu kommt die Komprimierung, die dem jpeg-Format zu eigen ist und mit Qualitätseinbußen einhergeht. Die Dateigröße wird dabei durch das Zusammenfassen von Pixeln und Tonwerten verringert.

Wenn du die volle Kontrolle behalten und eine bestmögliche Qualität erzielen möchtest, empfehle ich dir, deine Bilder im RAW-Format aufzunehmen. Die Bearbeitung überlässt du dann nicht mehr der Kamera, sondern kümmerst dich selbst darum.

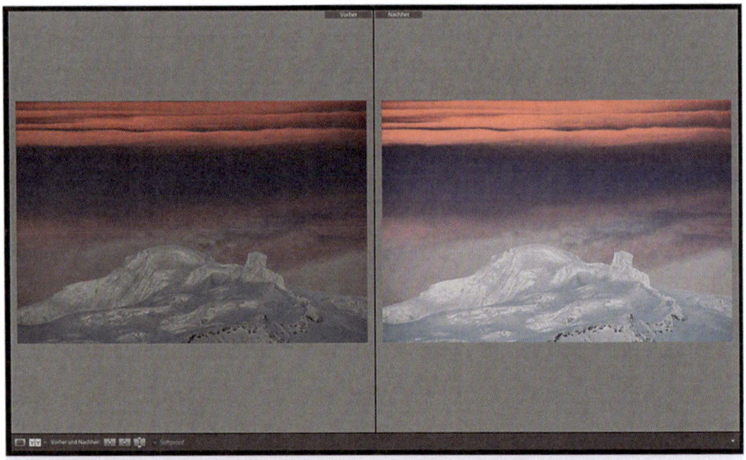

Die RAW-Datei ohne jegliche Bearbeitung in der Kamera (links) sieht noch nicht ganz appetitlich aus, wird aber dank Bildbearbeitung zum Leckerbissen (rechts)

Fotorohkost: Das RAW-Format

Das englische „raw" bedeutet zu Deutsch „roh" oder „unangetastet". Dieses „digitale Negativ" deines Bildes wird nicht durch die Kamera bearbeitet oder komprimiert. So stehen dir alle vom Sensor aufgezeichneten Informationen, z. B. der komplette Tonwertumfang und Farbraum, uneingeschränkt zur Verfügung. Das wiederum verschafft dir die beste Ausgangsbasis zur digitalen Bearbeitung.

Leider gibt es bis heute keinen einheitlichen Standard für RAW-Dateien in Kameras, und so heißen diese je nach Hersteller z. B. NEF (Nikon), cr2 (Canon) oder arw (Sony).

Auf Basis der RAW-Datei kannst du dein Bild selbst sehr viel präziser als in der Kamera-internen Aufbereitung entwickeln. So kannst du Einstellungen wie Weißabgleich, Kontrast, Nachschärfung, Helligkeit etc. flexibel nach eigenem Gusto vornehmen. Vor allem kannst du alles immer wieder neu und verlustfrei verändern.

Wenn du im jpeg-Format fotografierst, ist es so, als wenn du deine Freunde zu einem Kochabend einlädst, dann aber keine frischen Zutaten kaufst, sondern ein Fertiggericht vom Schnellimbiss servierst. Das ist zwar bequem, aber sicher nicht so lecker und individuell, als hättest du selbst gekocht. Fairerweise muss man sagen, dass viele Kameras heute sehr gute jpeg generieren. Das jpeg-Format zu nutzen, ist also durchaus in Ordnung, wenn du absolut keine Lust auf Nachbearbeitung hast. Du bekommst dann aber eben auch nicht das Optimum dessen, was du aus deinem Foto herausholen könntest.

Vor allem solltest du nicht auf die Idee kommen, das jpeg zu bearbeiten. Das wäre so, als würdest du das Fertiggericht noch einmal kochen. So wie es beim Aufwärmen an Geschmack einbüßen würde, verliert dein Bild rapide an Qualität. Es kann zu Abrissen bei Farbverläufen oder Artefakten wie „Treppenstufen" kommen. Um den kleinen kulinarischen Ausflug abzuschließen: Wenn du ein leckeres, hochqualitatives Endergebnis erreichen möchtest, nutze das RAW-Format und bearbeite deine Bilder selbst.

Das richtige Programm

Heute gibt es eine Vielzahl unterschiedlichster Software zur Bildbearbeitung: Adobe Photoshop, Adobe Lightroom, Affinity Photo, Capture NX (Nikon), Capture One (PhaseOne), Aperture (Apple), ACDSee Photo Studio, Corel Aftershot, DxO Optics, das kostenlose Gimp und viele andere buhlen um die Gunst des Fotografen. Welches der Tools solltest du nun also verwenden?

Unbestrittener Platzhirsch ist Photoshop. Der gewaltige Funktionsumfang auch jenseits der Fotografie und die nicht unbedingt intuitive Nutzung können aber schnell überfordern. Daher rate ich Anfängern in Sachen Bildbearbeitung, mit dem deutlich preiswerteren und einfacheren Adobe Lightroom einzusteigen.

Adobe Lightroom

Die Bildentwicklung ist die Kernkompetenz von Adobe Lightroom (LR). Ich nutze das Programm seit vielen Jahren professionell, da es alle für mich wichtigen Funktionen mitbringt, von RAW-Konvertierung und Bildentwicklung bis hin zur Archivierung. Dazu ist Lightroom sehr intuitiv nutzbar und schnell zu erlernen.

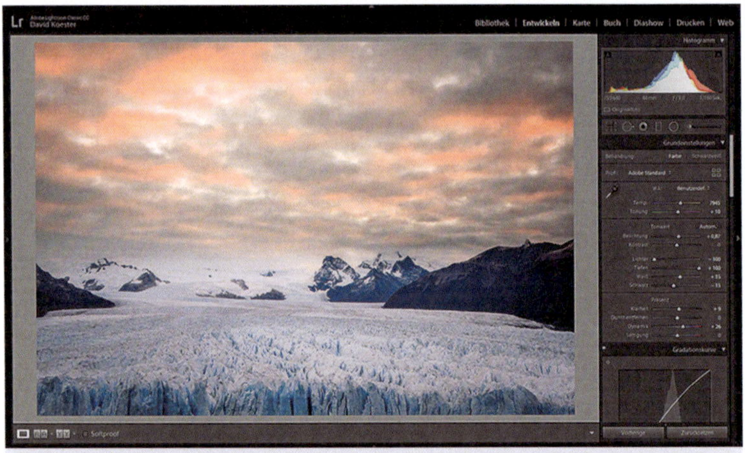

Adobe Lightroom – Klassiker und internationaler Standard in der Bildbearbeitung

Ein großer Vorteil von LR ist, dass alle Änderungen am Bild non-destruktiv sind. Das heißt, sie verändern nicht die Originaldatei und können rückgängig gemacht werden. Ein weiterer Vorteil sind die sogenannten virtuellen Kopien. Wenn du dir mehrere Variationen eines Bildes anlegst, werden diese nicht etwa physisch dupliziert, sondern nur als winzige Dateifragmente abgelegt, was viel Speicher spart.

Was du aber wissen solltest: Anders als bei Photoshop kann man mit LR nicht pixelgenau arbeiten und auch keine Ebenen nutzen. Da du beides für eine übliche Fotobearbeitung nicht unbedingt brauchst, sehe ich das aber nicht als Nachteil. Es ist eben der Unterschied zum großen Bruder Photoshop.

Effiziente Bildbearbeitung

Unter Fotolaien gibt es die weitverbreitete Auffassung, dass man nur ein bisschen zu „photoshoppen" bräuchte, um beeindruckende Bilder zu erhalten. Dass dazu wesentlich mehr gehört, weißt du spätestens nach diesem Buch selbst. Eine Bildbearbeitung macht nur Sinn, wenn das Ausgangsmaterial schon gut fotografiert ist. Das sollte kein Problem für dich sein, wenn du die bisherigen Tipps umsetzt. Wenn dein Foto aber nicht überzeugend ist, wird daraus auch mit der aufwendigsten Nachbearbeitung kein Hingucker mehr werden.

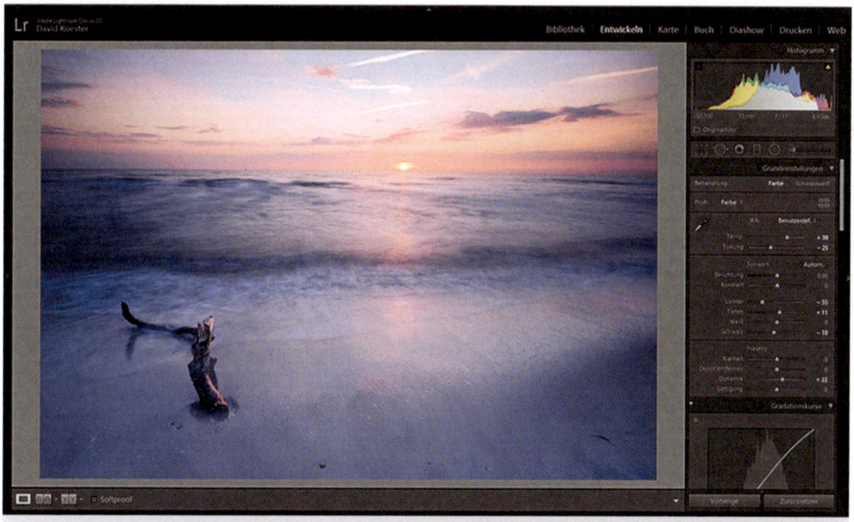

Das Entwickeln-Modul in Lightroom, rechts die Regler für die einzelnen Einstellungen

Bei der Bearbeitung verfolge ich den Ansatz „so viel wie nötig, so wenig wie möglich". Mir persönlich geht es darum, mein vorhandenes Bild zu optimieren und zu veredeln. Mein Ziel ist es aber nicht, ein komplett neues Bild zu erschaffen, indem ich es massiv verfremde und retuschiere. Daher ist mein Bearbeitungsprozess recht pragmatisch und oft nach Minuten abgeschlossen. Nach den folgenden Schritten, die sich weitgehend an der Reihenfolge der LR-Regler orientieren, gehe ich meistens vor:

	Einstellung (in LR)	Inhalt
1	Weißabgleich	Farbkorrektur der RAW-Datei
2	Belichtung, Lichter, Tiefen	Tonwertkorrektur, bei Belichtung wird die Gesamthelligkeit beeinflusst, bei Lichter/Tiefen nur die hellen oder dunklen Töne
3	Weiß/Schwarz	Weiß-/Schwarzpunkt setzen, dient zur Reduzierung/Verstärkung der dunkelsten und hellsten Bereiche im Bild und beeinflusst so den Kontrast
4	Sättigung, Dynamik	Farbintensität, bei Dynamik werden dabei nur die stärksten Farben angefasst
5	Klarheit	Mittenkontrast
6	Rauschreduzierung	Entfernung Luminanz-/Farbrauschen
7	Schärfen	verschiedene Schärfeoptionen setzen
8	Chromatische Aberrationen	Farbsäume entfernen
9	Profilkorrekturen	Fehlabbildungen des verwendeten Objektivs korrigieren, z. B. Randabschattungen (Vignettierung) und Verzeichnung
10	Transformieren	perspektivische Korrekturen, z. B. um stürzenden Linien zu eliminieren

Sofern notwendig kümmere ich mich danach um die Beseitigung von Sensor- oder Schmutzflecken mit dem Bereichsreparatur-Werkzeug. Gern nutze ich auch lokale Werkzeuge wie digitale Verlaufs- oder Radialfilter, um dem Foto noch einen persönlichen Touch zu geben.

Falls Bildbearbeitung noch Neuland für dich ist, fühlst du dich am Anfang vielleicht etwas erschlagen von den ganzen Reglern und Möglichkeiten. Aber keine Angst, mit etwas Übung und bereits nach wenigen bearbeiteten Bildern wirst du dich schnell zurechtfinden.

FOTOWORKSHOP

Übung macht den Meister. Das ist auch in der Landschaftsfotografie nicht anders. Nachdem du alle Grundlagen der Landschaftsfotografie kennengelernt hast, geht es nun ans Eingemachte: Anhand meiner eigenen Bilder zeige ich dir konkret und in aller Kürze, wie du verschiedene landschaftsfotografische Situationen meistern kannst.

Der Fotoworkshop gliedert sich in drei Teile. Im ersten Teil geht es um klassische **Landschaftsmotive**. Im zweiten Teil zeige ich dir verschiedene Möglichkeiten der **Bildkomposition**. Im dritten Teil lernst du, wie du **Licht und Wetter** für deine Aufnahmen nutzen kannst.

Zu jedem Bild findest du die wichtigsten technischen Aufnahmedaten und den Aufnahmeort. Außerdem erfährst du, welche Ausrüstung du für das jeweilige Motiv benötigst und worauf du bei Vorbereitung und Umsetzung achten solltest. Damit solltest du gut gerüstet sein, um das Fotografieren ganz praktisch selbst auszuprobieren. Da du die Kamera und meist auch die App Sun Surveyor für jedes Bild brauchst, erwähne ich beides nicht noch einmal extra.

Wenn du mehr zu den einzelnen Einstellungen wissen möchtest, schau am besten noch einmal im Grundlagenteil nach, wo alles detailliert beschrieben ist.

Los geht's – ich wünsche dir viel Spaß, Kreativität und fantastische Bildergebnisse!

LANDSCHAFTSMOTIVE

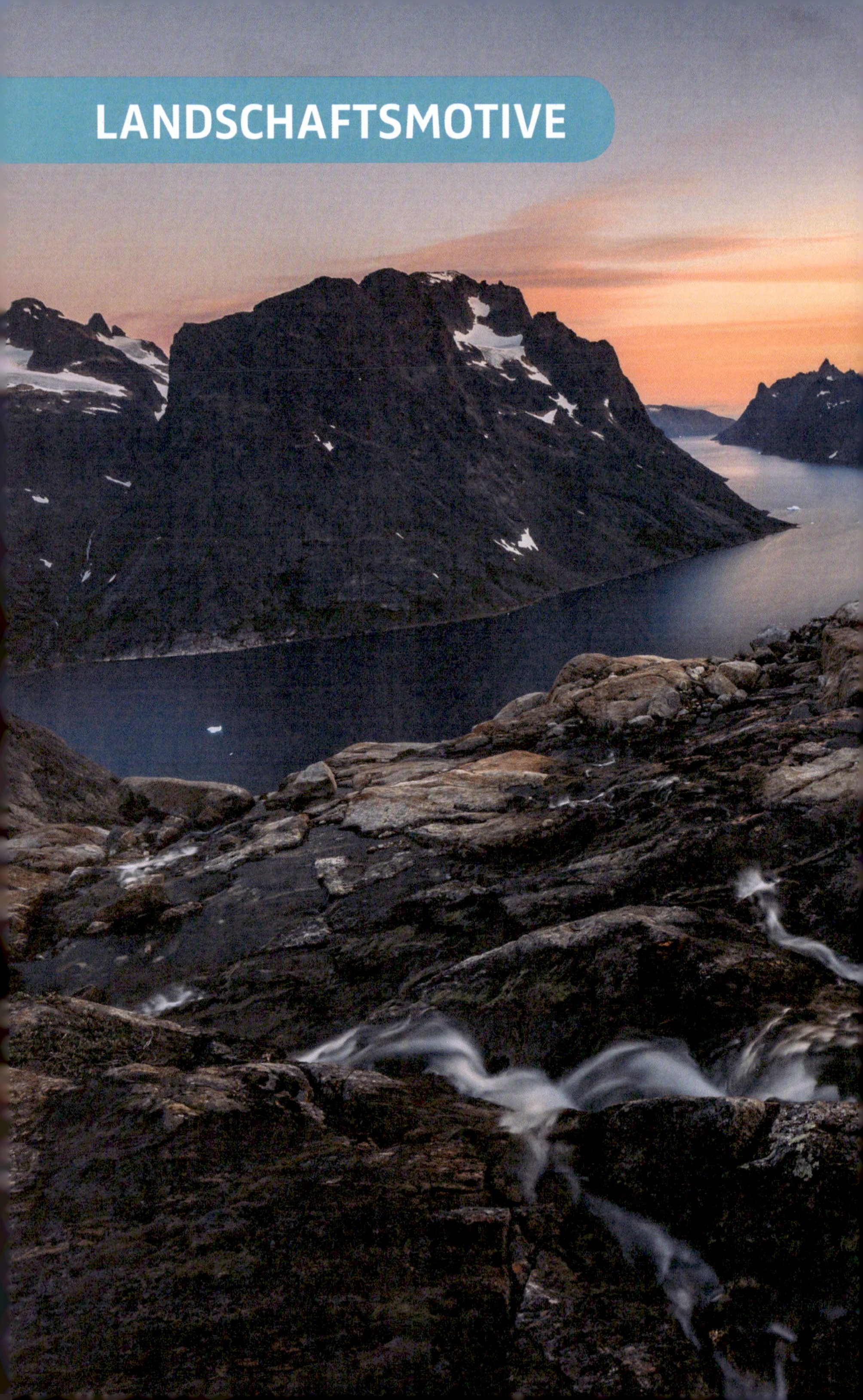

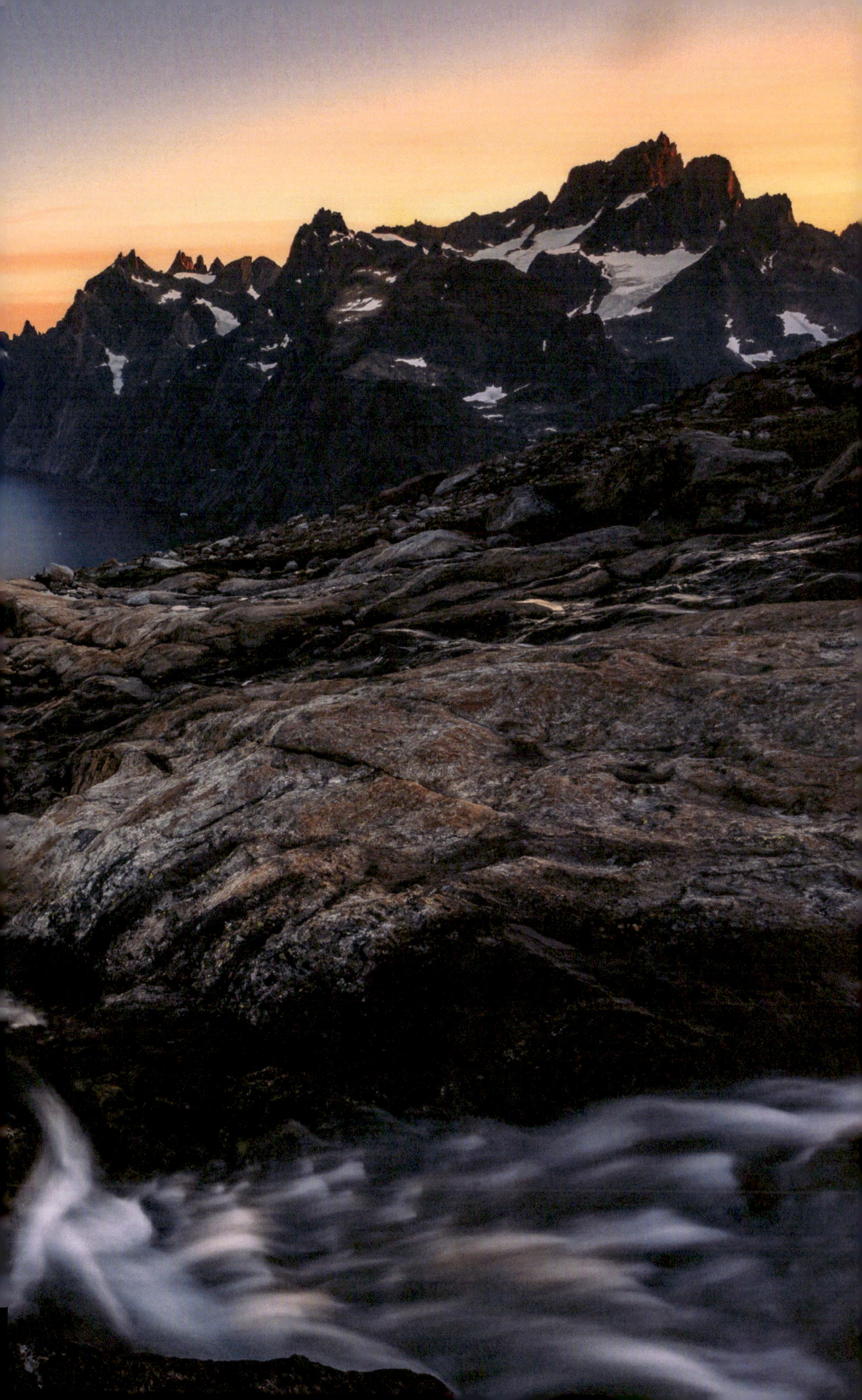

See mit Reflexion

Ausrüstung

- Teleobjektiv mit Sonnenblende
- Stativ und Fernauslöser
- Polfilter, evtl. ND-Filter

Vorbereitung

Für Reflexionen auf Gewässern muss die Oberfläche spiegelglatt sein. Wähle deshalb einen windstillen Tag. Außerdem sollte es wenig Thermik an der Wasseroberfläche geben, damit sich das Wasser nicht kräuselt. Diese Bedingungen hast du meist am frühen Morgen vor Sonnenaufgang. Sowie die ersten Sonnenstrahlen auf das Wasser scheinen, bilden sich kleine Wellen, und die Spiegelung ist schnell dahin. Gewässer sind übrigens meist umso ruhiger, je kleiner sie sind, was du bei deiner Standortwahl berücksichtigen solltest.

Umsetzung

Achte darauf, dass du in deiner Komposition nicht zu viele Elemente hast, um die ruhige Ausstrahlung zu unterstreichen. Dazu holst du dir einen Ausschnitt der Landschaft mit einem leichten Tele heran. Schau im Sucher nach Elementen, die sich als fotogene Spiegelungen eignen. Hier ist es die kleine bewachsene Insel im See, die seitlich von der Sonne angestrahlt wird. Wähle den Bildausschnitt so, dass das Hauptmotiv und dessen Spiegelung jeweils genau 50 % des Bildes einnehmen. Optional kannst du einen Polfilter nutzen, um die Spiegelung zu verstärken. Sollte das Gewässer leicht kräuseln, kannst du mit einem ND-Filter die Belichtungszeit etwas verlängern und damit versuchen, die Bewegung auf dem Wasser zu eliminieren.

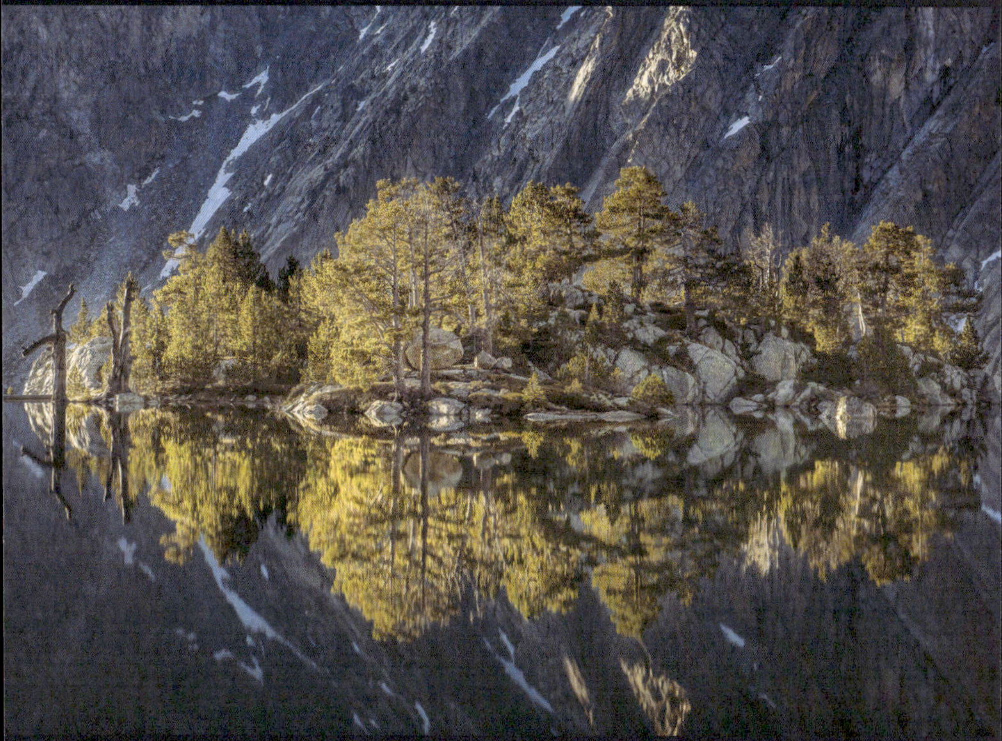

Aigüestortes Nationalpark, Pyrenäen, Spanien
Nikon D810 | 60 mm | f/9 | 2,5 sek | ISO 100 | Polfilter | ND 0.9

Im Wasserfall

Ausrüstung

- Weitwinkelobjektiv
- Stativ und Fernauslöser
- ND-Filter, ggf. GND-Filter, Mikrofasertuch
- rutschfeste Wasserschuhe oder Watthose

Vorbereitung

Diese dramatische Perspektive eignet sich besonders gut für Kaskaden und kleinere Wasserfälle oder wenn du einen Hintergrund integrieren möchtest. Ideal ist ein bewölkter Himmel oder die Dämmerung. Zieh rutschfeste Wasserschuhe oder eine Watthose an. Positioniere dich mittig im Wasserfall und achte auf einen sicheren Stand. Fotografiere von unten nach oben (Froschperspektive).

Umsetzung

Komponiere dein Bild und stecke bei Bedarf den GND-Filter in die Halterung (wenn der Himmel zu hell ist). Stelle die kleinstmögliche ISO-Zahl und eine mittlere Blende ein. Schalte in den manuellen Belichtungsmodus. Beginne mit 0,5 Sekunden und probiere dann in kleinen Schritten aus, bei welcher Belichtungszeit dir das Wasser am besten gefällt. Möchtest du, dass wie hier die Fließstruktur des Wassers noch zu erkennen ist, bleibe unter zwei Sekunden. Prüfe auf deinem Histogramm die Belichtung. Sollte es zu hell für die gewünschte Verschlusszeit sein, verwende wieder einen ND-Filter. Versuche es zunächst mit der geringsten Dichte, z. B. ND 0.9.

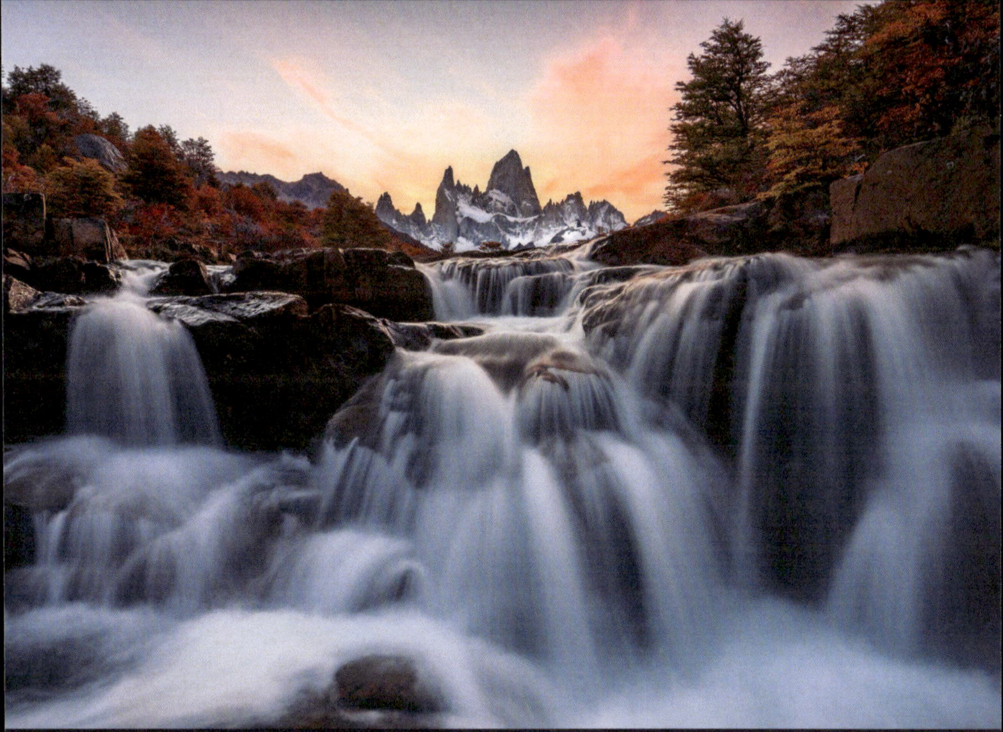

Kaskaden im Rio de la Vueltas, Los Glaciares Nationalpark, Argentinien
Nikon D810 | 19 mm | f/11 | 1 sek | ISO 100 | ND 0.9

Stürzender Wasserfall

Ausrüstung

- Weitwinkelobjektiv
- Stativ, Fernauslöser
- ND-Filter, Polfilter, Mikrofasertuch

Vorbereitung

Suche dir einen erhöhten Standpunkt, von dem aus du den ganzen Wasserfall einsehen kannst, am besten etwas seitlich. Diese Perspektive eignet sich am besten für hohe, tief stürzende Wasserfälle und wirkt sehr majestätisch. Ideal sind Tage, an denen der Himmel bedeckt ist, oder die Dämmerung. Achte darauf, dass du möglichst nicht in der Gischt des Wasserfalls stehst, also weit genug entfernt und entgegen der Windrichtung. Prüfe vor dem Auslösen, dass dein Objektiv bzw. Filter nicht nass sind. Schließe vor der Aufnahme den optischen Sucher oder decke ihn ab.

Umsetzung

Komponiere dein Bild, stelle dein Motiv scharf und drehe den Polfilter so lange, bis alle Reflexionen im Wasser verschwunden sind. Stelle die kleinstmögliche ISO-Zahl und eine mittlere Blende ein. Schalte in den manuellen Belichtungsmodus. Probiere in kleinen Schritten aus, bei welcher Belichtungszeit dir das Wasser am besten gefällt. Möchtest du einen seidigen Effekt, belichte mindestens zwei Sekunden. Sollte es zu hell sein, verwende einen ND-Filter. Versuche es zunächst mit der geringsten Dichte, z. B. ND 0.9. Wenn das nicht reicht, nimm den nächststärkeren Filter.

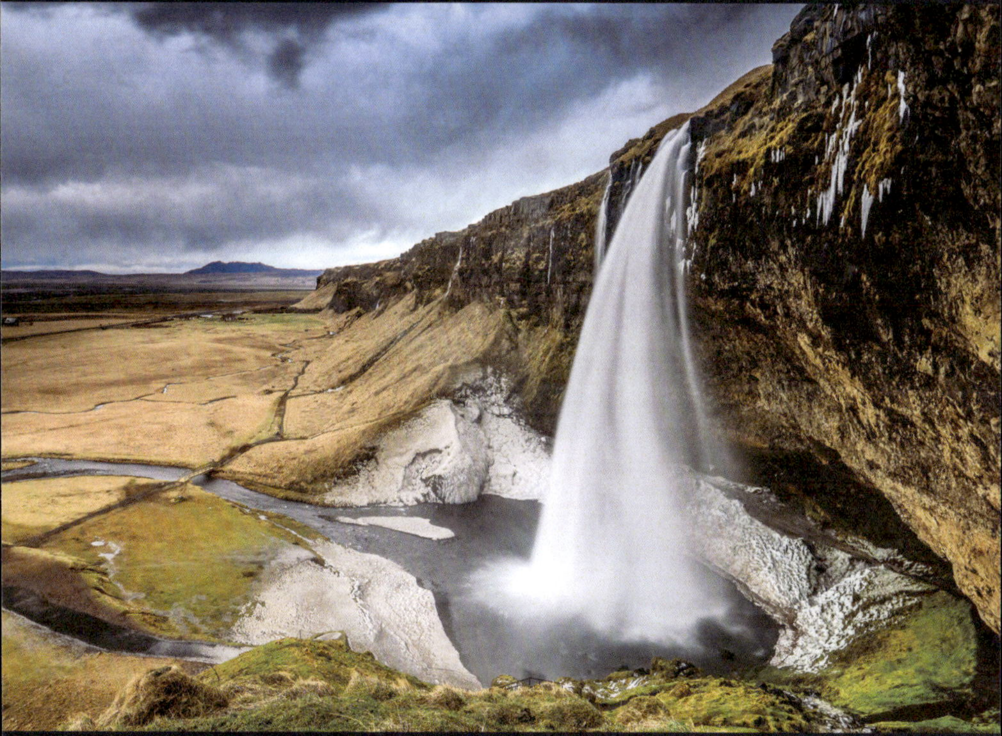

Seljalandsfoss, Island
Nikon D800 | 19 mm | f/11 | 2 sek | ISO 50 | ND 0.9 | Polfilter

Seidiges Meer

Ausrüstung

- Weitwinkelobjektiv
- Stativ und Fernauslöser
- ND-Filter

Vorbereitung

Ideale Fotozeit ist kurz nach Sonnenuntergang (goldene Stunde). Positioniere dich Richtung Westen, weil dort die Sonne untergeht. Dann hast du eine ausgewogene Beleuchtung von Vorder- und Hintergrund, zudem ist der Himmel dort schön farbig. Beobachte den Lauf den Wellen am Strand und deren Spuren, wenn das Wasser zurückweicht. Suche dir ein spannendes Muster als Motiv aus. In diesem Fall habe ich die drei sich überlappenden Kreisformen gefunden. Wähle einen Standpunkt nah am Wasser, damit du die Wellenbewegung als dominanten Vordergrund nutzen kannst. Achte darauf, dass keine Fußspuren, auch deine nicht, im Sand zu sehen sind.

Umsetzung

Wenn du das Meer durch einen seidigen Look beruhigen und die Struktur der Wasserbewegung auf dem Foto haben möchtest, musst du eine Langzeitbelichtung durchführen. Versuche Belichtungszeiten ab zwei Sekunden. Mach am besten kurz nacheinander eine ganze Serie von Aufnahmen mit identischem Bildausschnitt und Einstellungen. Damit steigerst du die Wahrscheinlichkeit, dass bei einem Bild die Wellenbewegung genau nach deinen Vorstellungen ist. Das kannst du mit dem Intervalltimer deiner Kamera umsetzen.

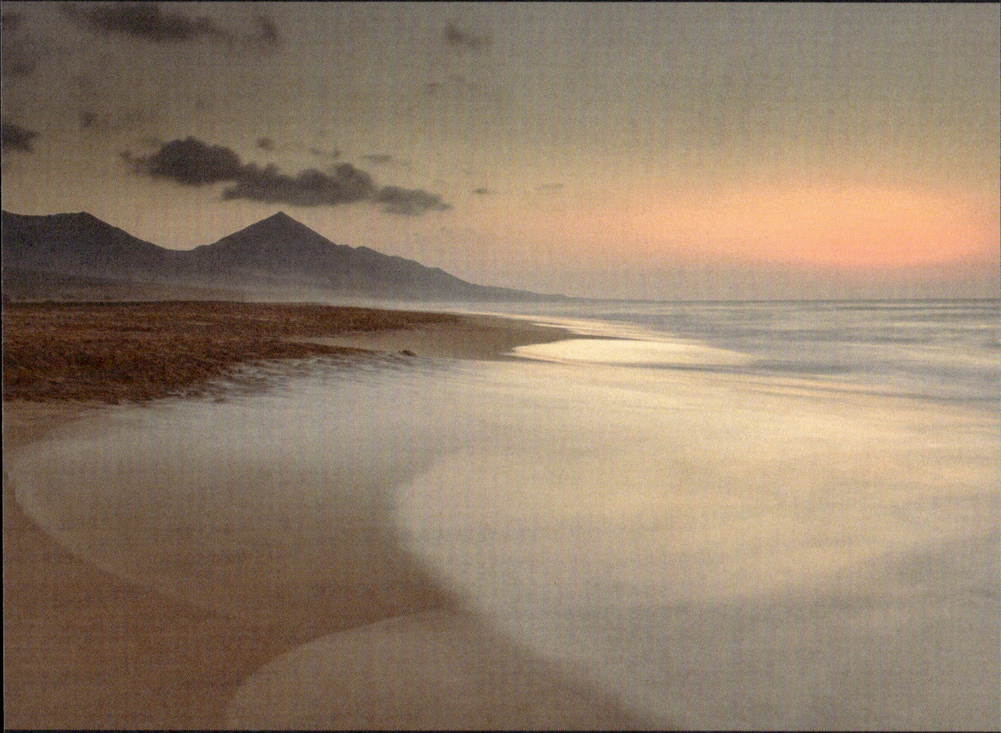

Barlovento-Küste auf Fuerteventura, Kanaren
Nikon D800 | 32 mm | f/11 | 6 sek | ISO 50 | ND 0.9

Wildes Meer

Ausrüstung

- Weitwinkelobjektiv
- Stativ und Fernauslöser
- ND-Filter
- Mikrofasertuch, Wasserschuhe

Vorbereitung

Wähle eine Fotozeit, zu der die Sonne tief am Himmel und seitlich hinter dir steht. Dann ist das Motiv gut ausgeleuchtet, und auch Wellen, Gischt und Felsen werden effektvoll illuminiert. Suche dir eine Perspektive, bei der alle Felsformationen freigestellt sind. Hierfür musste ich bei diesem Motiv durchs Wasser zu einer kleinen Felsinsel waten. Achte auf einen sicheren Stand deines Stativs und deiner selbst. Positioniere dich so, dass du möglichst nicht von großen Brechern getroffen wirst (Lebensgefahr!). Ziehe Wasserschuhe an, die Halt auf den glitschigen Steinen geben.

Umsetzung

Den dynamischen Charakter einer stürmischen See hältst du mit etwas längeren Belichtungen fest. Zu lang darf die Verschlusszeit aber nicht sein, um die Struktur der Wellenbewegung nicht zu verwischen. Versuche Werte zwischen 0,25 bis zwei Sekunden Belichtungszeit und nutze dafür ggf. einen ND-Filter. Auch hier empfehle ich dir, eine ganze Serie mit mehreren Fotos aufzunehmen. Dann kannst du dir später das schönste Motiv auswählen.

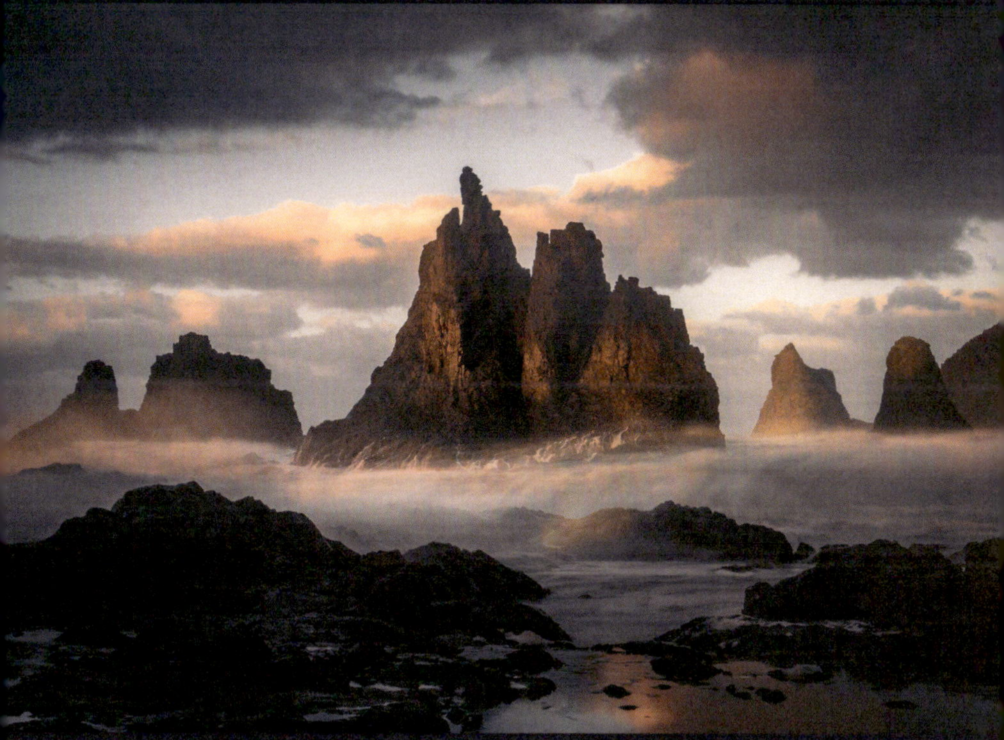

Benijo, Teneriffa, Spanien
Nikon D810 | 56 mm | f/16 | 2 sek | ISO 30 | ND 0.9

Berglandschaft

Ausrüstung

- Weitwinkelobjektiv
- Stativ und Fernauslöser
- Polfilter

Vorbereitung

Der Herbst ist wegen der Laubfärbung und dem goldenen Licht meine Lieblingszeit, um Bergkulissen aufzunehmen. Suche dir eine Location, wo es Bäume mit intensiver Laubfärbung gibt. Typische Verdächtige in den Bergen sind Lärchen und Ahornbäume. Informiere dich, wann die Laubfärbung in deinem Reisegebiet stattfindet und wo die Baumgrenze beginnt. Bewege dich dann knapp darunter.

Umsetzung

Eine hinter dir stehende Sonne sorgt für ausgeglichene Belichtung und dreidimensionale Schatten. Um deinen eigenen Schatten im Bild zu vermeiden, zoome ggf. etwas in das Bild hinein. Damit konzentrierst du zugleich die Ansicht und bildest sie größer auf deinem Foto ab. Klassische Bergmotive arbeiten oft mit gestaffelten, in die Höhe ansteigenden Ansichten. Komponiere dein Bild in drei Ebenen: vorn die bewaldeten Hügel, in der Mitte die saftig grünen Berge samt Geröll und ganz oben die schroffen Bergspitzen. Zusammen mit der Dreieckskomposition wird der Blick des Betrachters in das Bild hinein und nach oben zum Gipfel geführt. Wenn du jetzt noch auf das untere Drittel fokussierst und mit einem Polfilter die satten Farben herausarbeitest, ist die Heidi-Idylle perfekt.

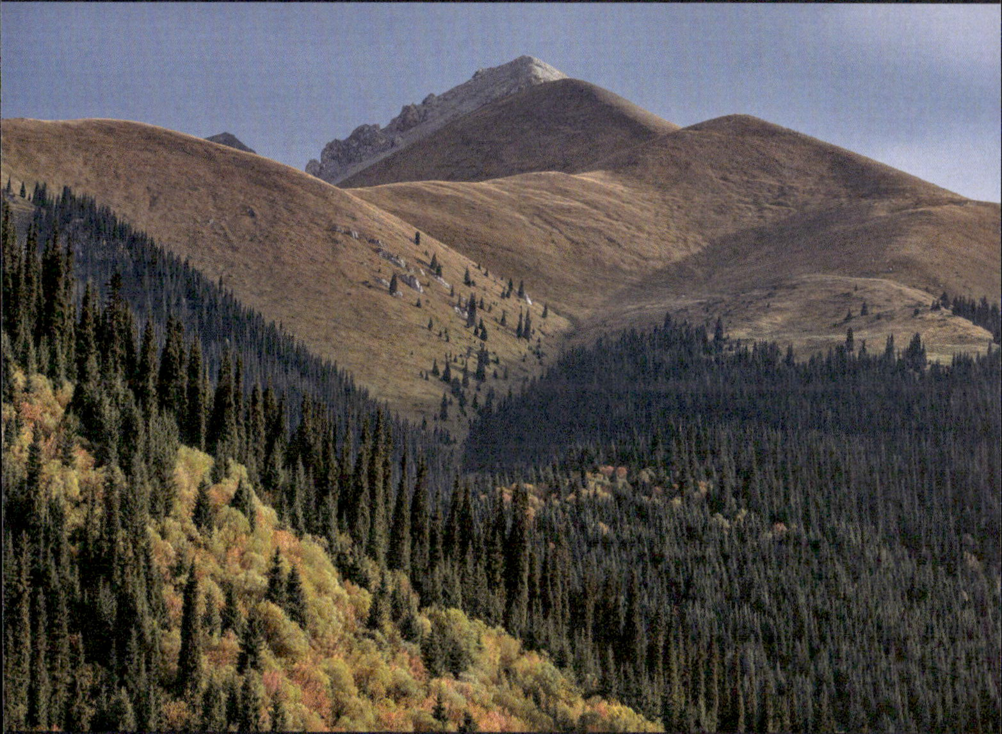

Flussdetail

Ausrüstung

- Weitwinkelobjektiv
- Stativ und Fernauslöser
- ND-Filter

Vorbereitung

Ziel ist es, den Charakter einer Flusslandschaft zu vermitteln. Suche dir einige hübsche Details am Ufer, die du als Vordergrund nutzen kannst, hier sind das z. B. die Steine und die bunten Blumen. Um das Bild plastisch aufzubauen, arbeite möglichst bodennah, also in der Froschperspektive. Suche dir eine schräge Perspektive, damit es wirkt, als würde der Fluss direkt auf dich zukommen. Platziere den Fluss an sich in der Mittelebene.

Umsetzung

Verwende eine mittlere Blende, die aber eher am hinteren Ende der Skala sein darf, z. B. f/14, um genügend Tiefenschärfe trotz nahem Vordergrund zu bekommen. Stelle auf die hyperfokale Distanz scharf und achte darauf, dass die nahen Elemente diese nicht unterschreiten. Im Zweifelsfall geh noch zwei Schritte von deinem Vordergrund zurück. Um die Bewegung des Wassers zu visualisieren, solltest du wieder Belichtungszeiten zwischen ca. 0,5 und zwei Sekunden wählen. Sollte es noch zu hell sein, verwende einen leichten ND-Filter.

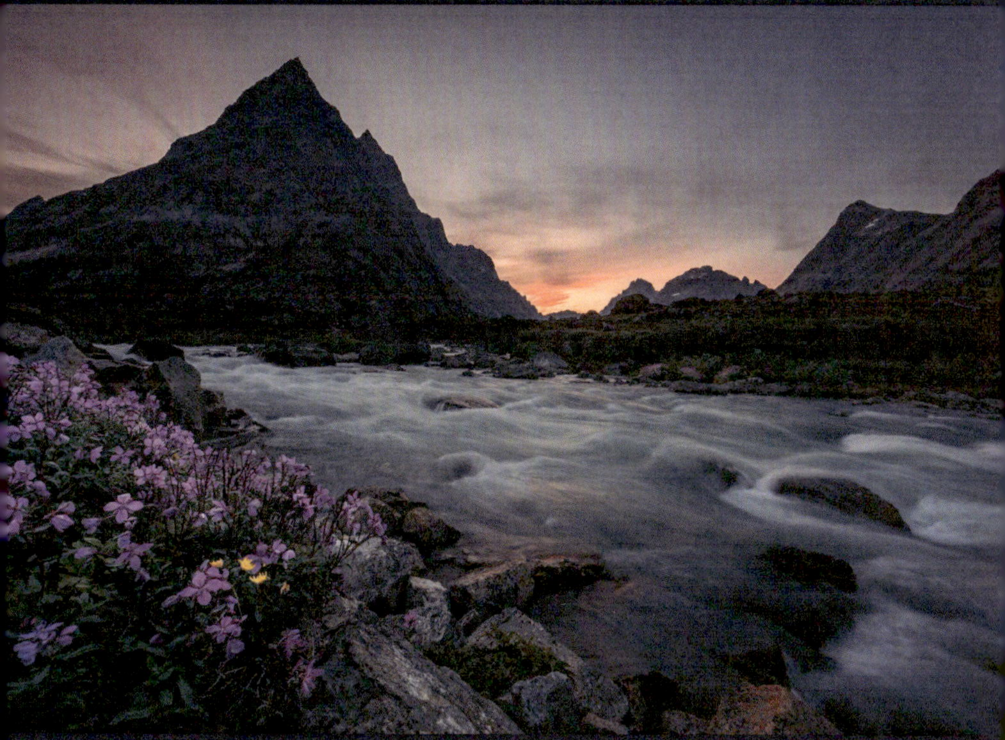

Tasermiut Fjord, Grönland
Nikon D810 | 14 mm | f/14 | 0,5 sek | ISO 30 | ND 0.9

Flusslauf

Ausrüstung

- Weitwinkelobjektiv
- Stativ und Fernauslöser
- Pol-Filter und GND-Filter

Vorbereitung

Um den natürlichen Lauf von Flüssen darzustellen, eignen sich besonders mäandernde Flüsse. Damit man auf dem Foto erkennt, wie sich das Fließgewässer seinen Weg durch die Landschaft bahnt, solltest du dir einen möglichst erhöhten Fotostandort, z. B. einen Berg, suchen. Recherchiere vor deiner Fototour entsprechende Standorte z. B. mithilfe von Karten, Google Maps oder deinem GPS-Gerät.

Umsetzung

Der Schlüssel zur Wirkung einer solchen Kulisse ist der Bildaufbau. Platziere einen Flussarm direkt am unteren rechten Rand und lasse ihn in die Tiefe zur Mitte hin laufen. Achte dabei auch auf einen fotogenen Hintergrund wie hier die schneebedeckten Berge. Nutze einen Polfilter, um das Türkis des Flusses und die Reflexionen der untergehenden Sonne zu betonen. Belichte mindestens eine halbe Sekunde, um die Wasseroberfläche seidig-dynamisch abzubilden. Wenn du wie hier Gegenlicht hast, verwende einen GND-Filter oder fertige eine Belichtungsreihe an. Stelle auf die hyperfokale Distanz scharf.

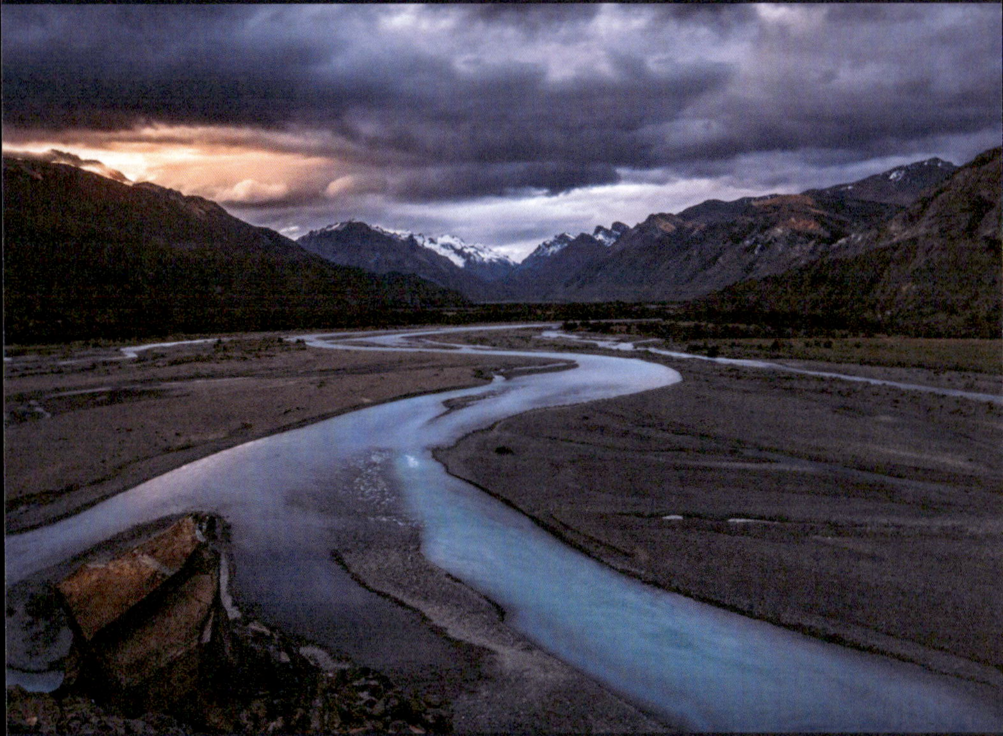

Rio de las Vueltas, Patagonien, Argentinien
Nikon D810 | 29 mm | f/11 | 1 sek | ISO 200 | Polfilter | GND 1.2

Felsen

Ausrüstung

- Weitwinkelobjektiv
- optional ND-Filter
- Stativ und Fernauslöser

Vorbereitung

Suche dir einen hohen Felsen, der frei in der Landschaft steht. Wenn du einen gefunden hast, laufe um ihn herum und suche dir die bestmögliche Perspektive. Achte z. B. darauf, dass du den Felsen möglichst gut gegen den Himmel freistellen kannst. Um der Formation noch eine goldene Krone aufzusetzen, versuche sie mit einem Gipfelglühen bei Tagesanbruch aufzunehmen. Dafür ist es wichtig, dass kein Objekt in der Nähe ist, das Schatten werfen könnte oder das Licht in Richtung Sonnenaufgang versperrt.

Umsetzung

Mit dem Liveview in Sun Surveyor habe ich recherchiert, wann und aus welcher Richtung das Licht auf die Spitze fällt. In dieser Richtung habe ich mich aufgestellt und einen eher tiefen Standpunkt gewählt. Bei der Komposition achtete ich auf diagonale Verläufe, die den Blick von links unten direkt zur Felsspitze leiten. Die Muster im steinernen Fuß der Formation sind dafür ideal geeignet. Die Spitze selbst platzierte ich im Goldenen Schnitt. Als die ersten Sonnenstrahlen die Spitze touchierten, realisierte ich mittels ND-Filter eine lange Verschlusszeit, um das Lichtband am Felsen breiter werden zu lassen und Dynamik in die Wolken zu bringen.

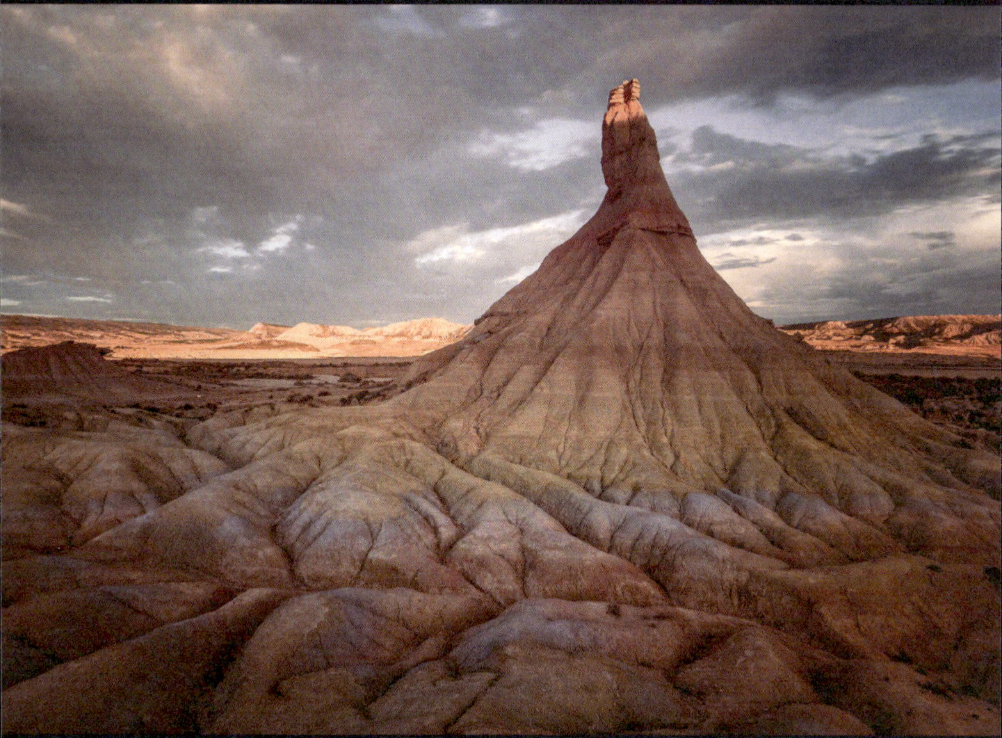

Bardenas Reales, Spanien
Nikon D800 | 19 mm | f/9 | 8,2 sek | ISO 125 | ND 1.8

Steppe

Ausrüstung

- Teleobjektiv mit Gegenlichtblende
- Stativ

Vorbereitung

Mit Steppe verbinden wir meist unendliche Weite, Jurten und saftig grüne, wellige Berge. Damit Dschingis-Khan-Feeling aufkommt, suche dir einen erhöhten Standpunkt und versuche, sich wiederholende Formen zu finden. Diese sollten schräg durchs Bild und zum Horizont hin verlaufen, um einen Eindruck von Weite zu schaffen. Hier sind das die langgezogenen grünen Bergrücken. Der schlängelnde Fluss von rechts unten schafft zusätzliche Spannung. Wenn du jetzt noch den Horizont überbelichtest, erzielst du einen geheimnisvollen „Unendlichkeitslook“. Der Betrachter erkennt nämlich nicht mehr das Ende der Kulisse, da sie sich im gleißendem Gegenlicht auflöst.

Umsetzung

Achte darauf, dass die Sonne nicht direkt im Bild ist. Um ungewollte Sonnenreflexe zu vermeiden, nutze die Gegenlichtblende. Wenn das nicht reicht und du trotzdem Flares in deinem Bild hast, versuche dein Objektiv mit deiner Hand, einem Buch etc. in Richtung der Sonne (hier oben links) abzuschatten. Da ich die Farbe des Abendlichts erhalten wollte, habe ich darauf geachtet, dass die Lichter gerade so nicht ausreißen, sonst wären die Bereiche oben links komplett weiß. Damit das funktioniert, muss du hier mit kurzen Belichtungszeiten unter 1/1000 Sekunde arbeiten.

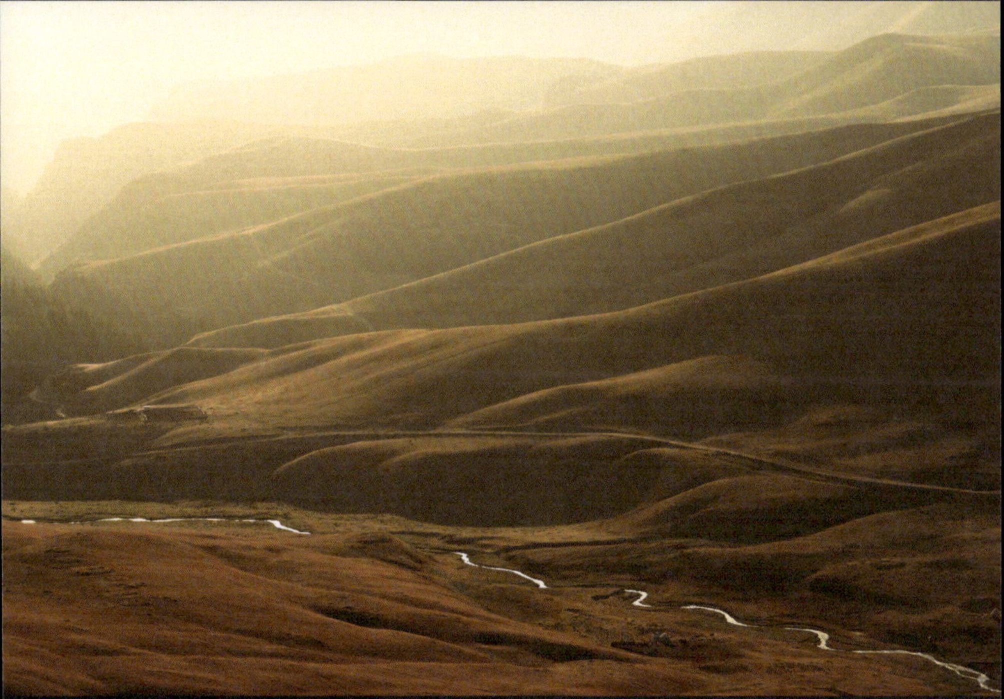

Assy Plateau, Oblast Almaty, Kasachstan
Nikon D800 | 102 mm | f/9 | 1/2000 sek | ISO 400

Wüste

Ausrüstung

- Weitwinkelobjektiv

Vorbereitung

Wüsten existieren in den verschiedensten Facetten. Die meisten Menschen denken bei Wüste aber an karge, hügelige Sandlandschaften unter blauem Himmel. Wenn du deine Bildaussage verstärken willst, solltest du genau solche Elemente in dein Bild integrieren. Hier dienen die intensiv leuchtenden Sanddünen als Hauptmotiv.

Umsetzung

Bei diesem Motiv ist weniger mehr: Durch eine gezielte Reduktion richtest du die Aufmerksamkeit auf das Wesentliche – die knallorangefarbenen Dünenkämme. Diese sind bereits so dominant, dass du vermeiden solltest, weitere Elemente ins Bild zu nehmen. Ich habe daher nur noch ein wenig Himmel am oberen Bildrand spendiert. Die Sanddünen faszinieren auch durch ihre strenge Dreiecksform und ihre Höhe von mehreren hundert Metern. Um beides auf deinem Foto herauszuarbeiten, geh nah an die Dünen heran und wähle einen tiefen Standpunkt. Nutze für den Bildaufbau Diagonalen, die im Zickzackkurs den Blick von unten nach oben führen, hier die Flanken der Düne. Die Kulisse nimmst du am besten kurz nach Sonnenaufgang auf, da das Licht tagsüber extrem hart ist. Sei also schon vor Tagesanbruch vor Ort und denke daran, dass du vielleicht noch hinaufklettern musst. Für eine dreidimensionale Wirkung sollte die Sonne hinter dir sein.

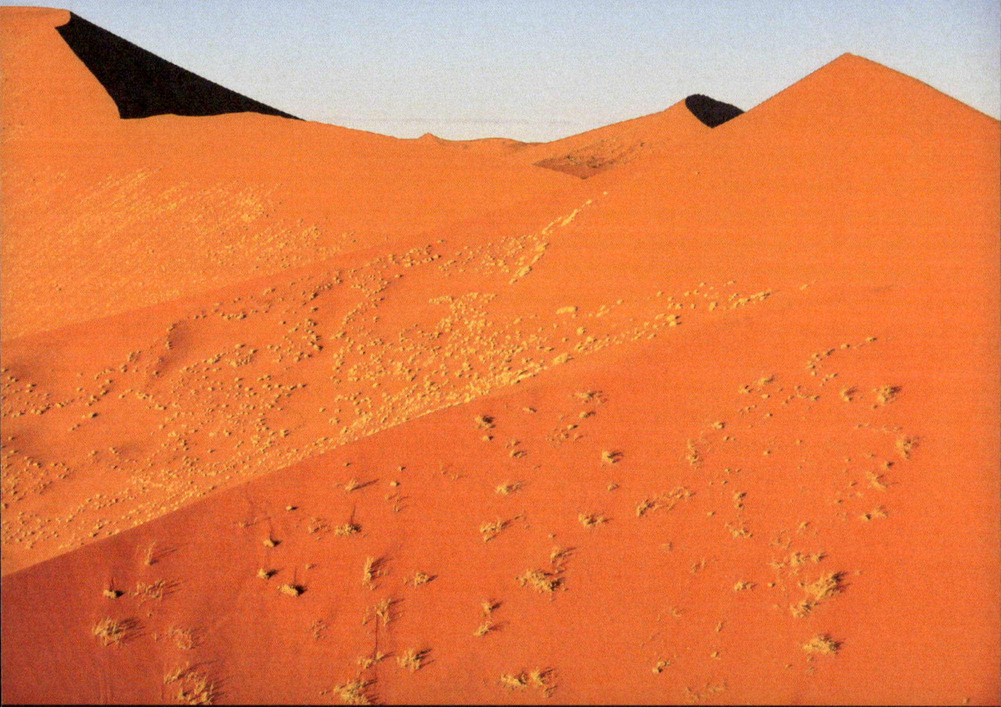

Dune 45, Namibwüste, Namibia
Nikon D90 | 28 mm | f/11 | 1/125 sek | f/8 | ISO 200

Eishöhle

Ausrüstung

- Weitwinkelobjektiv
- Stativ und Fernauslöser

Vorbereitung

Wer eine Eishöhle betritt, wähnt sich in einer blau schimmernden Märchenwelt voller surrealer Formen, manchmal mit den Ausmaßen einer Kathedrale. Ein sehr faszinierendes und zugleich seltenes Landschaftsmotiv. Eishöhlen findest du im Winter unter Gletschern, z. B. in den Alpen oder wie hier in Island unter dem Skaftafell.

Warnhinweis: Gehe niemals ohne Bergführer bzw. ortskundige Begleitung in eine Eishöhle hinein oder informiere dich wenigstens bei der Bergwacht über die aktuellen Bedingungen. Eine Eishöhle kann jederzeit unvermittelt einstürzen, es droht Lebensgefahr!

Umsetzung

Die größte Herausforderung ist der gewaltige Dynamikumfang. Vom Eingang zur Höhle (wo ich stehe) bis in die dunkelste Ecke können mehrere Blenden Helligkeitsunterschied herrschen. Fertige daher eine Belichtungsreihe mit fünf bis sieben Aufnahmen und einer Blende Unterschied an und setze sie später als HDR zusammen. Um die Dimension der Höhle zu vermitteln, ist es eine gute Idee, einen anderen Menschen oder dich selbst mit aufs Bild zu bringen. Idealerweise trägst du Kleidung, die mit dem vorherrschenden Blau kontrastiert, wie in meinem Fall die orangefarbene Jacke.

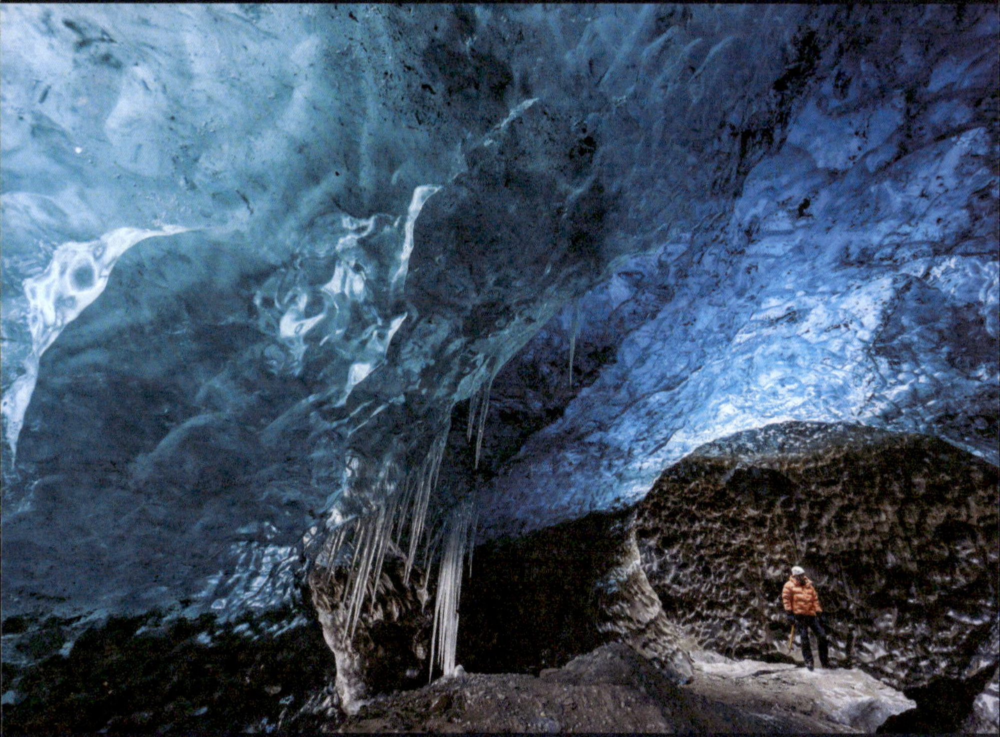

Eishöhle unter dem Skaftafell Gletscher, Island
Nikon D800 | 15 mm | f/11 | 1/8 sek + vier weitere Belichtungen
mit einer Blende nach oben bzw. unten | ISO 100

Tal

Ausrüstung

- Weitwinkelobjektiv
- Stativ und Fernauslöser

Vorbereitung

Wichtig beim Fotografieren von Tälern ist, einen räumlichen Tiefeneindruck zu erzielen. Den erreichst du, indem du möglichst weit in ein Tal hineinblickst und das Auge des Betrachters in die Tiefe lenkst. Dazu bietet sich ein erhöhter Standpunkt an.

Umsetzung

An diesem Tag bewegten sich die düsteren Wolken sehr schnell und verschleierten immer wieder den Blick auf die Kulisse. Daher habe ich eine sehr kurze Belichtungszeit von 1/1000 Sekunde gewählt, um einen Moment abzupassen, an dem der Blick einigermaßen frei war. Dazu musste ich die ISO mehr als üblich nach oben regeln. Damit die hellen Wolken etwas Zeichnung bekommen, habe ich leicht unterbelichtet. Für eine räumliche Wirkung kam der Gletscherfluss wie gerufen. Ihn habe ich am unteren linken Bildrand platziert, wo er den Blick des Betrachters abholt und ihn in das Tal hineinschlängelt. Um dem Bild mehr Spannung zu verleihen, wählte ich eine asynchrone horizontale Perspektive. Die herbstlich gefärbten Bergflanken reichen so zu zwei Dritteln in das Bild hinein und sind daher sehr dominant.

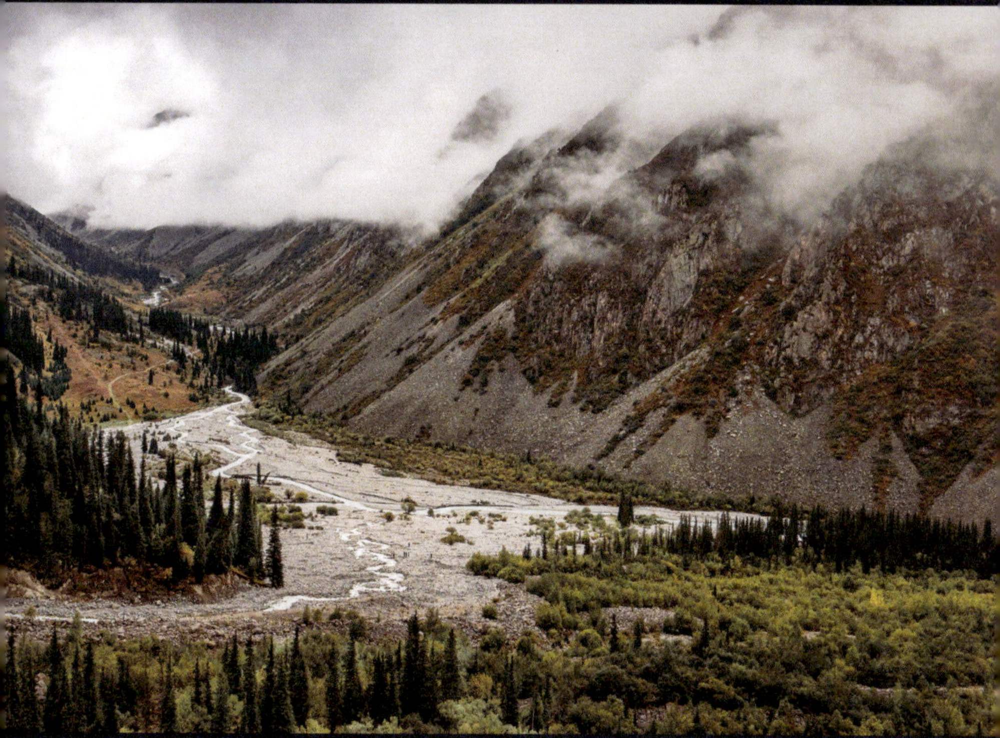

Ala Archa Nationalpark, Kirgisistan
Nikon D800 | 40 mm | f/11 | 1/1000 sek | ISO 640

Eissee

Ausrüstung

- Weitwinkelobjektiv
- Stativ und Fernauslöser
- Polfilter

Vorbereitung

In der kalten Jahreszeit frieren die Seen im Hochgebirge zu. Wenn im Frühjahr das Tauwetter einsetzt, bilden sich wie gemalt aussehende Eisschollen – ein tolles Fotomotiv. Um den richtigen Zeitpunkt abzupassen, bedenke, dass das Frühjahr im Hochgebirge viel später als unten im Tal beginnt, nicht vor Mai oder Juni. Bevor du dich auf den Weg machst, prüfe, ob die Pfade hinauf bereits gefahrlos begehbar sind oder ob evtl. Spezialausrüstung wie Steigeisen erforderlich sind. Ein Anruf bei der Bergwacht oder Berghütten hilft hier weiter.

Umsetzung

Damit du genügend von den blauen Eisschollen auf deinem Foto abbilden kannst, begib dich zu einem erhöhten Standpunkt. Hier war es ein Bergsattel am See. Stell deine Kamera samt kurzer Brennweite aufs Stativ und schwenke sie nach unten. Die recht homogene Eisfläche nimmt mehr als die Hälfte des Bildes ein. Versuche deshalb, ein interessantes, kontrastierendes Hintergrundobjekt zu finden. Hier ist es der schroffe Felsturm, den ich mit der Drittelregel platziert habe.

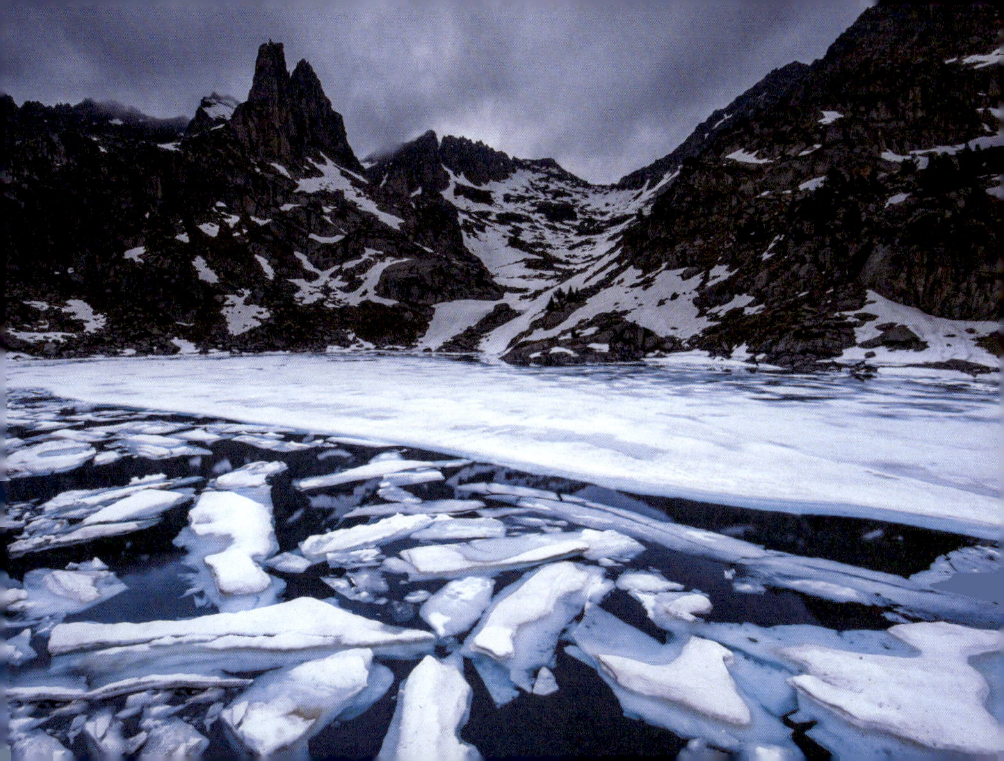

Schneelandschaft

Ausrüstung

- beliebiges Objektiv
- Stativ und Fernauslöser

Vorbereitung

Suche dir eine weiß-verschneite Landschaft, am besten mit frischen Neuschnee. Ideal sind bedeckte Tage ohne Sonnenschein, die Tageszeit ist im Prinzip egal. Die Landschaft sollte möglichst einfach strukturiert sein, also nicht zu viele Elemente beinhalten. In diesem Beispiel gibt es nur einige Tannen, sonst nichts. Achte darauf, keine Spuren im Schnee in deinem Bildausschnitt zu hinterlassen, um den unberührten Charakter der Landschaft zu unterstreichen.

Umsetzung

Belichte das Foto sehr hell. Du hast dann wenig Kontraste und Details im Bild, was zu einer ruhigen Ausstrahlung führt. Nutze dazu die Belichtungskorrektur und erhöhe so lange die Belichtung, bis das Histogramm an den rechten Rand geht. Wenn du es etwas abstrakter magst, kannst du auch ein wenig überbelichten. Das Histogramm läuft dann über den rechten Rand hinaus. Solltest du nicht in RAW aufnehmen, achte auf den Weißabgleich. Die Automatik versagt bei Schnee oft und führt zu Blaustichen. Korrigiere den Weißabgleich so lange in die warme Richtung (kleinere Kelvinzahlen), bis der Schnee wirklich weiß aussieht.

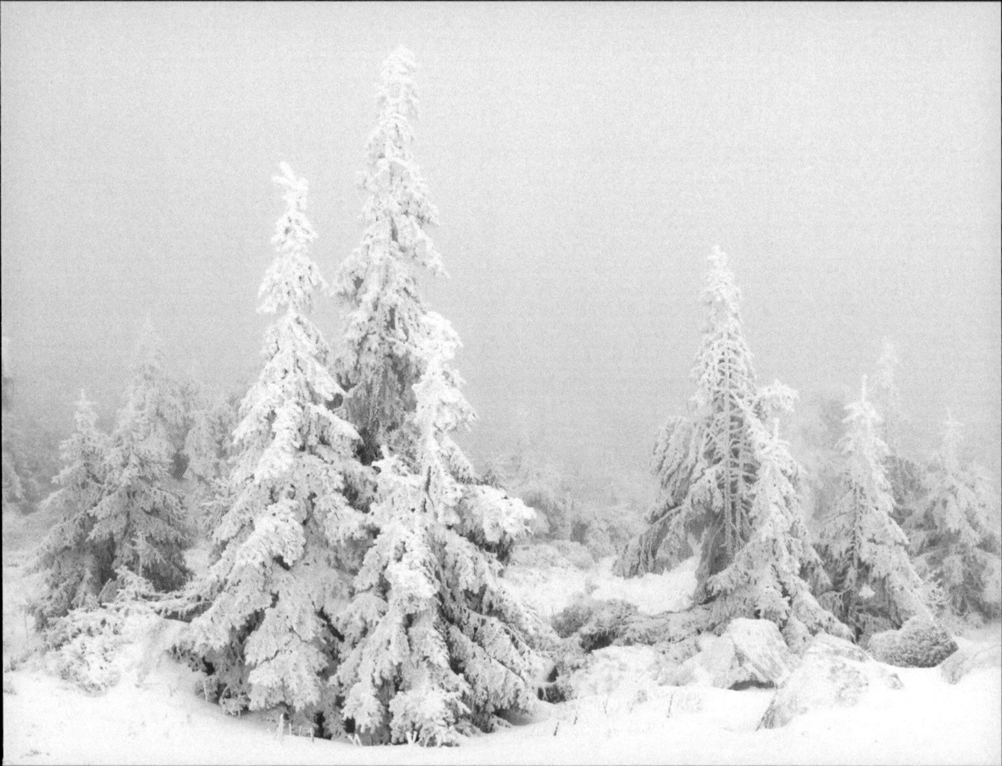

Tropischer Strand

Ausrüstung

- Weitwinkelobjektiv
- Stativ und Fernauslöser
- Polfilter

Vorbereitung

Wer kennt sie nicht, diese Postkartenfotos mit tropischer Strandidylle und leuchtenden, maritimen Farben? Um den unbeschwerten Charakter auf deinen Fotos festzuhalten, suchst du dir anders als sonst eine Tageszeit, in der das Licht noch hell und farbneutral ist. Meide lediglich die Mittagszeit und wähle lieber den Vormittag oder Nachmittag, wo das Licht nicht mehr so hart ist. Achte darauf, dass du Rückenlicht hast, da sonst die Kontraste zu hoch sind und die Farben auswaschen.

Umsetzung

Trotz aller tropischen Entspanntheit solltest du nicht den Bildaufbau vergessen. Suche dir symbolhafte Elemente für deinen Bildausschnitt: Palmen, weißer Sand, türkisfarbene Meereswellen oder Segelyachten, und platziere sie an prominenter Stelle im Bild. Arbeite mit führenden Linien, wie hier z. B. dem Lauf des Wassers am Ufer. Achte darauf, dass dein Stativ sicher steht, damit es nicht von den Wellen weggespült werden kann. Um die Wasserfarben und das Himmelsblau gut gesättigt abzubilden, nutze einen Polfilter. Verwende ihn aber behutsam. Der Grat zwischen übertrieben und effektvoll ist ziemlich schmal. Bei zu starker Verwendung kann es schnell zur Übersteuerung der blauen Töne im Himmel kommen.

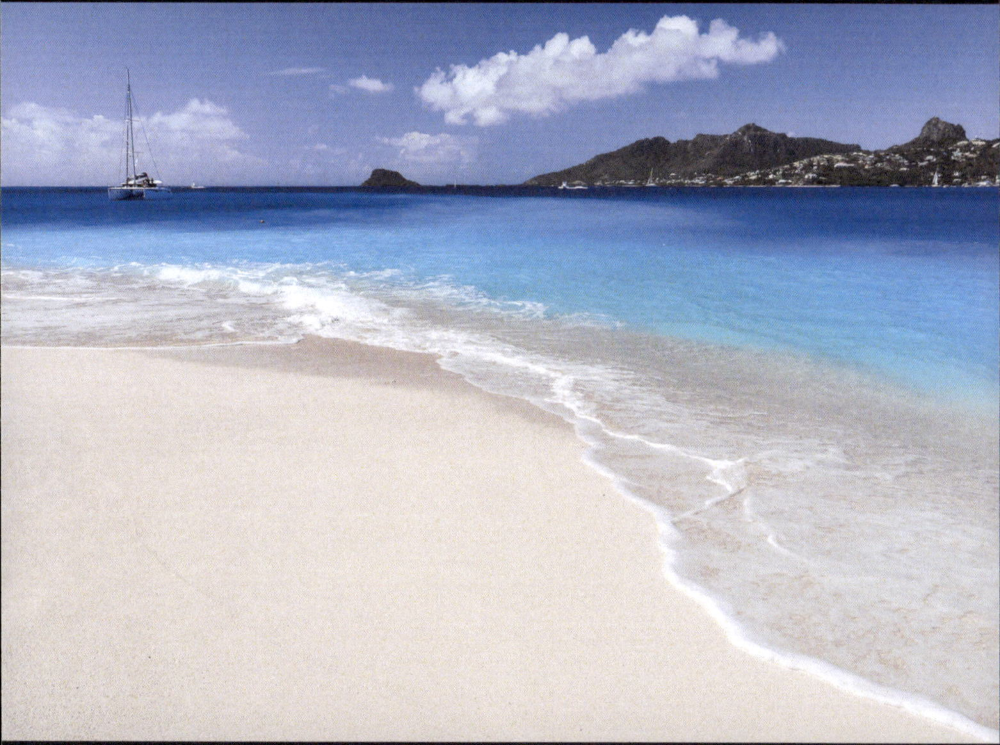

Palm Island, St. Vincent and the Grenadines
Nikon D90 | 18 mm | f/11 | 1/250 sek | ISO 200 | Polfilter

BILDKOMPOSITION

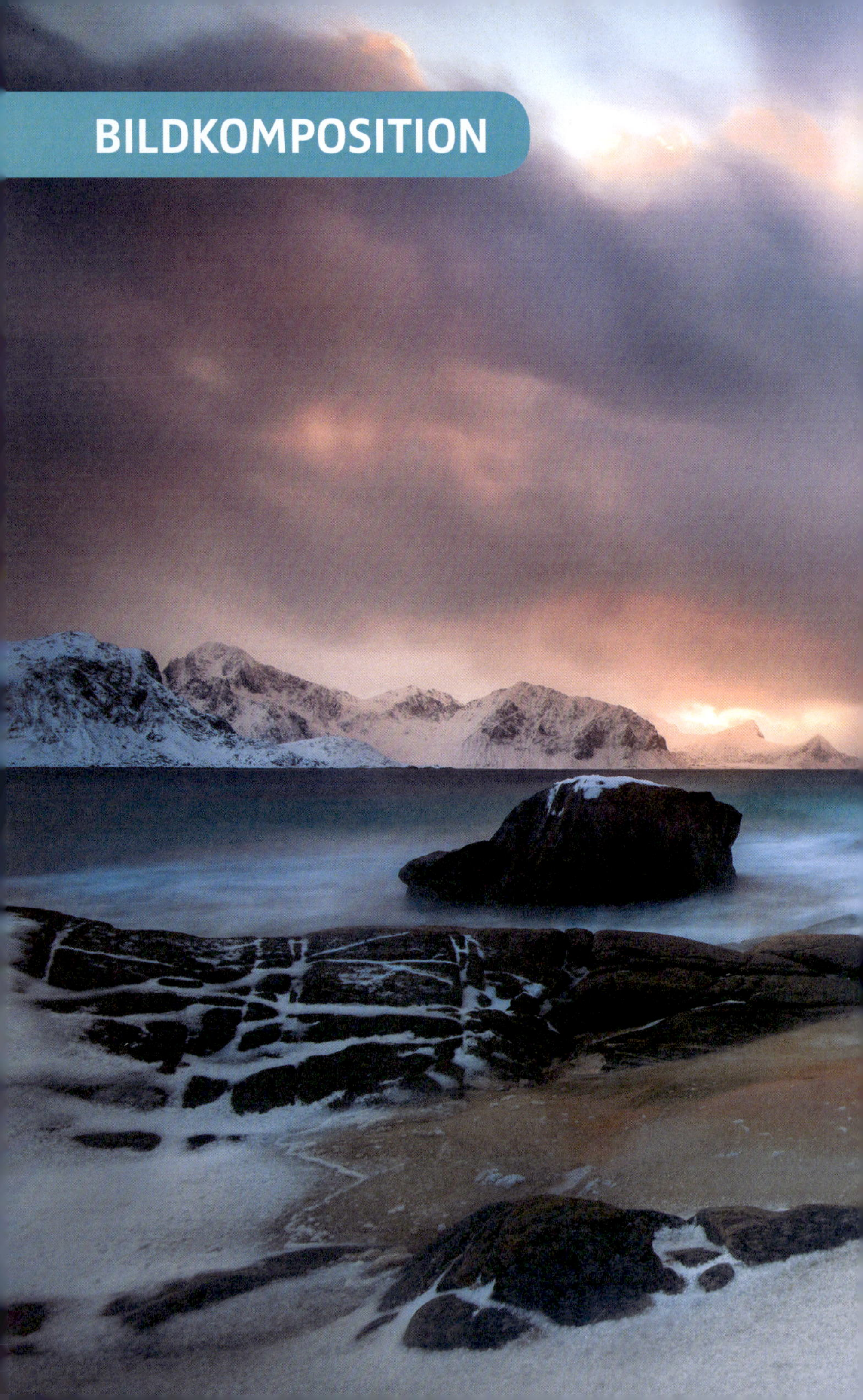

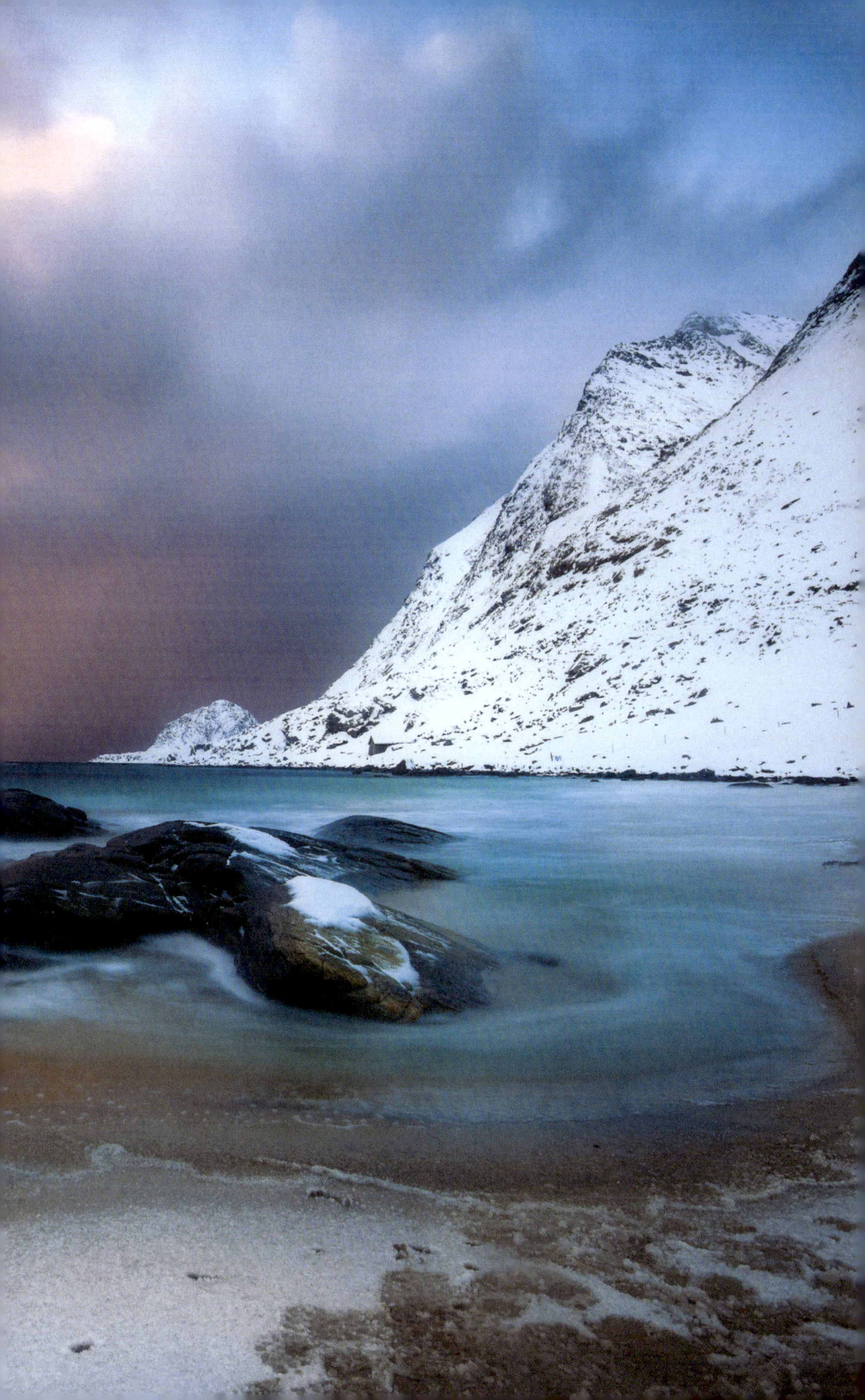

Froschperspektive

Ausrüstung

- Weitwinkelobjektiv
- Stativ und Fernauslöser
- Polfilter, optional ND-Filter

Vorbereitung

Geh ans Ufer des Canyons und suche dir eine Stelle, von der aus du den Lauf der Schlucht in die Tiefe einsehen kannst. In diesem Fall ist das die Seite rechts vom Fluss. Achte auch auf einige schöne Elemente für deinen Vordergrund, z. B. hier die Steine und die Eiskante am Ufer.

Umsetzung

Klappe deine Stativbeine im größtmöglichen Winkel aus, damit du die Kamera so nah wie möglich am Boden platzieren kannst. Wähle den Bildausschnitt so, dass das Ufer als führende Linie von links unten schräg in das Bild hineinläuft. Achte darauf, dass du trotz der bodennahen Perspektive die hinteren Wände der Schlucht vollständig im Bild hast, damit der Canyon als solcher zu erkennen ist.

Verwende einen Polfilter für knackige Farben und um die Reflexionen auf dem Fluss und den Steinen zu entfernen. Achte aufgrund des nahen Vordergrunds auf die hyperfokale Distanz und blende etwas stärker ab. Wenn trotz geschlossener Blende die Belichtungszeit deutlich unter einer halben Sekunde ist, verwende noch einen leichten ND-Filter, damit die Fließbewegung des Wassers schön weich abgebildet wird.

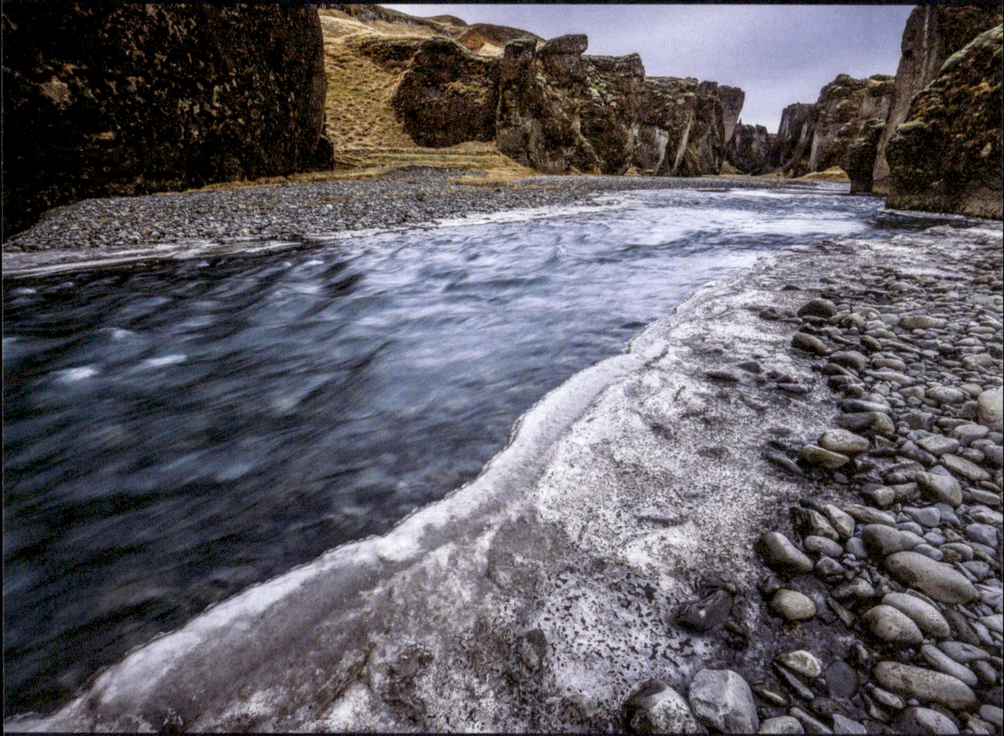

Fjaðrárgljúfur Canyon, Island
Nikon D800 | 16 mm | f/13 | 0,5 sek | ISO 100 | Polfilter | ND 0.9

Vogelperspektive

Ausrüstung

- Weitwinkelobjektiv
- Stativ und Fernauslöser
- Polfilter, optional ND- und GND-Filter

Vorbereitung

Nun möchtest du denselben Canyon von oben inszenieren. Steige dazu aus der Schlucht nach oben auf die Felswände. Suche dir wieder eine Stelle, von der aus du den Lauf des Canyons in die Weite gut einsehen kannst. In diesem Fall ist das eher links vom Fluss. Idealweise steht die Sonne hinter dir, um Reflexionen zu vermeiden und genügend Licht in der Schlucht zu haben.

Umsetzung

Suche dir wieder einen schönen Vordergrund. Dieses Mal ist es das leuchtende Moos auf der Canyon-Wand. Auch hier nimmst du wieder eine schräge Perspektive ein und verwendest den Fluss als führende Linie vom rechten Bildrand. Versuche mit einem Polfilter die Reflexionen auf der Wasseroberfläche zu entfernen. Mir ist das hier wegen des Stands der Sonne nur bedingt gelungen. Belichte wieder etwas länger, um die Dynamik des Wassers einzufangen. Da der Himmel zwar bedeckt, aber recht hell war, habe ich hier noch mit einem Verlaufsfilter den oberen Teil des Bildes abgedunkelt.

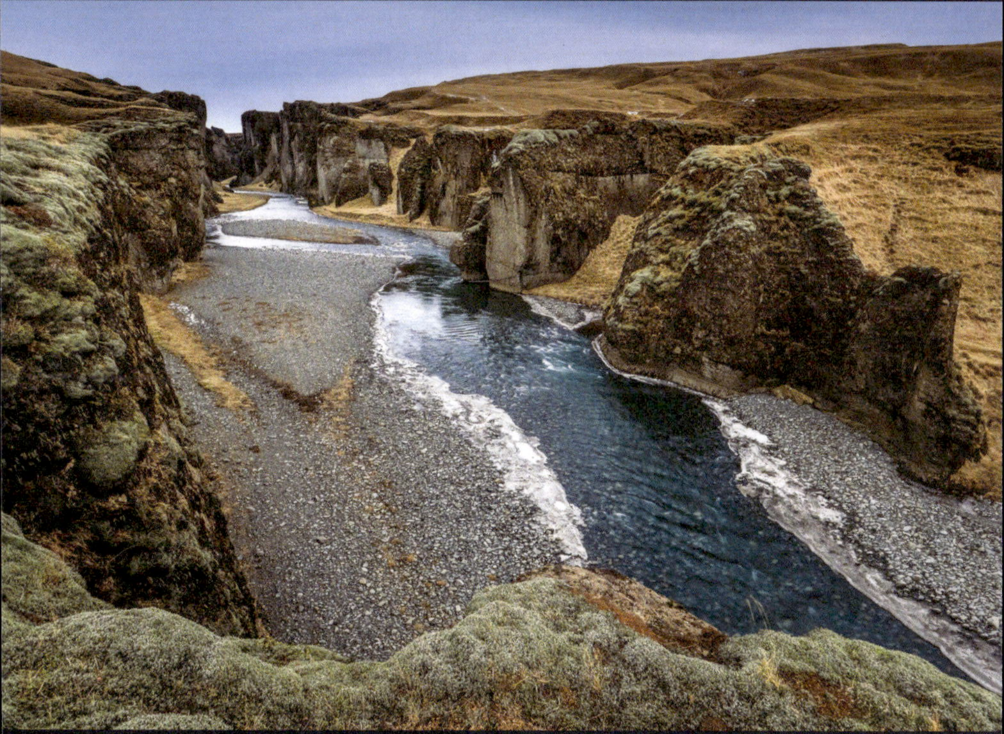

Fjaðrárgljúfur Canyon, Island

Nikon D800 | 19 mm | f/11 | 0,4 sek | ISO 100 | Polfilter

Luftaufnahme

Ausrüstung

- Objektiv mit großen Brennweitenbereich (Superzoom)
- genügend Akkus und Speicherkarten
- warme Sachen (Mütze, Schal)

Vorbereitung

Stelle bei der Organisation deines Fotoflugs sicher, dass du aus dem geöffneten Fenster oder der Tür fotografieren darfst (nicht durch die Scheibe). Teile dem Piloten mit, welche Fotomotive er anfliegen soll. Am besten scoutest du zuvor eine Route in der Satellitenansicht von Google Maps. Wähle als Flugzeit den Vormittag oder späten Abend, keinesfalls die Mittagszeit. Um flexibel beim Bildausschnitt zu sein und Zeit für Objektivwechsel zu sparen, verwende ein Zoom mit großem Brennweitenbereich. Je mehr du in die Landschaft hineinzoomst, desto abstrakter wirkt sie.

Umsetzung

Eine echte Draufsicht fotografierst du, wenn du deine Kamera genau im 90°-Winkel zur Erde hältst. So habe ich es auch hier bei dem weitverzweigten Gletscherfluss umgesetzt. Das klappt gut, wenn der Pilot das Flugzeug seitlich kippt. Wenn du auf Flughöhe bist, stelle den Fokus fest auf unendlich, um nicht unnötig Zeit für das Scharfstellen zu verlieren. Verwende eine mittlere Blende. Wähle sehr kurze Belichtungszeiten und teste, ob damit die Bilder scharf werden. Stelle dazu die Empfindlichkeit auf ISO 800 oder höher. Pass auf, dass die Sonne möglichst hinter dir steht. Stelle die Kamera auf „Dauerfeuer" und habe genügend Speicherkarten und Akkus dabei.

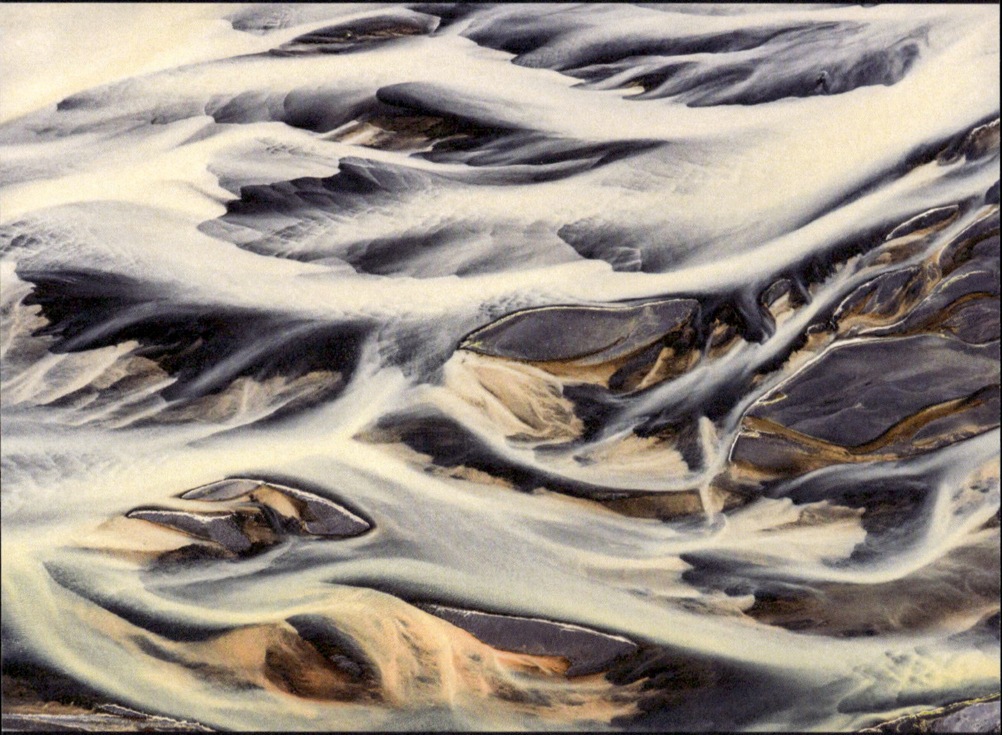

Mäander des Landeyarsandur, Island
Nikon D800 | 68 mm | f/9 | 1/500 sek | ISO 1000

Goldener Schnitt und Drittelregel

Ausrüstung

- Weitwinkelobjektiv und GND-Filter
- Stativ und Fernauslöser

Vorbereitung

Wähle im Sucher oder Liveview das Raster für die Drittelregel oder den Goldenen Schnitt aus. Sieh dazu in deinem Handbuch nach. Drei horizontale und drei vertikale Linien bilden neun Quadranten. Bei der Drittelregel liegen sie im gleichen Abstand zueinander, beim Goldenen Schnitt ist der mittlere Bereich schmaler.

Umsetzung

Bei diesem Bild habe ich mich für die Drittelregel entschieden, um die Aufmerksamkeit auf den markanten Felsfinger am Vulkan Teide zu richten, der von den ersten Sonnenstrahlen beleuchtet wird. Platziere dein Hauptmotiv (die Mitte der Formation) genau so, dass es im Schnittpunkt der linken vertikalen und obersten horizontalen Linie liegt. Sollte deine Kamera solche Raster nicht haben, versuche dir die Linien vorzustellen und schneide dein Bild später in der Nachbearbeitung entsprechend zu. In Lightroom kannst du dir diese Hilfslinien einblenden, indem du erst Taste R drückst (Freistell-Werkzeug) und dann mit Taste O zwischen den verschiedenen Rastern blätterst. Um den Charakter der Landschaft zu unterstreichen, habe ich die knorrigen Sräucher als auffälligen Vordergrund verwendet.

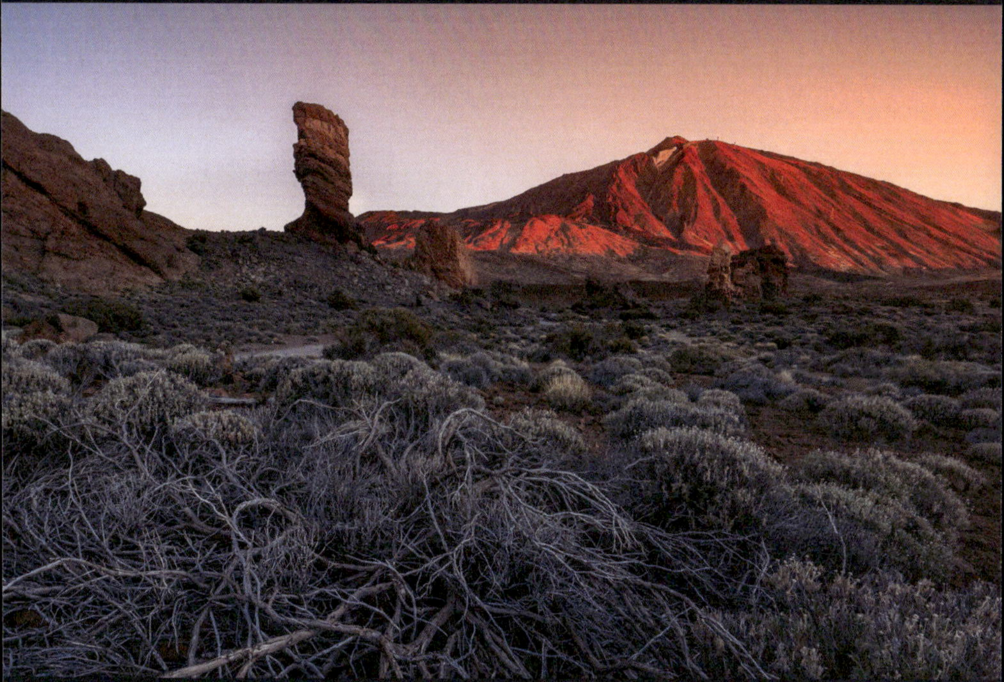

Teide Nationalpark, Teneriffa, Spanien
Nikon D810 | 14 mm | f/14 | 1/40 sek | ISO 100 | GND 1.2

Natürliche Rahmen

Ausrüstung

- Weitwinkelobjektiv
- Stativ und Fernauslöser

Vorbereitung

In diesem Bild ging es mir darum, den türkisfarbenen Bergsee samt Bergmassiv in typische Landschaftselemente einzurahmen. Damit betone ich den Charakter dieser Kulisse und leite gleichzeitig den Blick des Betrachters auf die beiden Hauptmotive. Ideal dazu eignen sich hier die bizarr gewundenen Baumskelette. Mit ihrem hellen Holz reflektieren sie außerdem das Morgenlicht effektvoll. Platziere den See in deinem Bildausschnitt so, dass er möglichst gleichmäßig von zwei dieser bizarren Bäume umfasst wird und die Äste in Richtung Bildmitte weisen.

Umsetzung

Wähle eine tiefe Perspektive, damit die Baumskelette noch mächtiger wirken. Fokussiere auf die Bäume, damit sie in jedem Fall scharf abgebildet werden. Vergiss dabei nicht die hyperfokale Distanz, damit auch der See und die Berge scharf sind. Gehe eventuell etwas von den Bäumen zurück, damit das funktioniert. Nimm mindestens Blende f/11 oder kleiner. Belichte nicht zu lange, damit die schönen Wolken ihre Struktur behalten. Da es noch dunkel ist und du wegen der Tiefenschärfe nicht weiter aufblenden solltest, stelle die ISO etwas höher, wie in diesem Fall auf ISO 400.

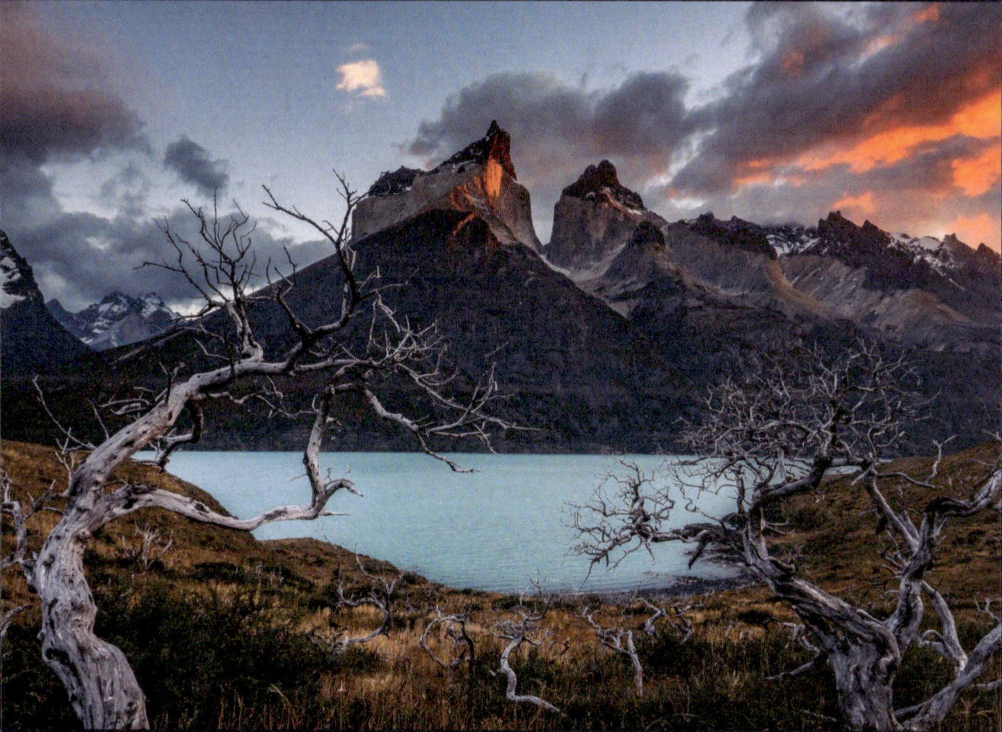

Lago Nordenskjöld, Torres del Paine Nationalpark, Patagonien, Chile
Nikon D810 | 14 mm | f/11 | 1/125 sek | ISO 400

Farbkontraste

Ausrüstung

- Teleobjektiv
- Polfilter

Vorbereitung

Suche dir eine Kulisse, bei der gleichzeitig dominante warme und kalte Töne vorherrschen. Winterszenen und arktische Gefilde sind für solche Motive prädestiniert. In Grönland habe ich diesen knallblauen Eisberg im leuchtend goldenen Morgenlicht gefunden.

Umsetzung

Die Bilder sind von einem wackligen Expeditionsschlauchboot aus aufgenommen. Um möglichst flexibel auf erscheinende Motive in nah und fern reagieren zu können, wählte ich mein 70–200 mm. In dieser besonderen Situation musste ich von meinen üblichen Einstellungen abweichen. Erste Priorität war es, trotz der Bewegung des Bootes scharfe Bilder zu erhalten. Ich habe daher eine sehr kurze Belichtungszeit von 1/1000 Sekunde gewählt. Um für genügend Tiefenschärfe trotzdem mit einer mittleren Blende fotografieren zu können, habe ich die ISO auf sonst nicht ratsame ISO 640 erhöht. Die zweite Herausforderung war der extreme Dynamikumfang. Wegen des Gewackels konnte ich keine Belichtungsreihe aufnehmen. Daher habe ich darauf geachtet, dass der helle Bereich des Bildes, also der Himmel mit den Bergketten, richtig belichtet ist. Den Vordergrund habe ich später in der Bildbearbeitung aufgehellt (Tiefenkorrektur). Um knackige Farben zu bekommen, hatte ich außerdem einen Polfilter vor dem Objektiv.

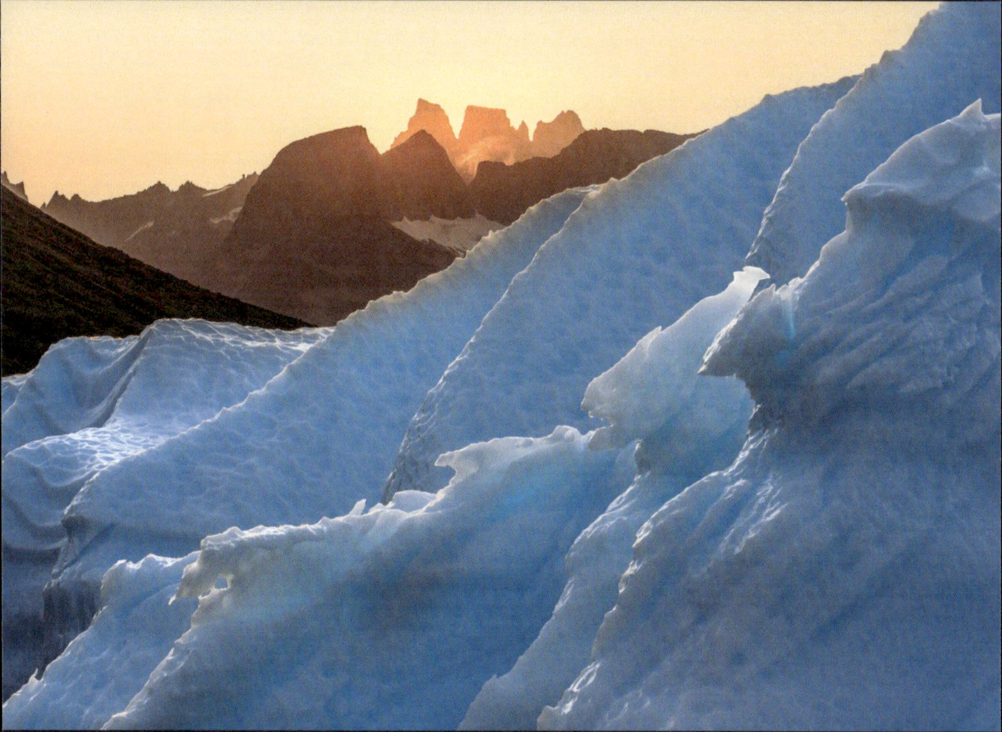

Eisberge, Grönland
Nikon D810 | 135 mm | f/10 | 1/1000 sek | ISO 640 | Polfilter

Ebenen

Ausrüstung

- Weitwinkelobjektiv
- Stativ und Fernauslöser
- ND-Filter, Polfilter

Vorbereitung

Dieses Motiv besticht wieder durch einen starken Warm-Kalt-Kontrast. Es wirkt aber vor allem durch die sehr ausgeprägten Ebenen und den markanten, etwas surrealen Vordergrund.

Umsetzung

Verwende die kleinste Weitwinkel-Brennweite, die dir zur Verfügung steht. Fahre dein Stativ weit nach oben aus und schwenke die Kamera nach unten, so dass du genügend von dem farbigen Felsgestein in dein Bild einbauen kannst. Achte darauf, dass deine Schuhe und Stativfüße nicht im Bildausschnitt sind. Komponiere das Bild in drei gleichgroßen Ebenen. Der Vordergrund bildet das farbige Gestein, das zweite Drittel wird durch das Meer und die Felsen bestimmt. Der Hintergrund enthält die Berge und etwas Himmel. Die Bergkette oben darf nicht abgeschnitten sein. Wähle eine etwas längere Belichtungszeit, um die Bewegung des Wassers zu visualisieren. Die Farbigkeit verstärkst du mit einem Polfilter. Den brauchst du ohnehin, um die Reflexionen auf den kleinen Meerwasserpools im Vordergrund zu entfernen. Aufgrund der beiden Filter wirst du wahrscheinlich Randabschattungen in deinen Bildrändern haben. Zoome dann 2–3 mm in das Bild hinein, bis die dunklen Ränder verschwinden.

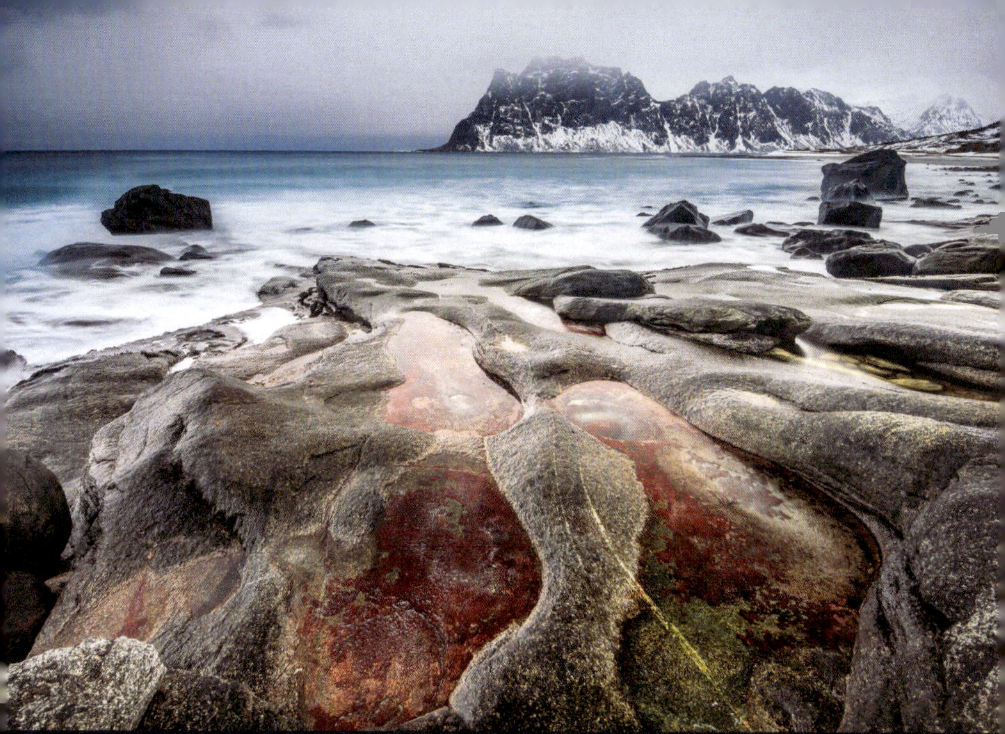

Uttakleiv Beach, Vestvågøy, Lofoten

Nikon D810 | 22 mm | f/13 | 3 sek | ISO 30 | ND 0,9 | Polfilter

Größenrelationen

Ausrüstung

- Weitwinkelobjektiv
- Stativ und Fernauslöser

Vorbereitung

In dieser Szene geht es darum, die Größe der patagonischen Landschaft erlebbar zu machen und Abenteuer-Flair zu vermitteln. Suche dir eine Location, die einen freien Blick in eine weite Landschaft bietet. Schau nach einer exponierten Stelle wie einer Anhöhe oder einem Felsvorsprung, auf der du die Person platzieren kannst. Idealerweise ist dieser Standort vom Sonnenlicht beleuchtet oder du kannst die Person dort gegen den Himmel freistellen. Du selbst solltest dich unterhalb der Person befinden.

Umsetzung

Um die Größenverhältnisse vorstellbar zu machen, sollte die Person auf dem Foto recht klein abgebildet, aber noch deutlich erkennbar sein. Fotografiere daher weitwinklig. Wichtig ist, dass dein Model in Richtung Bildmitte eingedreht ist und auch dorthin schaut. Die Wirkung kannst du verstärken, in dem die Person eine Geste in Richtung Hauptmotiv macht, hier die Handbewegung zum glühenden Fitz Roy. Achte darauf, dass die Person wirksam an einem der Bildränder platziert ist. Der Goldene Schnitt oder die Drittelregel helfen dir bei der Ausrichtung. Da dein Model nicht lange stillhalten kann, versuche kurze Verschlusszeiten unter 1/100 Sekunde zu realisieren, wenn auch zum Preis einer höheren ISO oder offeneren Blende in der Dämmerung.

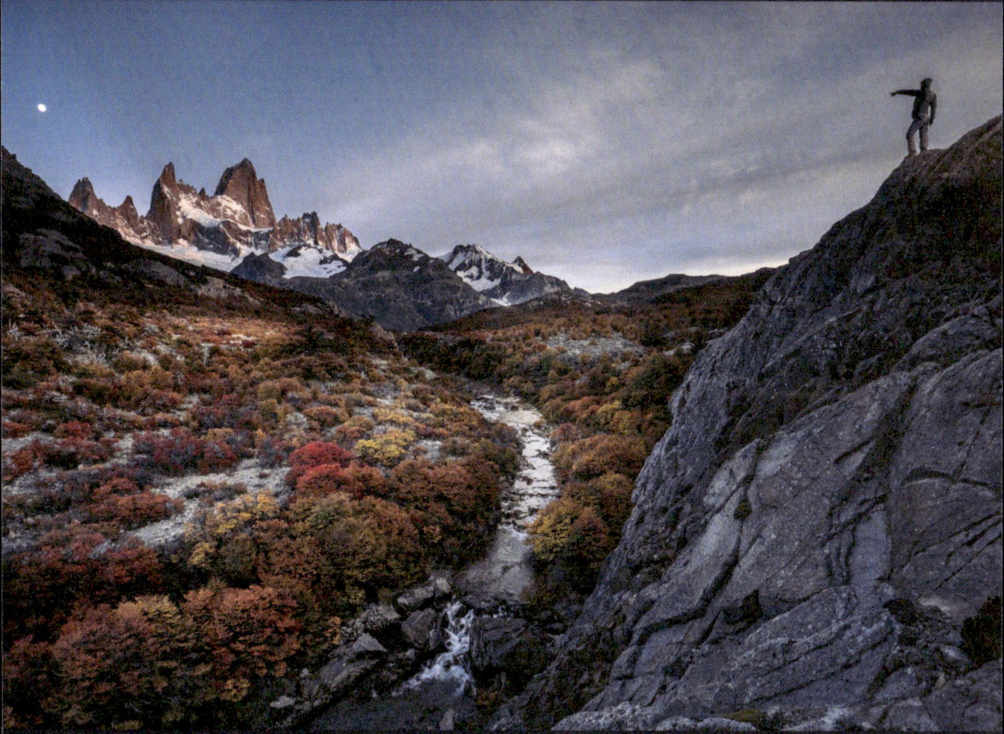

Los Glaciares Nationalpark, Patagonien, Argentinien
Nikon D810 | 16 mm | f/11 | 1/100 sek | ISO 400

Führende Linien

Ausrüstung

- Weitwinkelobjektiv
- Stativ

Vorbereitung

Ziel ist es, mit Diagonalen den Betrachter ins Bild hinein und hin zum Hauptmotiv zu lenken, hier zum eigentümlich gewundenen Berggrat. Schau also gezielt nach solchen Linien in deiner Kulisse. In diesem Fall eignen sich die Schneespuren ideal dafür. Um den unberührten Charakter der weißen Idylle zu bewahren, achte darauf, dass keine Fußspuren in deinem Ausschnitt sind und du selbst keine hinterlässt.

Umsetzung

Komponiere dein Bild im Sucher so, dass die Linien von einer der unteren Ecken diagonal in das Bild hineinlaufen. Blende etwas stärker ab und fokussiere auf die hyperfokale Distanz, damit auch der vordere Bereich garantiert scharf wird. Da es sich hier um ein Schneemotiv handelt, belichte das Foto etwas über, hier habe ich sogar eine halbe Sekunde gewählt. Achte auf den Weißabgleich und korrigiere die Kelvinzahl nach unten, wenn du nicht in RAW fotografierst. Dann ist der Schnee auch auf deinem Foto weiß. Die Automatik würde hier ein zu blaues Foto erzeugen.

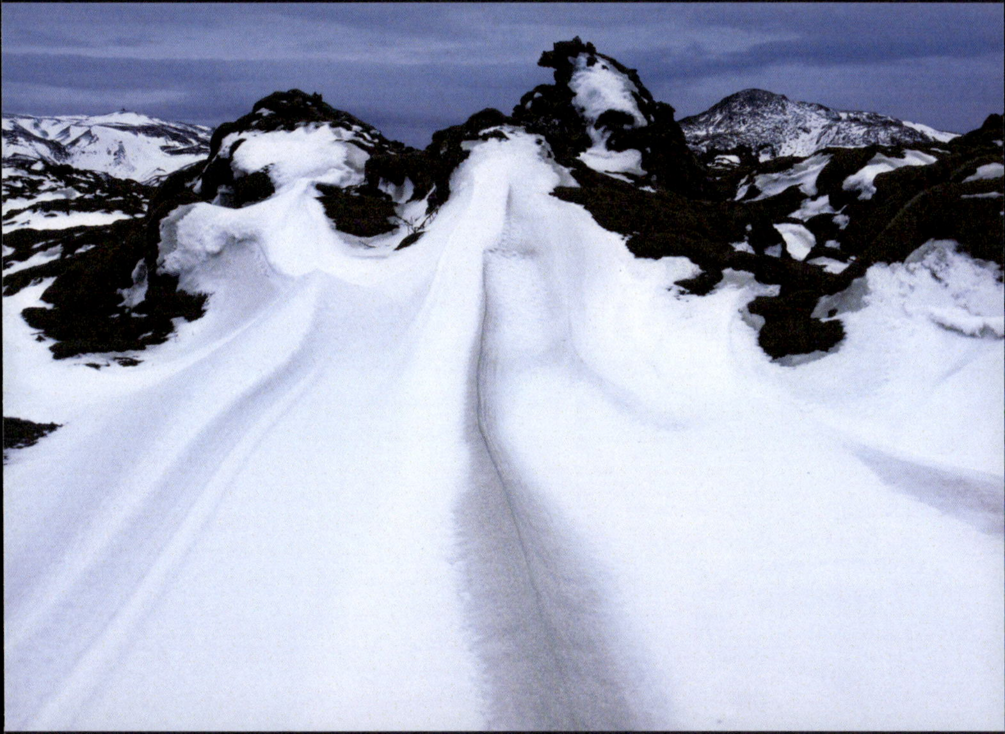

Hochland, Island

Nikon D800 | 44 mm | f/11 | 0,5 sek | ISO 200

Symmetrie

Ausrüstung

- Teleobjektiv
- Stativ und Fernauslöser
- GND-Filter

Vorbereitung

Bei diesem Motiv soll der stille Charakter der einsamen Berglandschaft im Tian Shan zum Ausdruck kommen Die Spiegelung der Siebentausender im Salzsee eignet sich bestens, um Ruhe und Harmonie zu vermitteln. Suche dir einen deutlich erhöhten Standpunkt, damit du genug von der Bergkette sehen kannst. Direkt am Ufer würdest du allenfalls die Spitzen der schneebedeckten Berge sehen, das meiste wäre von den davorliegenden Hügelketten verdeckt.

Umsetzung

Damit das Motiv wirkt, brauchte ich eine klare und gut erkennbare Spiegelung sowie einen symmetrischen Bildaufbau. Die beste Voraussetzung für eine glatte Wasseroberfläche findest du am frühen Morgen vor Sonnenaufgang. Selbst wenn das Wasser scheinbar unbewegt ist, belichte ruhig etwas länger, wie hier z. B. zwei Sekunden. Spiegelungen sind grundsätzlich etwas dunkler (ca. eine Blende) als die eigentlichen Objekte. Daher macht es Sinn, mit einem Grauverlaufsfilter den oberen, hellen Teil des Bildes abzudunkeln. Um eine ausbalancierte Spiegelung hinzubekommen, blende dir Hilfslinien in deinem Display ein. Konzentriere dich auf die höchste Bergspitze und achte darauf, dass diese sowohl nach oben wie nach unten den gleichen Abstand zum Bildrand hat.

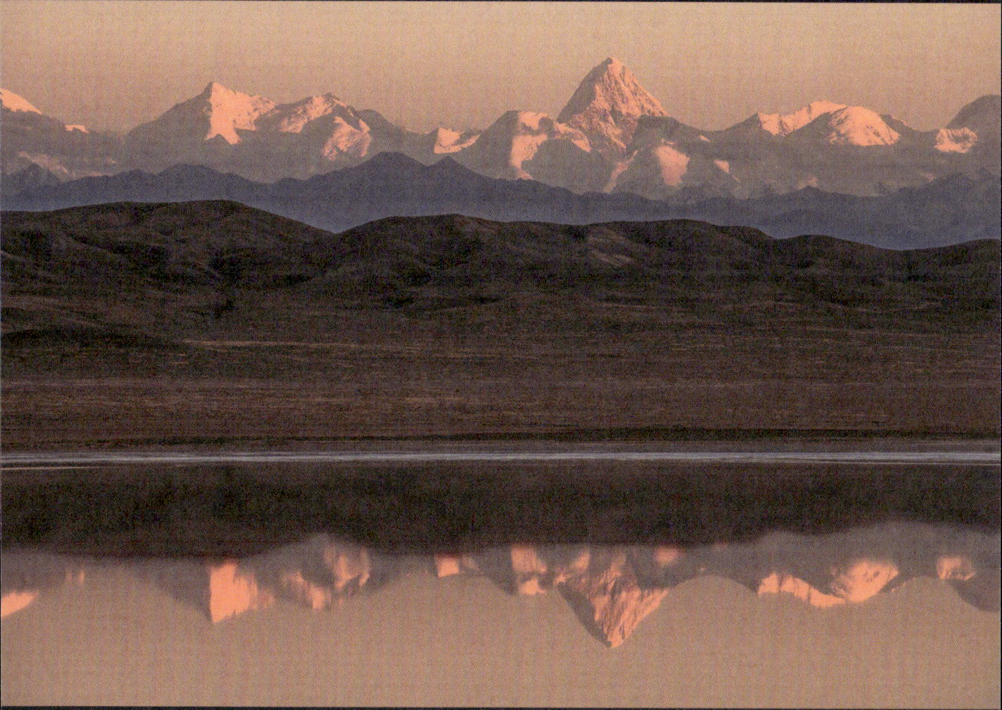

Khan Tengri, Tian Shan, Kasachstan

Nikon D800 | 200 mm | f/11 | 2 sek | ISO 50 | GND 0.9

Verdichtung

Ausrüstung

- Teleobjektiv
- Stativ und Fernauslöser

Vorbereitung

Ziel ist es, die gigantische Dimension der über tausend Meter hohen vertikalen Felstürme des Ulamertorsuaq darzustellen. Um die geheimnisvolle Aura dieser Kulisse zu verstärken, eignen sich neblige und bewölkte Tage besonders gut.

Umsetzung

Um den Bildeindruck zu unterstützen, solltest du einen engen Bildwinkel wählen. Dann kannst du die Wände möglichst formatfüllend und ablenkungsfrei abbilden. Die starke Verdichtung erreichst du mit einer langen Telebrennweite von mindestens 150 mm. Damit du trotz starkem Zoom vernünftig komponieren kannst, setze deine Kamera auf das Stativ und suche dir einen wirksamen Bildausschnitt im Sucher. Fokussiere auf die gerade nicht vom Nebel verhüllten Bergspitzen und schalte dann den Autofokus ab. Warte den richtigen Moment ab, bis die Nebelschwaden den Blick auf das Massiv freigeben. Um die Erfolgschance bei den sich schnell bewegenden Nebelschwaden zu erhöhen, versuche die Belichtungszeit sehr klein zu halten. Aufgrund der gleichzeitig langen Brennweite wirst du dafür eher mit hohen ISO-Zahlen arbeiten müssen.

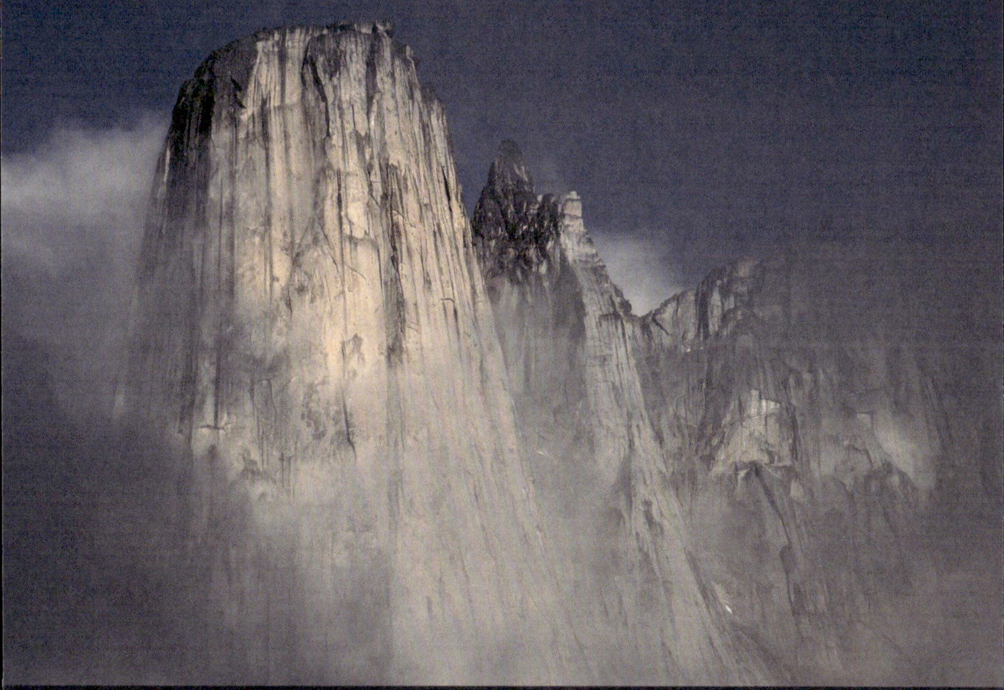

Ulamertorsuaq, Grönland

Nikon D810 | 175 mm | f/11 | 1/1600 sek | ISO 640

Hochformat

Ausrüstung

- Weitwinkelobjektiv
- Stativ und Fernauslöser
- GND-Filter

Vorbereitung

Damit du möglichst viel Bildtiefe erreichst, verwende die kleinste Weitwinkel-Brennweite, die dir zur Verfügung steht, z. B. 14 mm. Achte bei deinem Bildaufbau bewusst darauf, dass du einen nahen Vordergrund verwendest. Hier sind das die Felsen und das Gras am Ufer. Damit das funktioniert, stelle dein Stativ so hoch wie möglich ein und schwenke deine Kamera nach unten.

Umsetzung

Blende wegen des nahen Vordergrund stärker ab. Wähle den Bildausschnitt so, dass du nicht den Nahpunkt unterschreitest, damit dein Vordergrund scharf wird. Um auf der sicheren Seite zu sein, geh einfach etwas von deinem Vordergrund zurück. Achte auch darauf, dass du die sehr fotogene Wolkenformation nicht abschneidest, sondern diese in voller Größe ebenfalls in deinen Bildausschnitt integrierst. Pass wegen des großen Bildwinkels auf, dass deine Stativfüße nicht im Bild sind. Ermittle die Belichtung mit der Spotmessung auf den Himmel. Damit die dramatisch leuchtenden Amboss-Wolken gut durchgezeichnet und strukturiert sind, belichte bis zu einem Blendenwert unter. Wenn der Vordergrund dabei zu dunkel wird, verwende einen Verlaufsfilter, um mehr Lichtbalance im Bild zu erhalten.

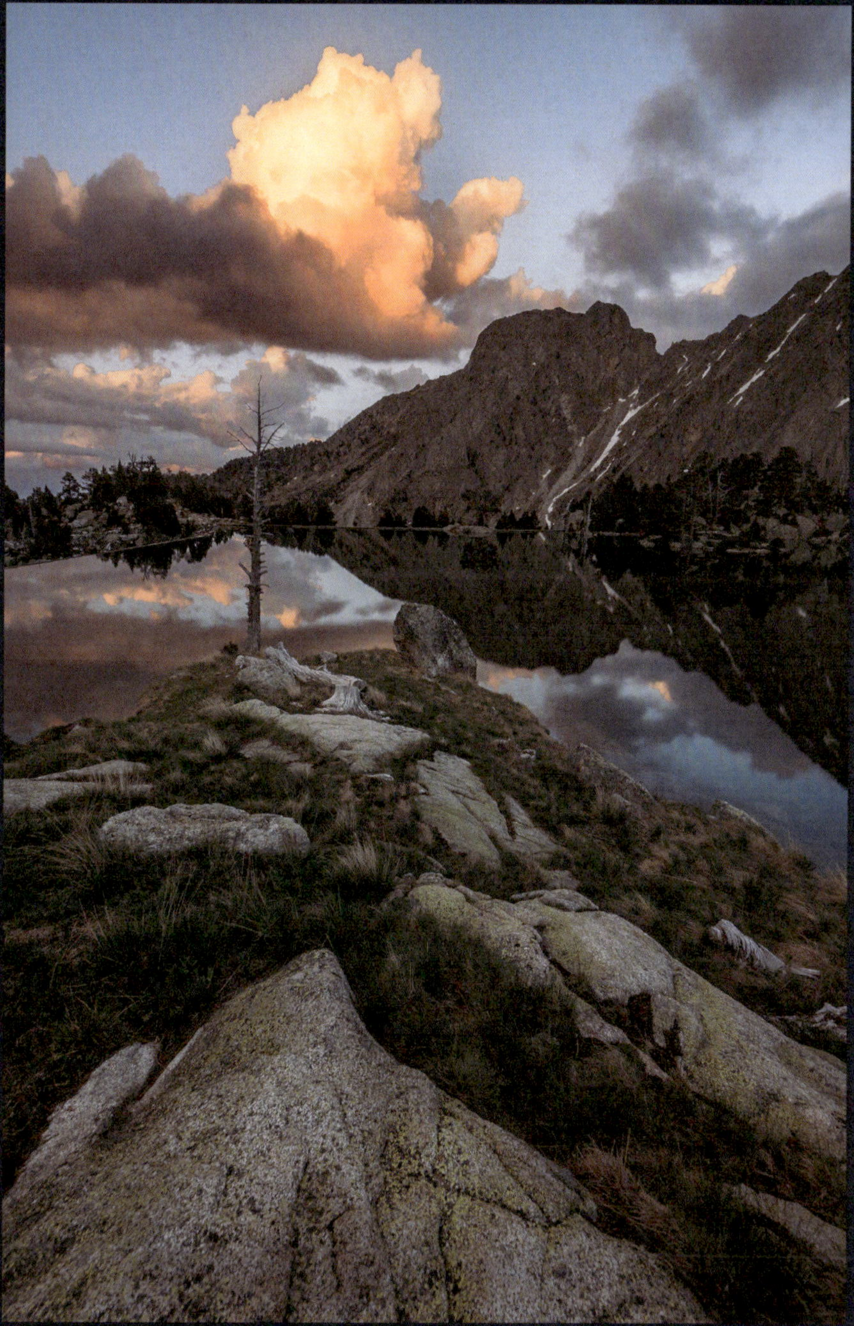

Aigüestortes Nationalpark, Pyrenäen, Spanien
Nikon D810 | 16 mm | f/11 | 1,3 sek | ISO 30 | GND 1.2

Panorama

Ausrüstung

- Weitwinkelobjektiv
- Stativ
- Fernauslöser

Vorbereitung

Bedenke, dass sich nicht jedes Motiv für ein Panorama eignet. Setze die Panoramatechnik nur gezielt für weitgestreckte und offene Landschaften ein. Diese grönländische Kulisse ist prädestiniert dafür, weil man selbst mit einem Weitwinkel nicht den kompletten Fjord von seinem Beginn am Gletscher links bis zu seiner Mündung ins Meer rechts erfassen könnte. Stelle dich mit deinem Stativ etwas erhöht auf. Achte darauf, dass du keinen Polfilter auf dem Objektiv hast.

Umsetzung

Stelle in den manuellen Belichtungsmodus und miss die Belichtung an der hellsten Stelle im Motiv, hier auf der linken Seite, wo die Sonne untergeht. Fokussiere auf unendlich und stelle den Autofokus aus. Dann nimm von links nach rechts in schneller Folge sieben bis acht Hochformatbilder von deinem Motiv auf. Achte darauf, dass sich die Bilder mindestens 25 % überlappen und oben und unten noch genügend Platz bleibt. Wichtig ist auch, dass die Kamera beim Schwenken möglichst gerade bleibt. Später markierst du in Lightroom im Entwickeln-Modul die Bildserie und drückst Ctrl+M oder rechte Maustaste > Zusammenfügen von Fotos > Panorama.

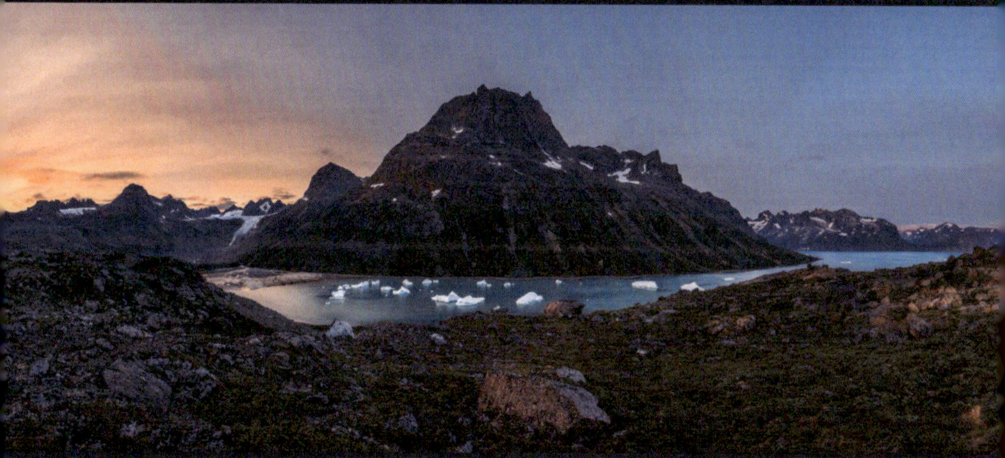

Fjord bei Aappilaattoq, Grönland
Nikon D810 | 24 mm | f/14 | 1/200 sek | ISO 200

LICHT UND WETTER

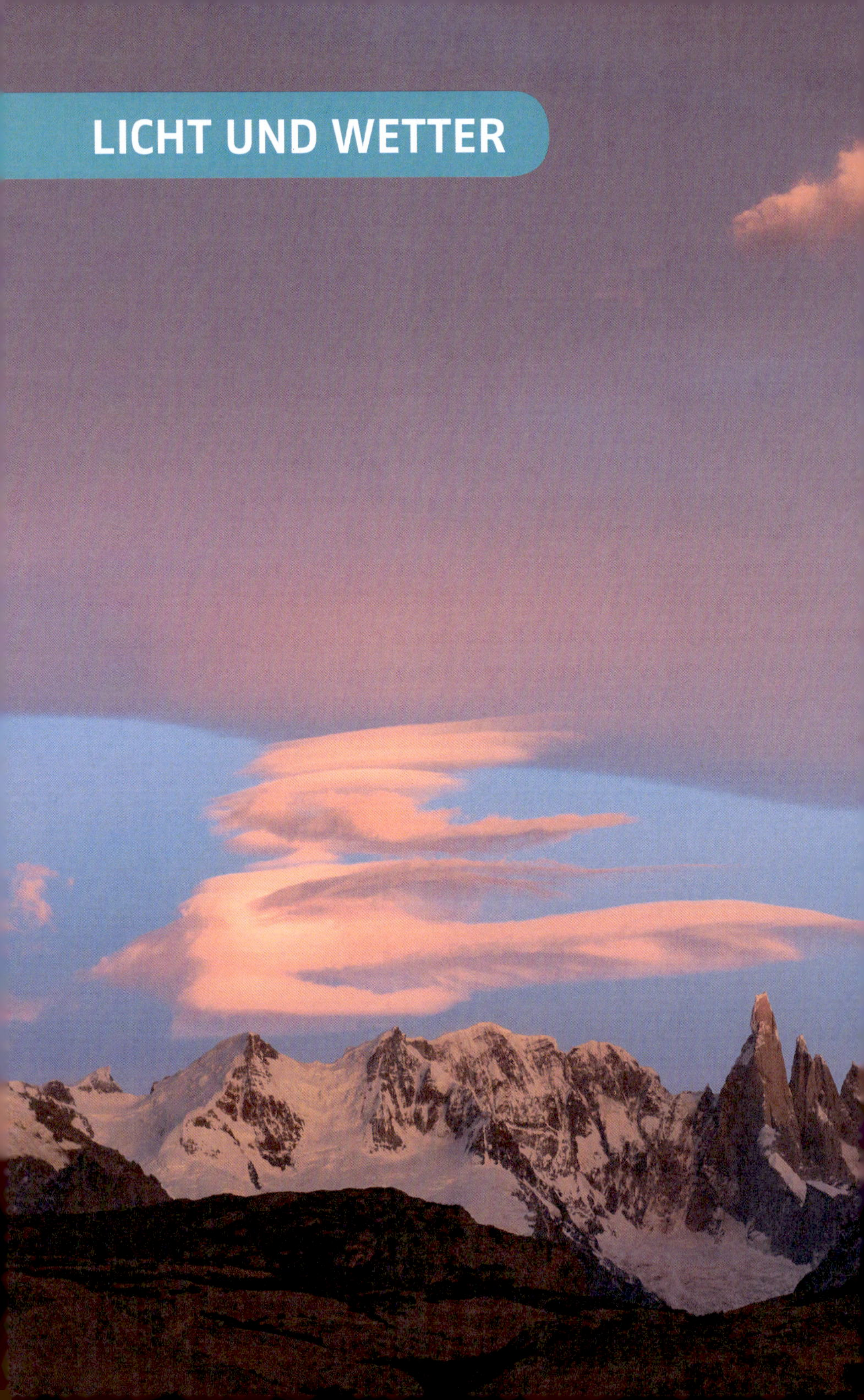

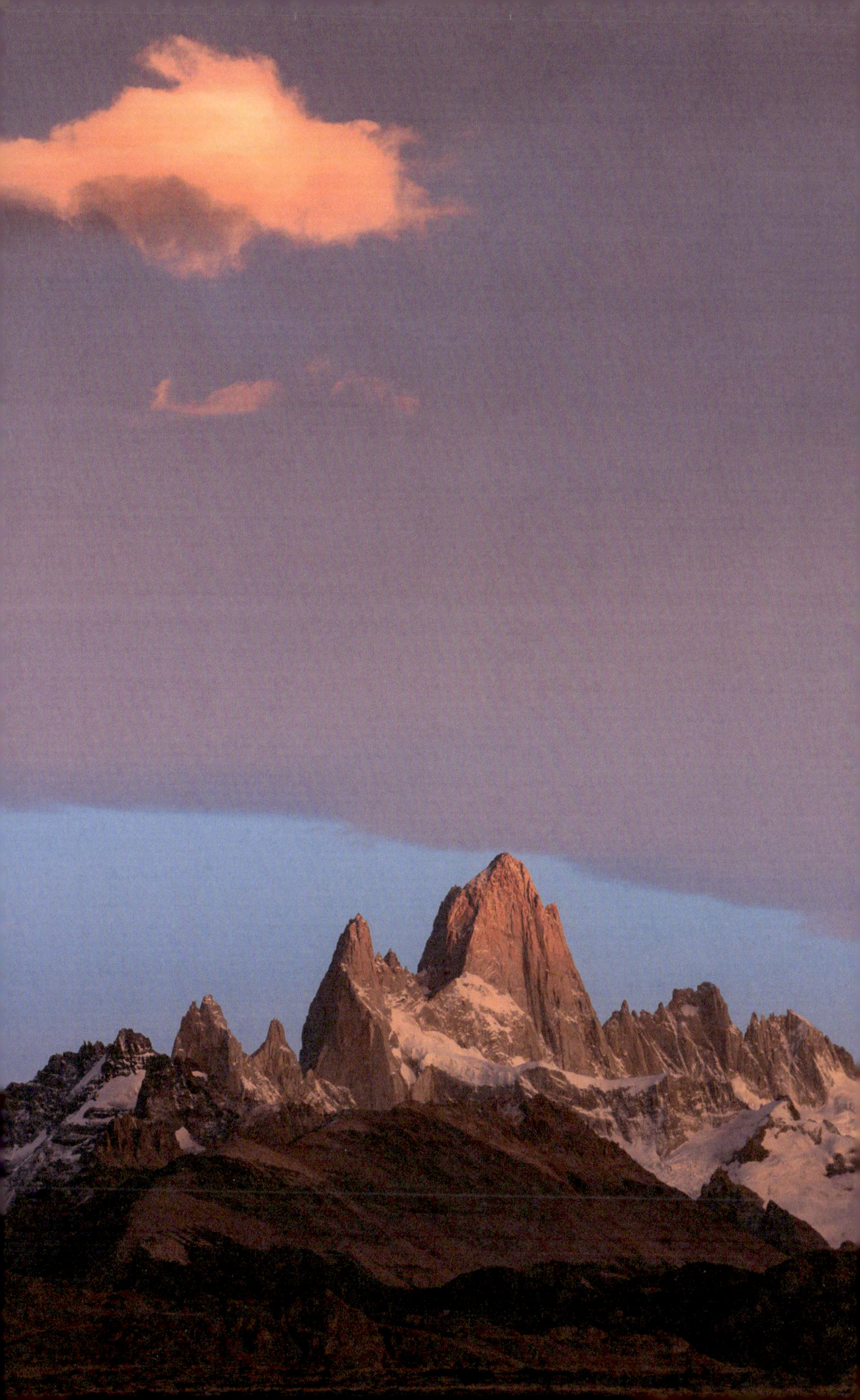

Blaue Stunde

Ausrüstung

- Weitwinkelobjektiv
- Stativ und Fernauslöser

Vorbereitung

Die blaue Stunde ist die Zeit zwischen Sonnenunter-/-aufgang und astronomischer Dämmerung. Charakteristisch sind besonders schöne Farbstimmungen (nicht nur blaue, wie man meinen könnte). Wann genau diese Phase an deinem Fototag stattfindet, kannst du mit Apps wie Sun Surveyor einfach herausfinden. Stell dich vor Sonnenaufgang in Richtung Osten bzw. nach Sonnenuntergang in Richtung Westen auf, da dort der Himmel am farbenfrohesten ist. Besonders fotogen sind zur blauen Stunde helle Felsen und Berge, da diese das farbintensive Restlicht reflektieren. Das geheimnisvolle Schimmern wird Afterglow oder Nachglühen genannt. Suche dir also entsprechende Motive wie hier die weltbekannten Drei Zinnen, die aus hellem Dolomit-Kalkstein bestehen.

Umsetzung

Inszeniere die Felskulisse in deiner Bildkomposition prominent. Schau, dass du auch genügend Himmel und Horizont in deinem Bild hast, damit der typische Farbverlauf der blauen Stunde zur Geltung kommt. Achte auch auf einen schönen Vordergrund, der idealerweise ebenfalls reflektiert, wie hier die Felsbrocken aus demselben Gestein. Da sie sehr nah sind, denke an die hyperfokale Distanz. Aufgrund der langen Belichtungszeit arbeitest du auf Stativ.

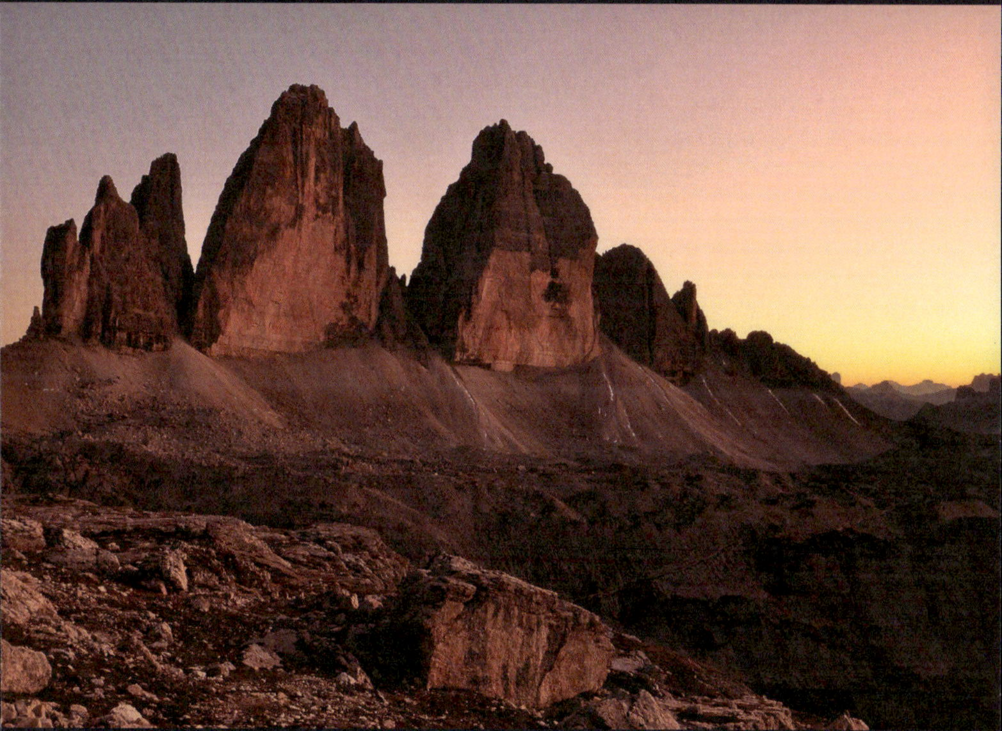

Alpenglühen

Ausrüstung

- Teleobjektiv
- Stativ und Fernauslöser

Vorbereitung

Das Alpenglühen beginnt in der blauen Stunde einige Minuten vor Tagesanbruch. Die Strahlen der noch hinter dem Horizont befindlichen Sonne bringen dann die höchsten Berggipfel zum Leuchten. Damit das funktioniert, solltest du darauf achten, dass das Bergmassiv möglichst hoch in den Himmel ragt und nicht im Osten durch andere hohe Bergketten abgeschattet oder verdeckt wird. Die aufgehende Sonne sollte seitlich (wie bei diesem Bild) oder hinter dir sein. Das kannst du mit Apps wie Sun Surveyor überprüfen. Außerdem musst du darauf achten, dass in Richtung Osten möglichst keine tiefliegenden Wolken vorhanden sind, da sonst das Sonnenlicht nicht durchdringen kann.

Umsetzung

Da du hier extreme Helligkeitsunterschiede hast, sich das Licht sekündlich ändert und wenig Zeit ist, nimm am besten eine Dreier-Belichtungsreihe mit einer oder einer halben Blende Unterschied auf. Das ist kaum mehr Aufwand, und du kannst dir später die beste Belichtung heraussuchen oder wenn nötig ein HDR erzeugen. Achte auf kurze Belichtungszeiten, damit die sich schnell bewegenden Wolken nicht verwischen oder die Bergspitzen verdecken.

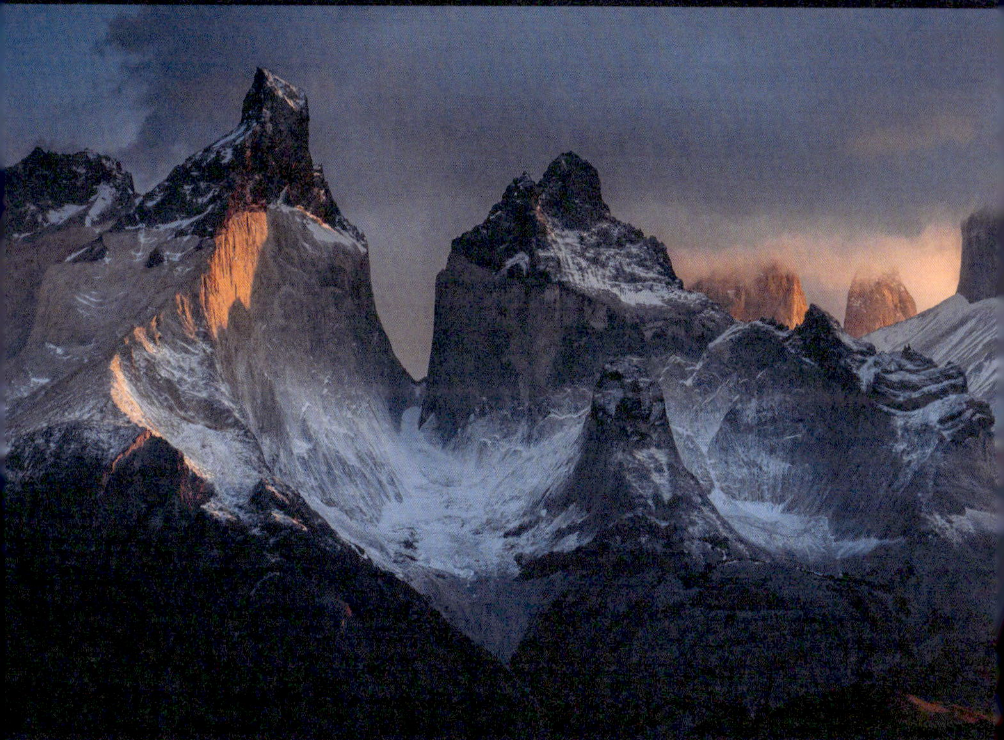

Torres del Paine, Chile
Nikon D810 | 135 mm | f/11 | 1/25 sek | ISO 640

Goldene Stunde

Ausrüstung

- Weitwinkelobjektiv
- Stativ

Vorbereitung

Die goldene Stunde ist die Zeit kurz vor Sonnenuntergang bzw. kurz nach Sonnenaufgang. Wann genau diese Phase an deinem Fototag stattfindet, recherchierst du mit Sun Surveyor. Achte bei der Wahl des Standorts darauf, dass die tiefe Sonne hinter dir steht. Richte dich dazu vor Sonnenuntergang ungefähr nach Osten aus. Dorthin fällt dann das goldene Licht und beleuchtet die Landschaft. Auch die langen Schatten fallen in diese Richtung. Suche dir am besten ein hohes, freistehendes Objekt, das das warme Licht reflektiert.

Umsetzung

Achte auf einen schönen Vordergrund, der plastisch zu deinem „Leuchtobjekt" hinführt. Hier sind es die sanft geschwungenen Linien der Seiser Alm. Die kleinen Alpenhütten und Baumgruppen sorgen für zusätzliche Tiefe und alpines Flair. Aufgrund der tief stehenden Sonne solltest du aufpassen, dass du keinen Schatten im Bild wirfst bzw. dieser durch den Schatten eines anderen Objekts verdeckt wird. Alternativ wartest du, bis du selbst im abgeschatteten Bereich stehst, wie in diesem Bild. Wenn du größere Schattenpartien und damit einen hohen Tonwertumfang im Bild hast, achte darauf, dass keine Lichter ausreißen, und korrigiere bei Bedarf die Belichtung.

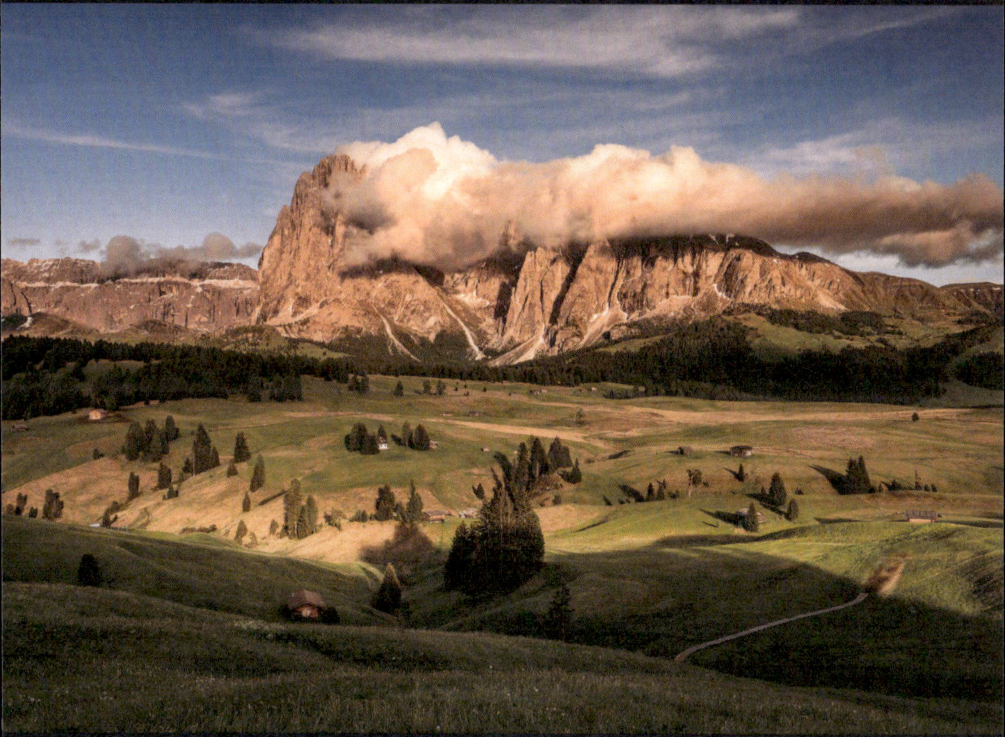

Seiser Alm mit Langkofel, Dolomiten, Italien
Nikon D810 | 38 mm | f/11 | 1/80 sek | ISO 100

Überbelichtung

Ausrüstung

- Weitwinkelobjektiv
- Stativ und Fernauslöser
- Mikrofasertuch

Vorbereitung

Für dieses urzeitlich anmutende Motiv brauchst du einen nebligen Wald mit knorrigen, bemoosten Bäumen. Der Lorbeerwald von Garajonay auf La Gomera ist wie gemacht dafür. Idealerweise scheint über dem Nebel die Sonne. Der Dunst wirkt dann wie eine riesige Softbox, die das helle Licht nur diffus hindurchlässt und für eine überstrahlte, weiche „Dschungel-Stimmung“ sorgt.

Umsetzung

Suche dir ein weit verästeltes Baumexemplar und nimm eine tiefe Froschperspektive ein. Gib dir besonders viel Mühe beim Bildaufbau, um etwas Ordnung in das natürliche Chaos des Urwaldes zu bringen. Stelle die Spotmessung ein und miss die Belichtung an den oberen Baumspitzen. Achte darauf, dass genügend Zeichnung in den dunklen und mittleren Bereichen vorhanden ist. Das Histogramm sollte deutlich rechtslastig sein und darf auch rechts ausreißen. Wenn das Bild trotz Spotmessung noch zu dunkel ist, erhöhe mit der Belichtungskorrektur die Verschlusszeit, z. B. um einen Lichtwert. Aufgrund des nahen Vordergrunds blende etwas stärker für genügend Tiefenschärfe ab. Damit erzielst du gleichzeitig einen surrealen Strahleneffekt an den Kontrastkanten. Bevor du auslöst, achte darauf, dass deine Frontlinse frei von Feuchtigkeit ist.

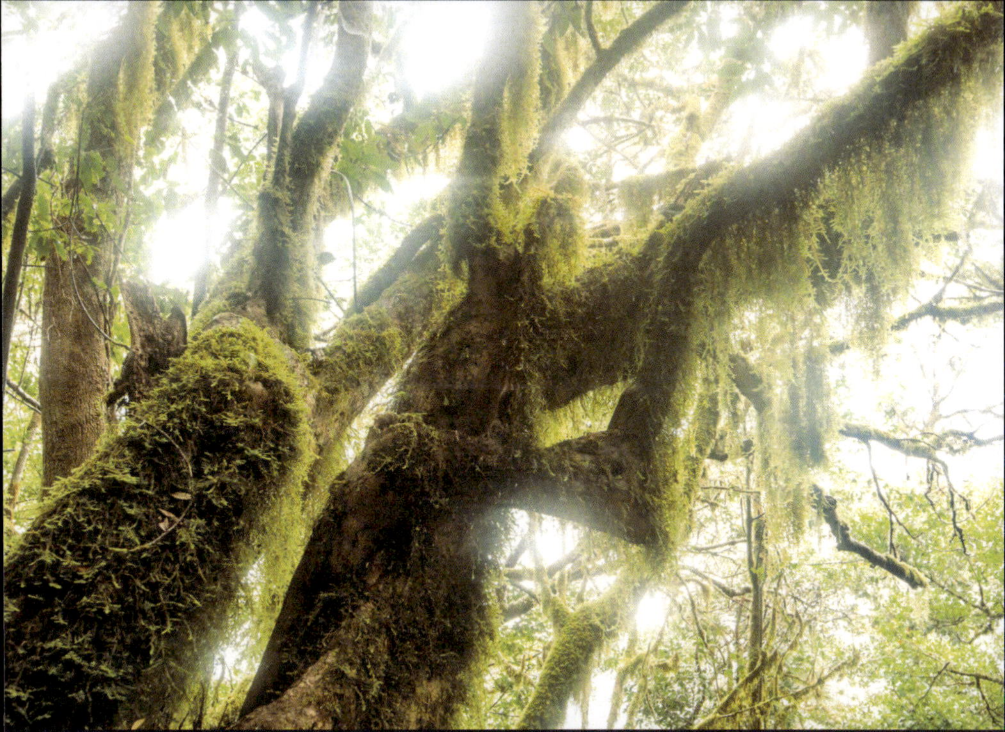

Garajonay Nationalpark, La Gomera, Kanaren
Nikon D810 | 28 mm | f/14 | 0,5 sek | ISO 100

Unterbelichtung

Ausrüstung

- Weitwinkelobjektiv
- Stativ und Fernauslöser
- Polfilter

Vorbereitung

Diese vulkanische, fast einfarbige Landschaft im isländischen Hochland wirkt wie eine düstere Fantasy-Welt. Um die dunkle Ästhetik der Kulisse zu verstärken und die roten Vulkankrater zu betonen, bietet sich Unterbelichtung am. Wähle dazu eine erhöhte Perspektive, von wo aus du tief in die Landschaft hineinsehen kannst. Wähle den Bildausschnitt so, dass kein Himmel auf dem Bild ist, damit die fast monochrome Anmutung nicht gestört wird.

Umsetzung

Stelle auf Spotmessung. Miss die Belichtung dort, wo der rote Vulkankrater etwas beleuchtet wird. Wenn das Bild noch zu hell ist, reduziere mit der Belichtungskorrektur die Verschlusszeit. Achte darauf, dass das Histogramm linkslastig ist. Es sollte jedoch nicht darüber hinausgehen, um noch genügend Zeichnung in den dunklen Bereichen zu erhalten. Die Piste, die durch die beiden erloschenen Vulkankegel führt, lässt du aus dem Bild hinauslaufen. So erzielst du den Eindruck von Unendlichkeit. Da über derart dunklen Berglandschaften der (normale) blaue Ferndunst besonders auffällig ist, nutze einen Polfilter, um ihn zu minimieren.

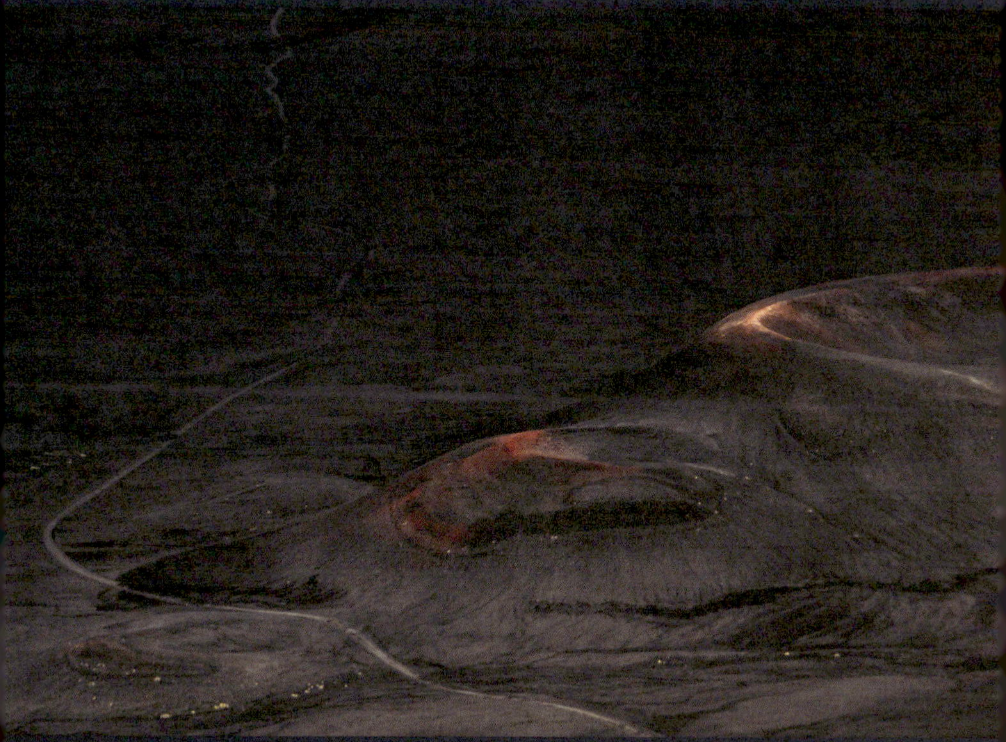

Veiðivötn, Island
Nikon D800 | 200 mm | f/11 | 1/1000 sek | ISO 400 | Polfilter

Rückenlicht

Ausrüstung

- Normalobjektiv
- Stativ und Fernauslöser

Vorbereitung

Wenn du mit Rückenlicht arbeiten möchtest, achte darauf, dass sich die Sonne hinter dir befindet. Je tiefer sie steht, desto besser. Du profitierst dann von plastischen Schatten und ausgeglichener Belichtung. Für Rückenlichtaufnahmen eignen sich aufgrund ihres Schattenwurfs besonders hohe, auf- oder absteigende Motive. Wenn du den Schatten effektvoll nutzen möchtest, stelle dich am besten seitlich von deinem Motiv, so dass der Schatten nicht frontal nach vorn verläuft, sondern diagonal und damit besser zu sehen ist. Bei diesem Bild aus dem kirgisischen Tian Shan fällt der Schatten z. B. nach links oben ab, wie du etwa an den Bäumen erkennen kannst.

Umsetzung

Stelle die Matrixmessung ein. Sie harmoniert perfekt mit dem Rückenlicht. Du solltest dann eine ausbalancierte Belichtung erhalten. Im Histogramm erkennst du das an einer gleichförmigen Glockenkurve. Sollte sie nicht in der Mitte sein, verwende deine Belichtungskorrektur, um sie nach links oder rechts zu verschieben. Dieses Motiv bietet sich geradezu für eine gestaffelte Dreieckskomposition an. Sowohl der vordere kleinere als auch der hintere hohe Berg haben eine nahezu gleichschenklige Form. Die ordnende Wirkung kannst du verstärken, indem du beide Spitzen auf der Vertikalen aneinander ausrichtest und darauf achtest, dass beide Flanken des vorderen Berges an den Bildrändern beginnen.

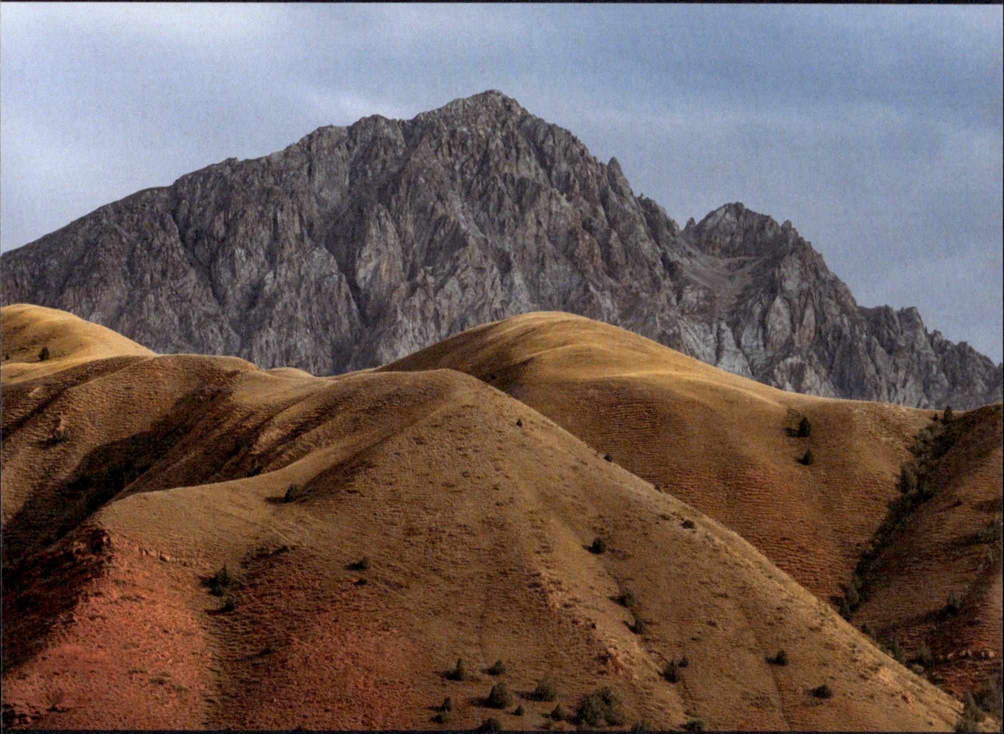

Seitenlicht

Ausrüstung

- Weitwinkelobjektiv mit Gegenlichtblende
- Stativ und Fernauslöser

Vorbereitung

Diese Schlucht im Elbsandsteingebirge habe ich das erste Mal bei schlechtem Licht besucht. Seitdem habe ich mich gefragt, wie genial es wohl aussehen müsste, wenn Sonnenlicht von der Seite in den dunklen Grund fiele und die bizarren Felsen, den Wald und das verwitterte Bäumchen am Abgrund anstrahlen würde. Mit der App Sun Surveyor habe ich dann ermittelt, ob und wann das Licht wie gewünscht steht. Bei dieser Location funktioniert das nur im Frühjahr am frühen Morgen. Im folgenden April war ich wieder da.

Umsetzung

Setze die Gegenlichtblende auf, um seitlich einfallendes Streulicht auf deiner Frontlinse zu vermeiden. Komponiere dein Bild so, dass du die Kulisse durch das Bäumchen links und die Felsformation rechts einrahmst. Achte bei der Komposition darauf, dass das Bäumchen links und der Felsen rechts über dem Nahpunkt der hyperfokalen Distanz liegen, und stelle dorthin scharf. Das Seitenlicht sorgt für lebhafte Reflexe und plastische Licht- und Schattenspiele. Das bedeutet aber auch einen großen Dynamikumfang, den du mit einer Aufnahme kaum auf ein Bild bekommst. Daher nimmst du am besten eine Belichtungsreihe mit drei Bildern und einer Blende Abstand auf. Später markierst du in Lightroom im Entwickeln-Modul die Bildserie und drückst Ctrl+H oder rechte Maustaste > Zusammenfügen von Fotos > HDR.

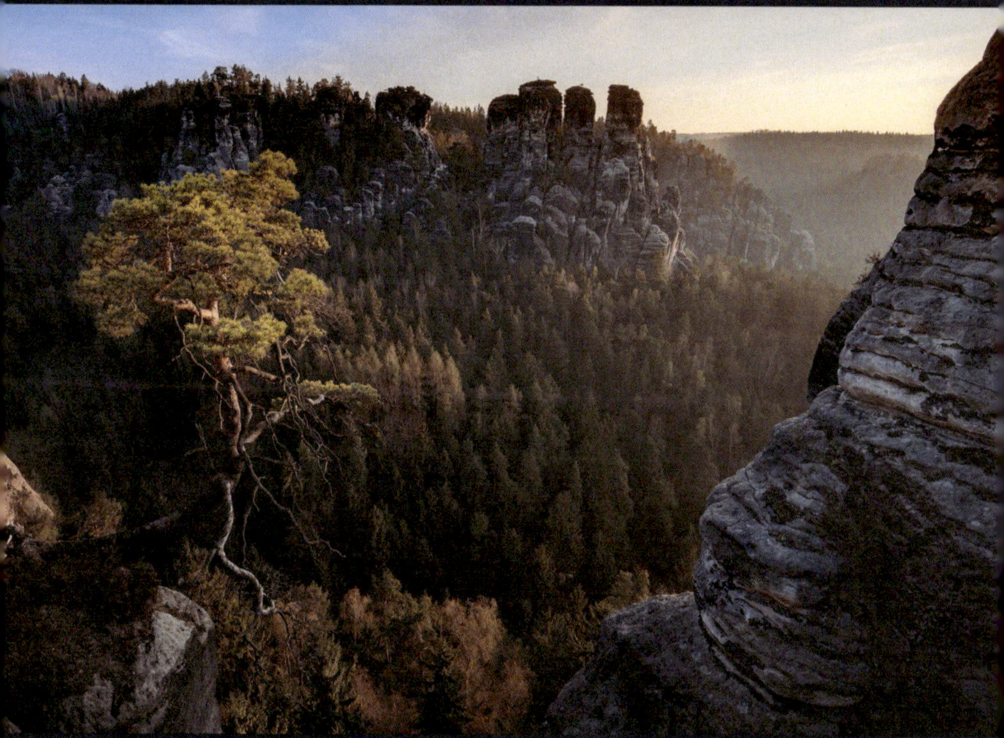

Elbsandsteingebirge, Nationalpark Sächsische Schweiz
Nikon D800 | 19 mm | f/9 | 1/5 sek | ISO 30

Gegenlicht

Ausrüstung

- Weitwinkelobjektiv
- Stativ und Fernauslöser

Vorbereitung

Für Gegenlichtaufnahmen solltest du einen tiefen Stand der Sonne abwarten. Dazu lohnt es zu wissen, wo und wann die Sonne über den Himmel läuft. Auch hier ist eine App wie Sun Surveyor wieder hilfreich. Achte bei der Motivwahl darauf, dass in Richtung der Sonne Objekte stehen, hinter denen du die Sonne abdecken oder sogar verschwinden lassen kannst, um der extremen Helligkeit etwas Herr zu werden. Hier habe ich die Sonne so gut es ging hinter dem Baum platziert. Versuche auch Elemente zu finden, die das warme Licht reflektieren und sich daher als effektvoller Vordergrund eignen. Helle Steine und Felsen sind oft eine gute Wahl. Hier weisen z. B. die Sandsteinbrocken der Teufelsmauer in Richtung der untergehenden Sonne und glühen regelrecht im Abendlicht.

Umsetzung

Die über die Teufelsmauer kreisenden Mauersegler habe ich nicht geplant, aber sie kamen wie gerufen für noch etwas mehr Dramatik. Um sie scharf abzubilden, habe ich eine extrem kurze Verschlusszeit gewählt. Die wäre aber ohnehin notwendig gewesen, um eine Überbelichtung zu vermeiden. Da ich die Vögel im Bild behalten wollte, habe ich hier auf ein HDR verzichtet, was sonst wegen des hohen Tonwertumfangs eine gute Option gewesen wäre. In der Bildbearbeitung habe ich stattdessen die Tiefen nach oben korrigiert.

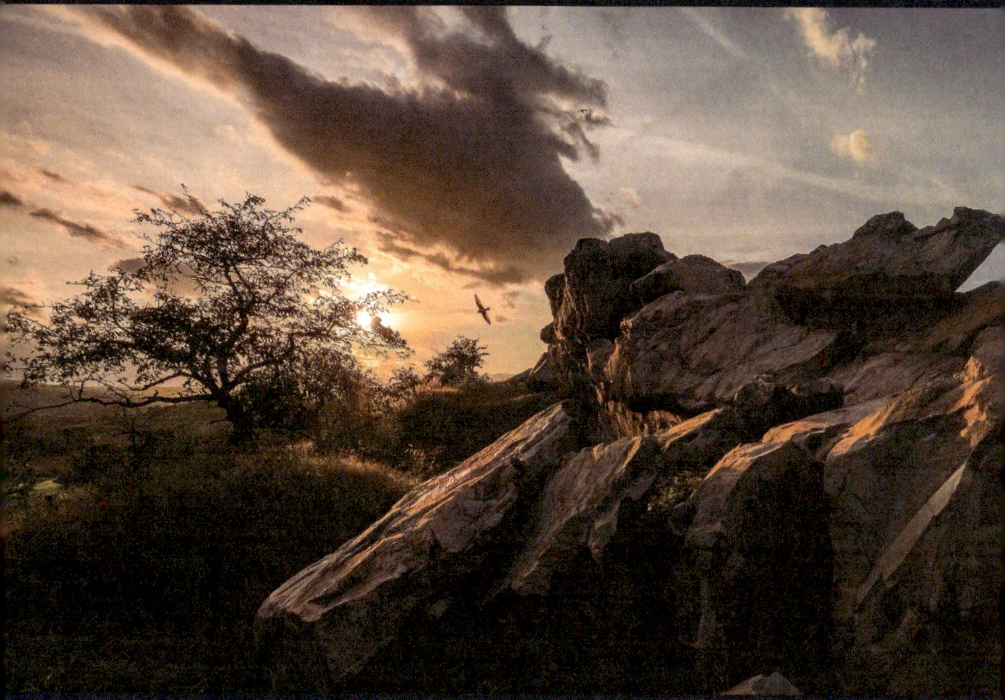

Teufelsmauer, Harz, Sachsen-Anhalt
Nikon D800 | 16 mm | f/9 | 1/4000 sek | ISO 400

Sonnenstern

Ausrüstung

- Weitwinkelobjektiv
- Stativ und Fernauslöser

Vorbereitung

Suche dir eine offene Landschaft mit hohen Bergketten oder Felsen am Horizont. Richte dich nach Westen aus, wo die Sonne untergeht. Ermittle mit dem Liveview von Sun Surveyor, wann und wo genau sie hinter der Bergkette verschwinden wird. Je nach geografischer Beschaffenheit des Gebiets kann das durchaus einige Zeit vor dem eigentlichen Sonnenuntergang sein. Montiere deine Kamera auf dem Stativ und wähle einen Bildausschnitt, in dem die oben ermittelte Position enthalten ist.

Umsetzung

Blende dein Weitwinkelobjektiv stark ab. Nur dann bricht sich genug Licht an den Blendenlamellen, um einen Sonnenstern zu bilden. Die geringere Gesamtschärfe musst du hier in Kauf nehmen. Wähle eine kurze Belichtungszeit. Aufgrund kurzer Verschlusszeit und kleiner Blende musst du auch eine hohe ISO-Zahl hinnehmen. Fokussiere manuell auf die hyperfokale Distanz und schalte den Autofokus ab. Löse exakt dann aus, wenn die Sonne hinter den Bergen verschwindet. Damit du den richtigen Moment erwischst, fotografiere mit der Serienbildfunktion schnell nacheinander mehrere Aufnahmen.

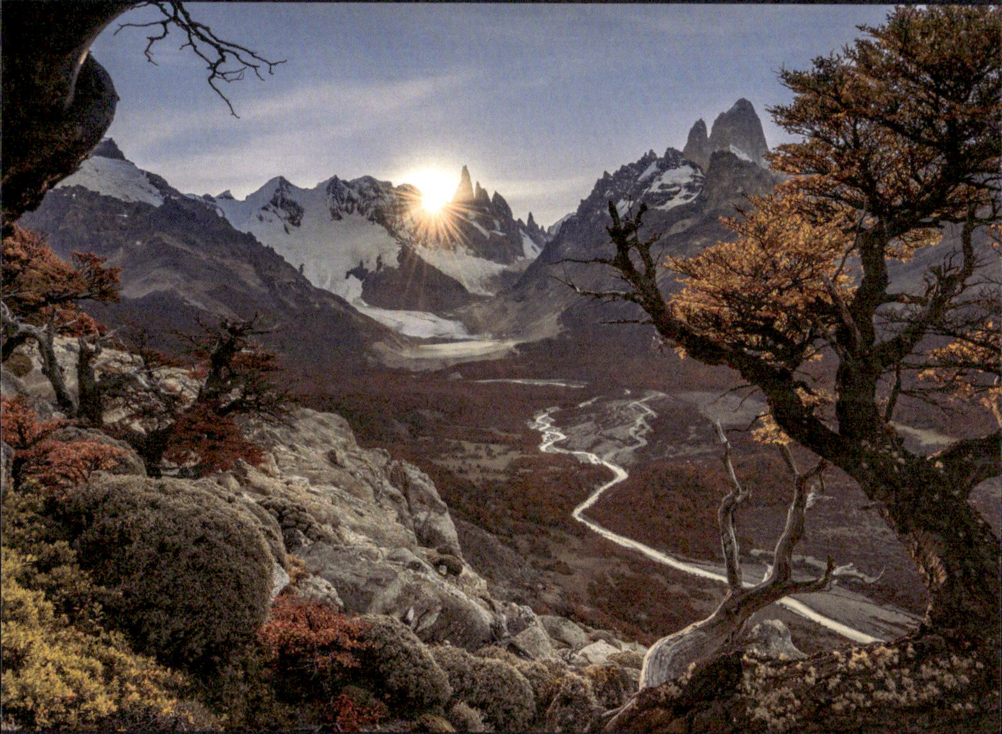

God Rays

Ausrüstung

- Weitwinkelobjektiv
- Stativ und Fernauslöser

Vorbereitung

Gute Chancen auf eine besondere Form der God Rays, nämlich Dämmerungstrahlen, hast du in den Bergen. Und zwar kurz vor Sonnenaufgang, wenn zerklüftete Bergmassive oder Spitzen ihren Schatten in das Dämmerungslicht werfen. Dieser wird durch atmosphärischen Dunst (hohe Wolken) sichtbar. Wichtig ist dabei, dass das schattenwerfende Objekt direkt vor der aufgehenden Sonne platziert ist. Das Phänomen ist schwer zu planen, aber du erhöhst die Wahrscheinlichkeit, wenn du dir ein entsprechendes Motiv in der richtigen Position suchst. Dazu bemühst du wieder die App Sun Surveyor.

Umsetzung

Miss die Belichtung mit einer Spotmessung auf die Strahlen, keinesfalls mit der Matrixmessung. Belichte ruhig noch etwas unter, z. B. 0,3–0,7 Lichtwerte. Damit vermeidest du, dass die Strahlen überbelichtet werden, und erzielst eine effektvolle Scherenschnittoptik. Stelle den Fokus am besten auf unendlich.

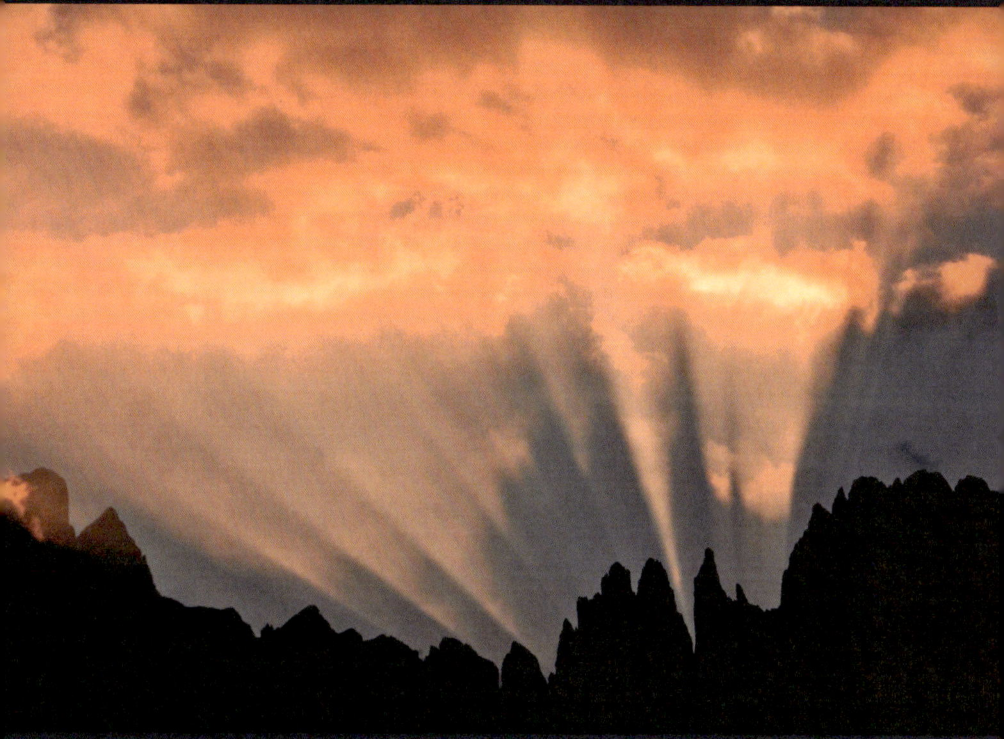

Rosengarten-Massiv, Dolomiten, Italien
Nikon D800 | 62 mm | f/8 | 1/1000 sek | ISO 100

Nebel

Ausrüstung

- Weitwinkelobjektiv
- Stativ und Fernauslöser

Vorbereitung

Suche dir einen erhöhten Standort, der weit genug weg vom Nebel ist, damit du nicht selbst im Dunst stehst. Die besten Jahreszeiten sind Herbst und Frühling. Ideal ist die Zeit vor Sonnenaufgang oder nach Sonnenuntergang. Dann wird es schnell warm bzw. kühlt rasch ab, und durch den Luftaustausch entsteht Nebel. Vor allem wenn es Nachtfrost und gleichzeitig Sonne am Tag gibt, stehen die Chancen gut. Nebel bildet sich dann oft in kühlen Senken und Tälern. Der Effekt wird durch den feuchten, kalten Gletscher verstärkt.

Umsetzung

Fokussiere auf die vorderen Bergflanken, die aus dem Nebel steigen. Da der Autofokus im Nebel oft Probleme hat scharfzustellen, überprüfe die Schärfe gleich im Display. Im Zweifelsfall fokussiere manuell auf unendlich. Da der Nebel wabert, kann das Bergmassiv zeitweilig verschwunden sein, um dann wieder sichtbar zu werden. Mach daher am besten kurz nacheinander mehrere Aufnahmen, z. B. mit der Serienbildfunktion. Da sich der Nebel seitlich bewegt, kannst du effektvolle dynamische Effekte erzielen, wenn du länger als eine Sekunde belichtest. Pass dabei aber auf, dass deine Hauptmotive – die Bergspitzen und der Gletscher – in dieser Zeit nicht wieder vom Nebel verdeckt werden Nach ein paar Anläufen ist mit etwas Glück das Bild dann im Kasten.

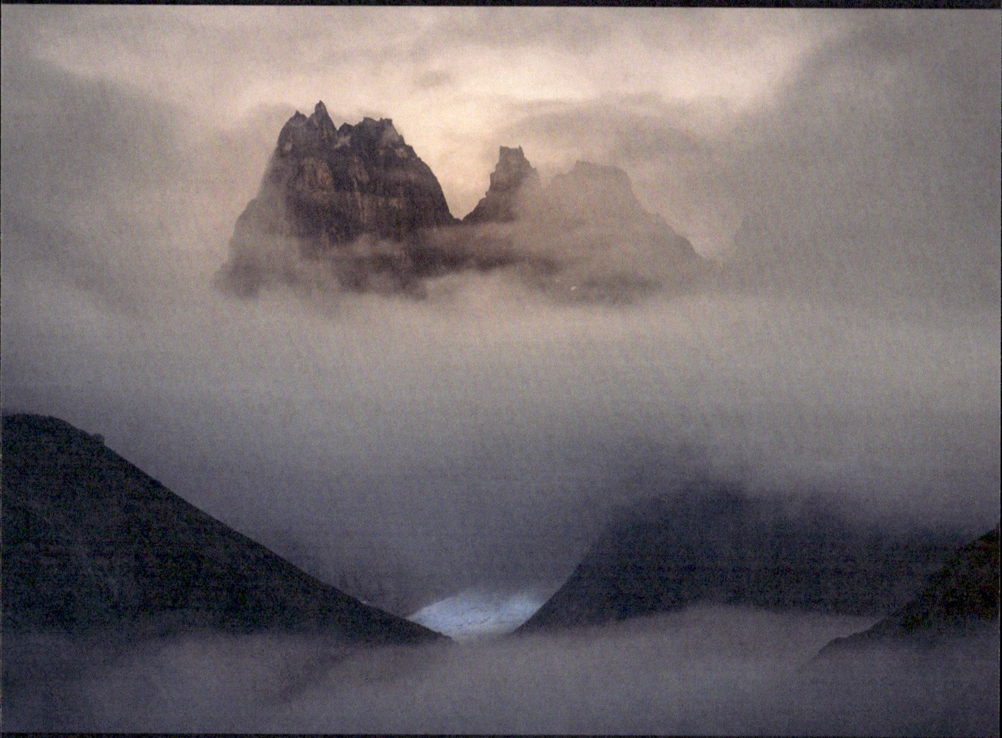

Ketil, Klosterdalen, Grönland
Nikon D810 | 200 mm | f/11 | 1,6 sek | ISO 30

UFO-Wolken

Ausrüstung

- Weitwinkelobjektiv
- Stativ und Fernauslöser

Vorbereitung

Die Chancen für Lenticularis-Wolken stehen besonders gut an den Kammlagen von Hochgebirgen. Voraussetzung ist eine Föhnwetterlage, also warme Fallwinde. Achte also bei der Wettervorhersage auf einen Föhn, der in Deutschland vor allem in den Alpen, im Harz, im Erzgebirge oder am Oberrheingraben auftritt. In Südeuropa spricht man auch von Mistral. Die linsenförmigen Wolken treten dann auf der Leeseite, also der dem Wind abgewandten Seite des Gebirges auf. Suche dir einen entsprechenden Standort aus.

Umsetzung

Lege deinen Fotozeitpunkt in die Dämmerung und achte darauf, dass die Sonne seitlich oder hinter dir steht, weil dann die Wolken spektakulär angeleuchtet werden. Nutze die Wolken als Hauptmotiv in deinem Bild und inszeniere sie mit der $1/3$-$2/3$-Regel, wobei der Himmel das größere Drittel einnehmen sollte. Da sich Lenticularis-Wolken sehr schnell verwirbeln, solltest du die Belichtungszeit kurz halten, möglichst unter einer Sekunde. Im Zweifelsfall fotografiere mit höheren ISO-Zahlen.

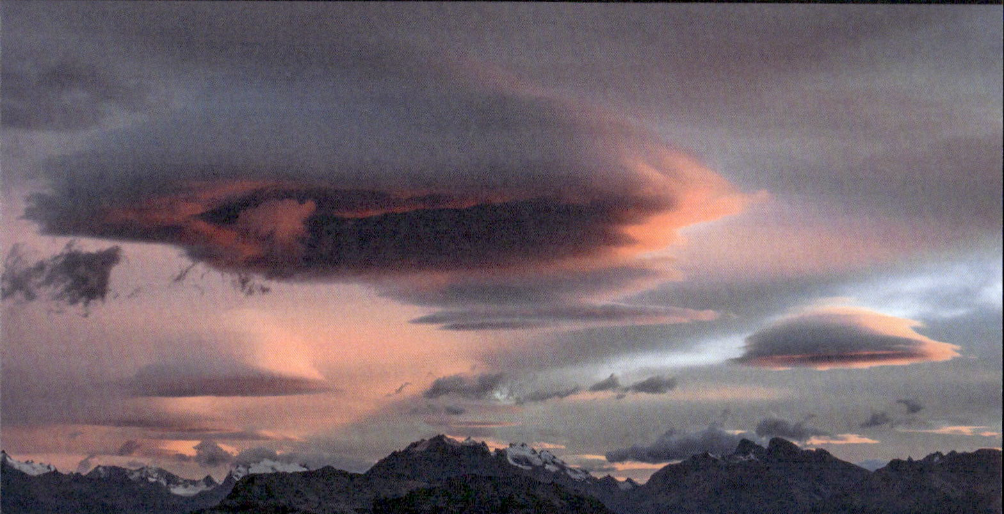

Schlechtes Wetter

Ausrüstung

- Weitwinkelobjektiv
- Stativ und Fernauslöser
- Regenschirm und Stativhalterung
- Mikrofasertuch

Vorbereitung

Es regnet. Super, denn so hast du die sonst stark frequentierte Kulisse ganz für dich allein und niemand läuft durchs Bild. Dazu gibt es leuchtende Laub- und Moosfarben als Kontrast zur tristen Stimmung. Stelle dich so auf, dass du das Flusstal auf einige Distanz einsehen kannst, bis es schließlich im Dunst verschwindet. Rahme den Fluss links und rechts durch die farbige Herbstvegetation ein.

Umsetzung

Um trotz Niederschlag fotografieren zu können, stell dich möglichst entgegen der Regen- und Windrichtung. Schütze deine Kamera mit einem großen Schirm. Wenn du ihn mittels einer im Fotohandel erhältlichen Halterung am Stativ befestigst, hast du die Hände zum Fotografieren frei. Wenn nicht, wird es etwas frickeliger, und du musst die Kamera einhändig bedienen und dann am besten per Funksender auslösen. Prüfe vor dem Auslösen, ob dein Objektiv frei von Feuchtigkeit ist. Wenn nicht, wische sie mit dem Tuch weg. Da die Feuchtigkeit eher blaues Licht erzeugt, korrigiere den Weißabgleich bei Bedarf ins Gelbliche.

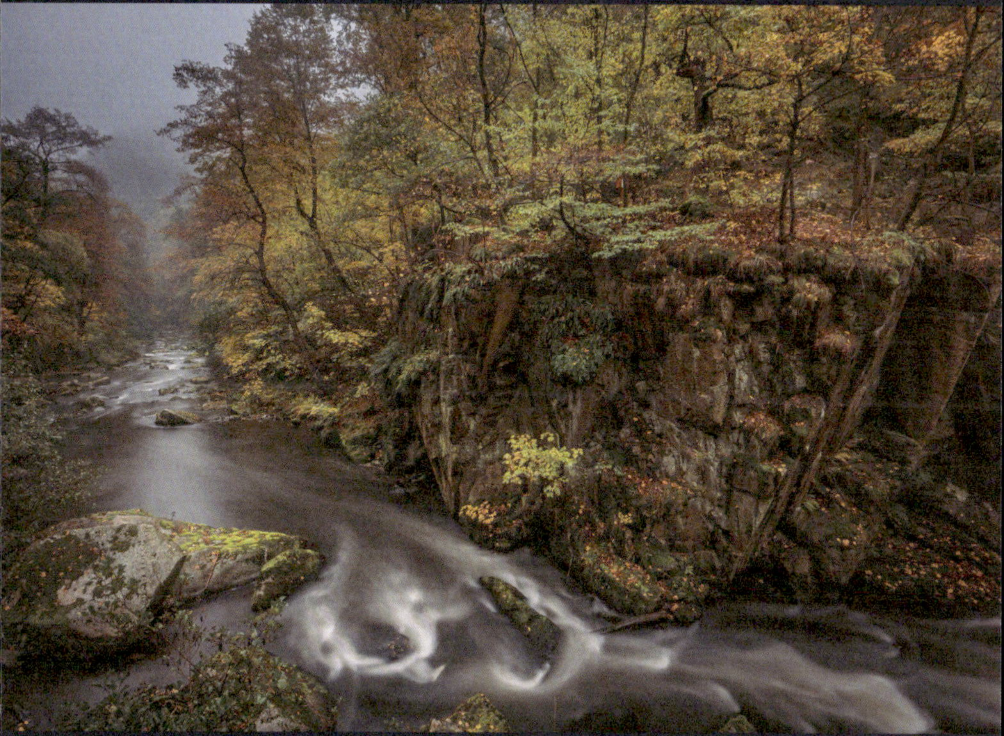

Bodetal, Harz, Sachsen-Anhalt
Nikon D810 | 16 mm | f/13 | 0,6 sek | ISO 30

Regenbogen

Ausrüstung

- Weitwinkelobjektiv
- Stativ und Fernauslöser
- Polfilter

Vorbereitung

Die beste Chance für einen bunten Regenbogen hast du nach frühsommerlichen Gewittern oder Regengüssen. Ideal ist der späte Nachmittag oder Abend, wenn die tief stehende Sonne eine abziehende Regenfront anstrahlt. Warte ab, bis die dicken Regenwolken sich lichten und die Sonne durchscheint. Stelle dich so, dass die Sonne von hinten kommt. Dann hast du nicht nur den Regenbogen, sondern auch schöne Lichtreflexe in deinem Bild. Versuche einen Bildausschnitt zu finden, bei dem der Regenbogen vor einem dunklen Hintergrund abgebildet wird und damit besser zu sehen ist. Die schroffen Felswände der Seceda und der Gewitterhimmel erfüllen diesen Zweck perfekt und geben gleichzeitig einen spektakulären Hintergrund ab. Wenn es gewittert, verlass schnellstens das offene Gelände und suche dir möglichst einen festen Unterstand.

Umsetzung

Belichte auf die Stellen in der Bergformation, die von der Sonne beleuchtet werden, und setze dort auch den Fokus. Wähle eine leichte Unterbelichtung um maximal –1 Blende. Dreh den Ring deines Polfilters so lange, bis die Farben am stärksten wirken. Achtung: Bei falscher Stellung kannst du den Regenbogen mit dem Polfilter auch ganz verschwinden lassen, was kontraproduktiv wäre.

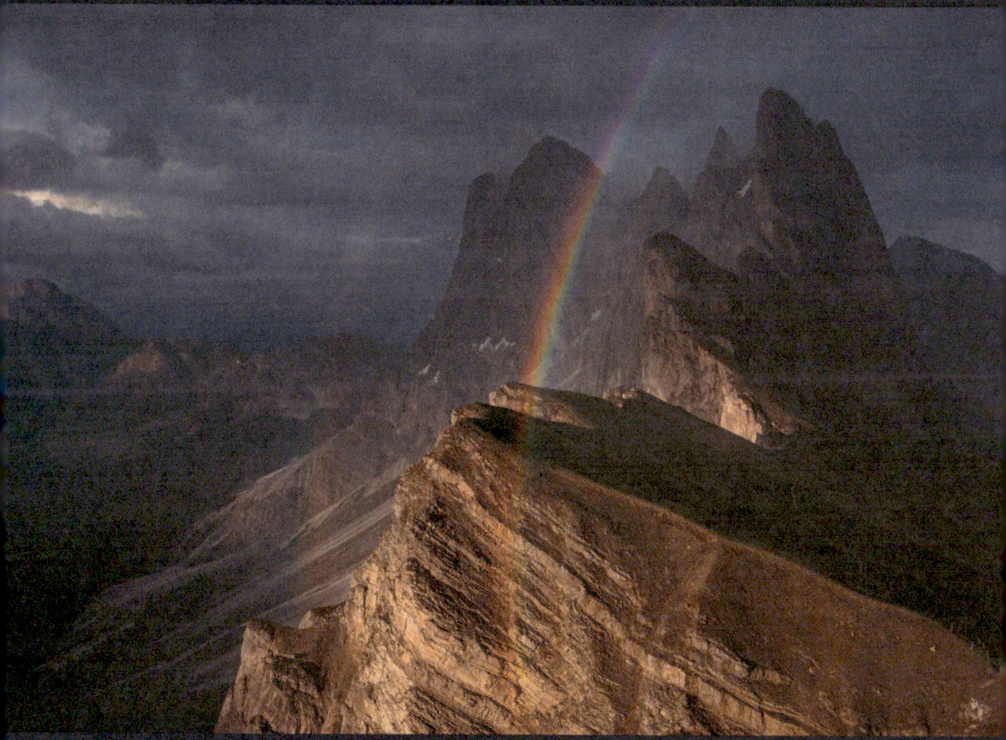

Seceda, Südtirol, Italien
Nikon D810 | 38 mm | f/11 | 1/40 sek | ISO 100 | Polfilter

Milchstraße

Ausrüstung

- lichtstarkes Weitwinkelobjektiv
- Stativ und Fernauslöser
- Xenon-Lampe

Vorbereitung

Suche dir einen Standort mit wenig Lichtverschmutzung und Bewölkung sowie freiem Blick auf den südlichen Himmel. Ideal sind Frühsommernächte, da dann das Zentrum der Milchstraße am Himmel steht und es dunkel genug wird. Warte ab, bis die Abenddämmerung vorbei und das Zentrum der Milchstraße aufgegangen ist. Die genaue Position und Zeit ermittelst du mit Sun Surveyor. Wenn kein Mond am Himmel steht und die Landschaft daher nicht zu erkennen ist, suche dir einen nahen Vordergrund. Du kannst ihn mit einer Taschenlampe anleuchten, wie ich hier mein Zelt.

Umsetzung

Schau dir noch einmal den Abschnitt „Nachtfotografie“ an. Denke an die richtigen Einstellungen, vor allem offene Blende, Fokus auf unendlich und eine lange Belichtungszeit, die aber 25 Sekunden nicht überschreiten sollte. Starte mit ISO 1000 und erhöhe langsam, bis die Milchstraße deutlich auf deinem Foto zu sehen ist. Wenn es wie hier stockfinster ist, musst du mit der ISO sehr hoch gehen. Mit dem Xenon-Lighter strahlst du dein Zelt für einen Sekundenbruchteil an. Die Lampe solltest du unterhalb und seitlich deiner Kamera halten und deren Okular schließen, um Streulicht zu vermeiden.

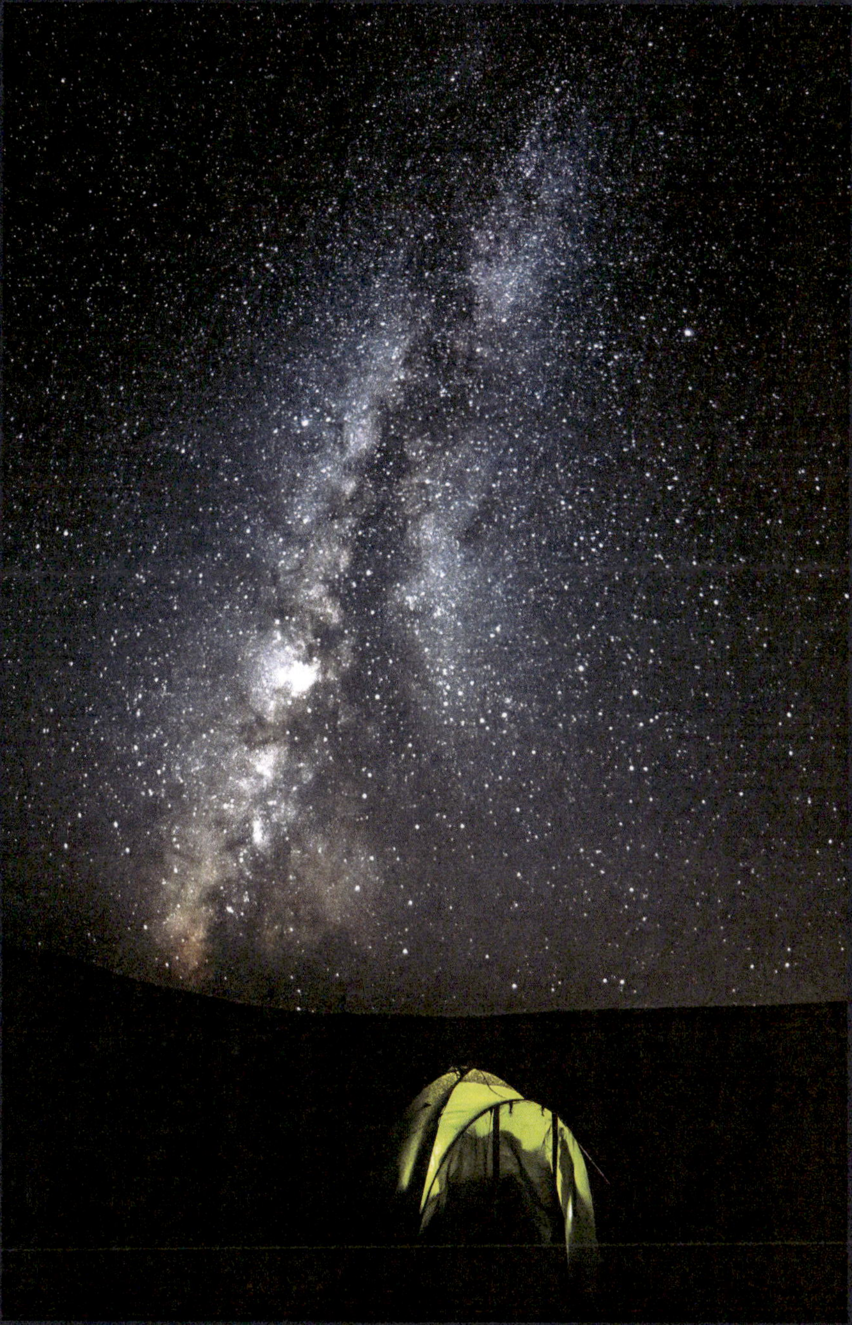

Assy Plateau, Oblast Almaty, Kasachstan
Nikon D800 | 14 mm | f/2.8 | 13 sek | ISO 6400

Mondlicht

Ausrüstung

- Weitwinkelobjektiv
- Stativ und Fernauslöser

Vorbereitung

Ein technisch perfektes Landschaftsfoto im Mondlicht ist von einer Taglichtaufnahme kaum zu unterscheiden. Durch den Sternenhimmel und die lange Belichtung erhält das Bild aber einen surrealen Touch. Für deine Bildkomposition solltest du dir bewegte Objekte suchen, wie hier den Wasserfall oder die Wolken. Ideal sind Tage mit leichter Bewölkung. Wähle eine Nacht mit einer relativ hellen Mondphase. Es muss aber nicht unbedingt Vollmond sein. Damit du lange Schatten und eine gute Ausleuchtung hast, solltest du den Mond hinter dir platzieren. Ähnlich wie am Tag erzielst du die größte Räumlichkeit, wenn der Mond flach am Himmel steht.

Umsetzung

Im Prinzip kannst du genauso fotografieren wie am Tag. Einzig das Licht ist viel schwächer, und du musst somit deutlich länger belichten. Bei diesem Bild brauchte es 30 Sekunden trotz hoher ISO. Das Mondlicht hat außerdem eine andere Farbtemperatur als das Sonnenlicht. Daher musst du den Weißabgleich anpassen. Bewährt hat sich ein Wert um die 4100 Kelvin.

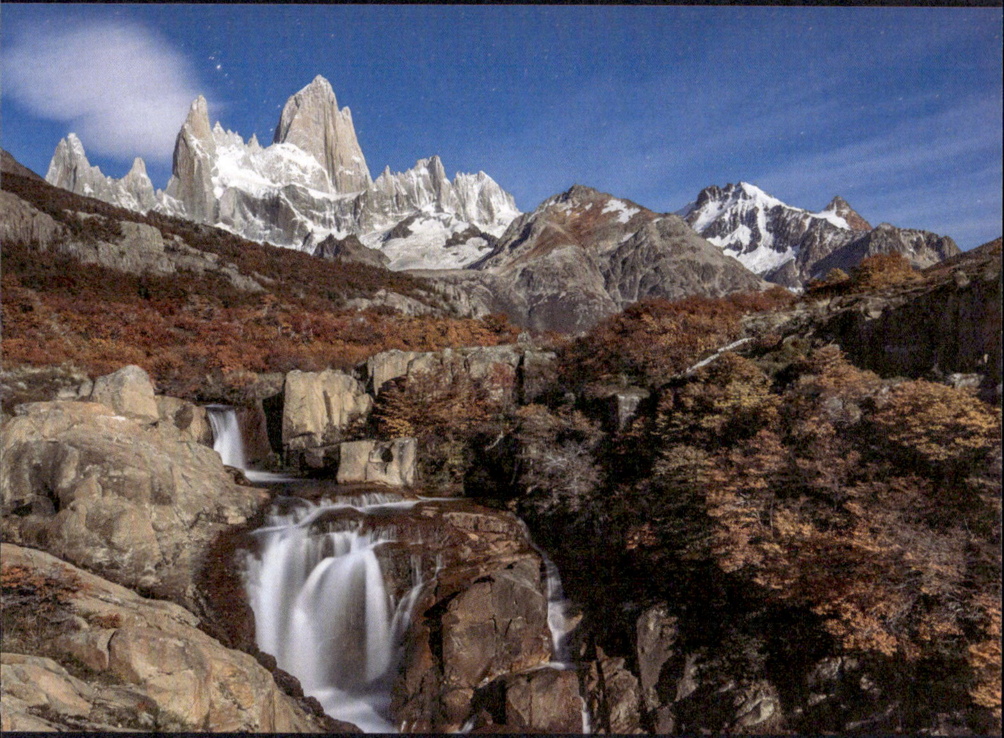

Los Glaciares Nationalpark, Patagonien, Argentinien
Nikon D810 | 32 mm | f/7.1 | 30 sek | ISO 1250

Mond in der Dämmerung

Ausrüstung

- Teleobjektiv
- Stativ und Fernauslöser
- evtl. GND-Filter

Vorbereitung

Besonders fotogen wirkt der Vollmond vor einem farbigen Himmel. Recherchiere mit Sun Surveyor einen geeigneten Zeitpunkt, bei dem Sonnenauf-/-untergang und Mondauf-/-untergang zusammentreffen. Damit der Mond als Hauptmotiv wirkt, muss du ihn mit einem Teleobjektiv näher abbilden. Suche dir also eine Landschaft, die du gut verdichten kannst und die in einem engen Bildausschnitt gut wirkt, wie hier die Sanddünen. Warte dann, bis der Mond knapp über dem Horizont steht.

Umsetzung

Komponiere dein Bild. Stelle auf den Mond scharf. Orientiere dich auch bei der Belichtung am Mond. Prüfe auf dem Histogramm, dass du keine ausgefressenen Lichter hast. Sollte die Bildseite mit dem Mond zu hell für eine ausgewogene Belichtung sein, verwende einen GND-Filter und dunkle die obere Bildseite ab. Alternativ kannst du auch eine Belichtungsreihe anfertigen, die du dann aber schnell abschließen musst, damit sich der Mond nicht auf deinem Bild bewegt.

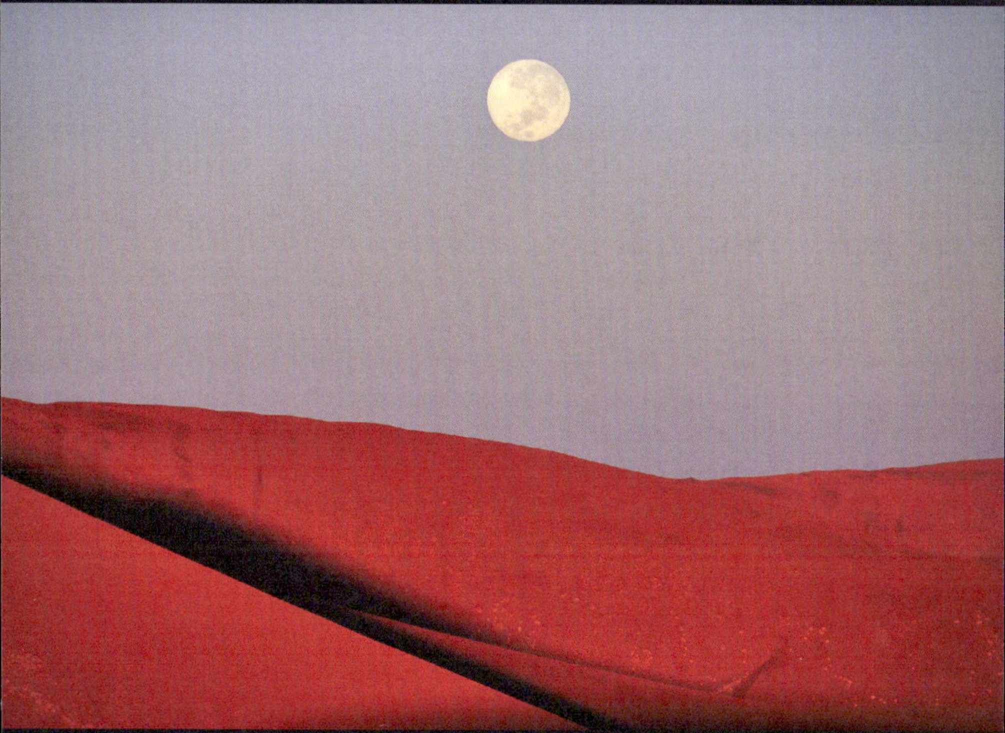

Polarlichter

Ausrüstung

- Kamera, idealerweise Vollformat
- lichtstarkes Weitwinkelobjektiv
- Stativ und Fernauslöser
- LED- oder Xenon-Lampe
- App Aurora Alert

Vorbereitung

Der Wetterbericht sollte keine oder wenig Bewölkung vorhersagen. Die Polarlichtvorhersage sollte positiv sein und mindestens ein Aktivitätslevel von KP 3 prognostizieren. Ideal ist ein Standort mit wenig Lichtverschmutzung sowie einem freien Blick auf den Himmel. Achte auf einen fotogenen Vordergrund und spiegelnde Oberflächen wie Wasser oder Eis. Einen geeigneten Platz suchst du dir am besten schon tagsüber, damit du dich nachts besser orientieren kannst und keine Zeit verlierst, wenn die Auroras am Himmel erscheinen.

Umsetzung

Lies noch einmal den Abschnitt „Polarlichter" und wähle die entsprechenden Kameraeinstellungen. Wenn wie hier der Vordergrund sehr dunkel ist (Neumond), aber der Himmel hell von den Polarlichtern, versuche folgenden Trick: Wedle mit einem flachen Gegenstand (z. B. einem Steckfilter oder Notizbuch) einige Sekunden den oberen Teil deines Bildes ab, um dort die Belichtung abzuschwächen. Alternativ kannst du den Vordergrund mit künstlichen Lichtquellen wie Xenonlampen aufhellen.

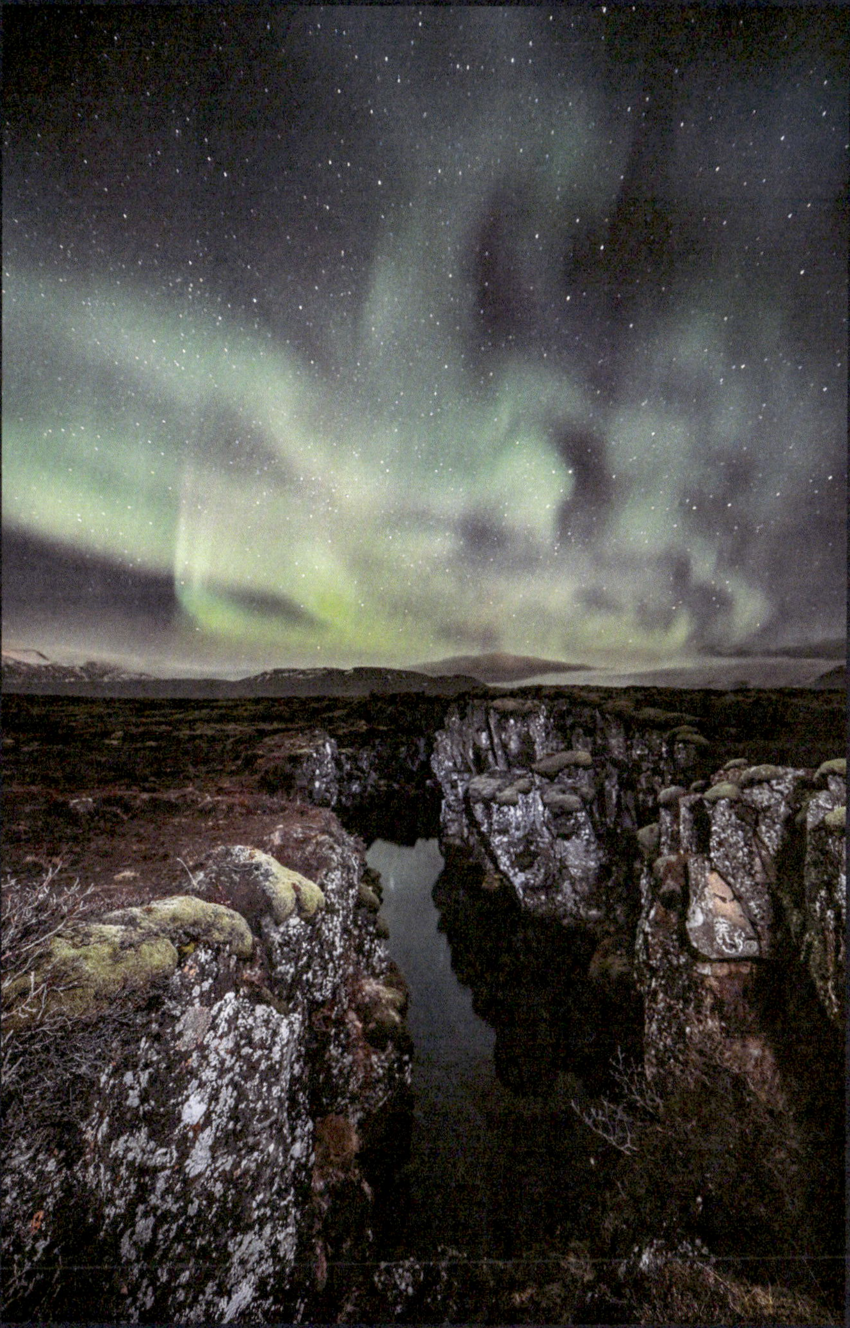

Grabenbruch im Þingvellir Nationalpark, Island
Nikon D800 | 14 mm | f/2.8 | 30 sek | ISO 2000

MERKZETTEL

Auf den folgenden Seiten habe ich dir noch einmal alle wichtigen Informationen zu den Einstellungen und Parametern deiner Kamera zusammengefasst.

Wichtige Fotoparameter

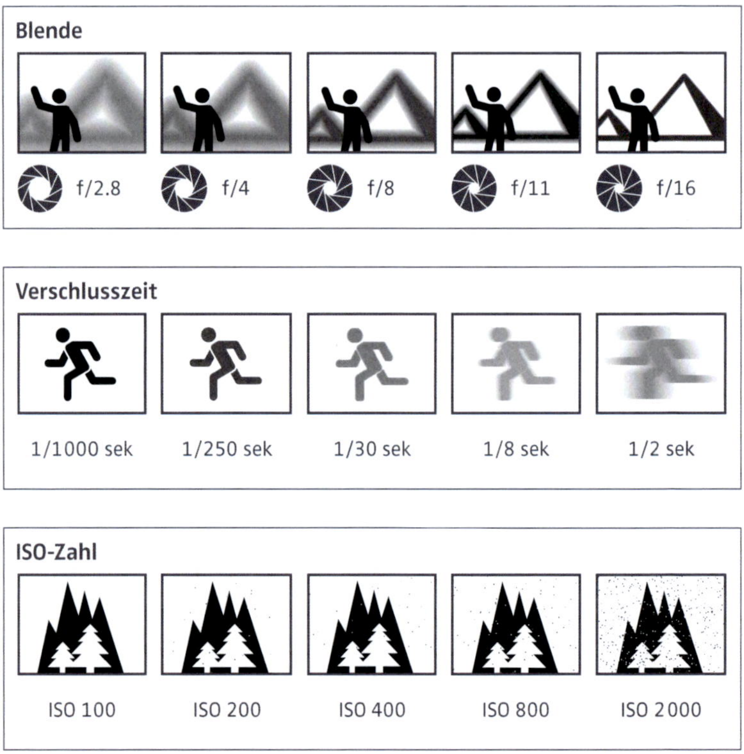

Die wichtigsten Fotoparameter und ihre Wirkung

Hyperfokale Distanz

Brennweite	Blende						
	f/2.8	*f*/4	*f*/5.6	*f*/8	*f*/11	*f*/16	*f*/22
14 mm	2.3	1.6	1.2	0.8	0.6	0.4	0.3
16 mm	3	2.1	1.5	1.1	0.8	0.5	0.4
18 mm	3.9	2.7	1.9	1.4	1	0.7	0.5
20 mm	4.8	3.3	2.4	1.7	1.2	0.8	0.6
36 mm	14.6	10.2	7.3	5.1	3.7	2.6	1.9
50 mm	29.8	20.8	14.9	10.4	7.6	5.2	3.8
70 mm	58.3	40.8	29.2	20.4	14.8	10.2	7.4
100 mm	119	83.3	59.5	41.7	30.3	20.8	15.2
200 mm	476.2	333.3	238.1	166.7	121.2	83.3	60.6
300 mm	1071.4	750	535.7	375	272.7	187.5	136.4

Hyperfokale Distanz bei verschiedenen Brennweiten-Blenden-Kombinationen bei Vollformatkameras

Brennweite	Blende						
	f/2.8	*f*/4	*f*/5.6	*f*/8	*f*/11	*f*/16	*f*/22
14 mm	3.5	2.5	1.8	1.2	0.9	0.6	0.4
16 mm	4.6	3.2	2.3	1.6	1.2	0.8	0.6
18 mm	5.8	4.1	2.9	2	1.5	1	0.7
20 mm	7.1	5	3.6	2.5	1.8	1.3	0.9
36 mm	21.9	15.3	10.9	7.7	5.6	3.8	2.8
50 mm	44.6	31.3	22.3	15.6	11.4	7.8	5.7
70 mm	87.5	61.3	43.8	30.6	22.3	15.3	11.1
100 mm	178.6	125	89.3	62.5	45.5	31.3	22.7
200 mm	714.3	500	357.1	250	181.8	125	90.9
300 mm	1607.1	1125	803.6	562.5	409.1	281.3	204.5

Hyperfokale Distanz bei verschiedenen Brennweiten-Blenden-Kombinationen bei Crop-Kameras (Formatfaktor 1,5)

Beispiel: Wenn du mit einer Vollformatkamera, Blende f/11 und einer Brennweite von 20 mm fotografierst, beträgt die hyperfokale Distanz 1,2 m. Das ist der Punkt, auf den du scharfstellen solltest, um die maximale Tiefenschärfe im Bild zu haben. Die Schärfe beginnt dann beim Nahpunkt 0,6 m (halbe hyperfokale Distanz) und reicht bis unendlich. Du solltest deshalb nichts in deiner Bildkomposition haben, was weniger als 0,6 m entfernt ist.

ND-Filter

Dichte (ND)	Verlängerung Belichtungszeit (Faktor)	Lichtdurchlass (%)	Lichtreduktion (Blenden)
0.3	2	50	−1
0.6	4	25	−2
0.9	8	12,5	−3
1.2	16	6,3	−4
1.8	64	1,6	−6
3.0	1000	0,1	−10

Verschiedene ND-Filter und ihre Wirkung

Beispiel: Ein Filter mit ND3.0 schluckt zehn Blendenwerte Licht, das heißt, er verlängert die Belichtungszeit um den Faktor 1000. Würdest du ohne Filter dein Bild z. B. 1/30 Sekunde belichten müssen, benötigst du mit dem ND3.0-Filter 30 Sekunden.

Einfluss des Sensors auf die Brennweitenwirkung

	Vollformat	wirkt wie	DX	APS-C	MFT	Smartphone
Sensorgröße (mm)	36 × 24		24 × 16	29 × 19	17 × 13	4,8 × 3,6
Crop-Faktor	1		1.5	1.6	2	7.6
Brennweite (mm)	14		21	22	28	106
	20		30	32	40	152
	35		53	56	70	266
	50		75	80	100	380
	70		105	112	140	532
	100		150	160	200	760
	200		300	320	400	1520
	300		450	480	600	2280

Einfluss des Sensors auf die Brennweitenwirkung

Beispiel: Eine Brennweite von 100 mm am Vollformat wirkt beim DX-Format wie 150 mm, an APS-C wie 160 mm, an Micro Four Thirds wie 200 mm.

ZUM SCHLUSS

Ein gelungenes Landschaftsfoto ist wie eine Sinfonie, bei der die Instrumente eines Orchesters harmonisch zusammenspielen.

Ich vergleiche ein Foto gern mit einem Orchester. Es gibt viele einzelne Elemente, die zu einem harmonischen Gesamtwerk zusammengefügt werden wollen. Bei einem Orchester sind das die verschiedenen Instrumente. Jedes hat seinen eigenen Klang, seinen ganz speziellen Charakter. Wenn alle ohne Struktur und Ordnung durcheinanderspielen würden und jeder nach einem eigenen Notensatz und Takt, dann gäbe es nur Missklang. Erst durch ein durchdachtes, aufeinander abgestimmtes Zusammenspiel entsteht eine wohlklingende Sinfonie.

Du bist der Dirigent deines Fotos. Kenne, kombiniere und dosiere die einzelnen Elemente ganz bewusst. Bereite deine Touren gut vor, finde interessante Motive. Denke an Standort, Perspektive, Bildaufbau, Licht, Farben, Formen, Strukturen, Schärfe. Verwende die passende Ausrüstung, wähle die richtigen Einstellungen und nutze die Bildbearbeitung zielgerichtet. Das Ergebnis wird ein harmonisches und zugleich spannendes Landschaftsfoto sein, das seinen Betrachter in den Bann zieht und ihm ein begeistertes „Wow“ entlockt.

In diesem Sinne wünsche ich dir stets viel fotografisches Taktgefühl und allzeit gutes Licht!

Dein
David Köster

ÜBER DAVID KÖSTER

David Köster kommt aus Halle (Saale) und ist ursprünglich diplomierter Wirtschaftswissenschaftler. Seine Leidenschaft zum Fotografieren entdeckte er während seines Studiums, als er für einige Zeit in den USA lebte.

Als Landschaftsfotograf inszeniert David heute vor allem epische Naturkulissen in seinen Bildern. Charakteristisch sind dramatische Perspektiven, atmosphärische Lichtstimmungen und eine malerische Bildsprache. Seine künstlerische Arbeit wurde mehrfach mit renommierten Preisen ausgezeichnet, u. a. bei den ipa International Photography Awards.

Davids Bilder werden weltweit durch Agenturen, Verlage und Tourismusunternehmen genutzt. Daneben schreibt David für Redaktionen im In- und Ausland über Reise- und Fotothemen. Seit 2015 leitet David auch Fotoworkshops.

Weitere Informationen:
www.davidkoester.de
facebook.com/davidkoester.de
instagram.de/davidkoesterphoto

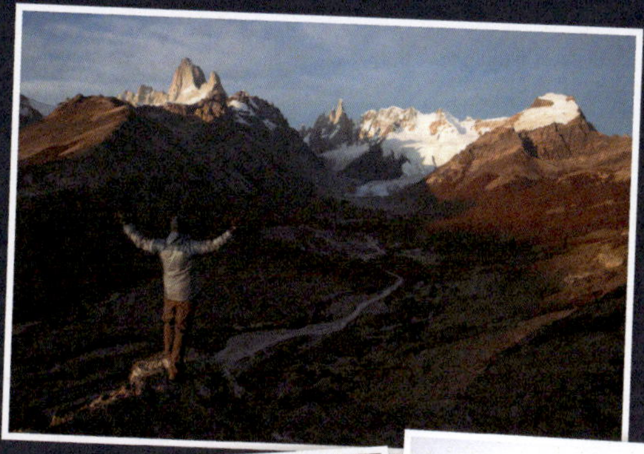

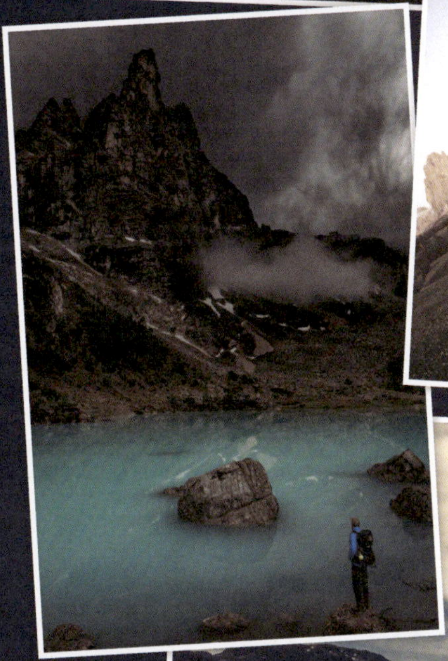

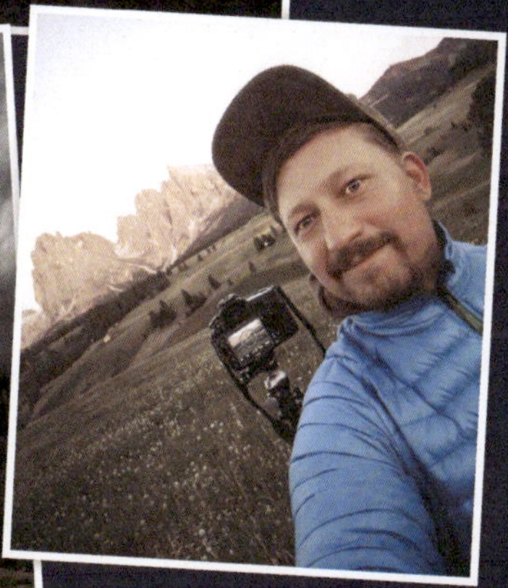

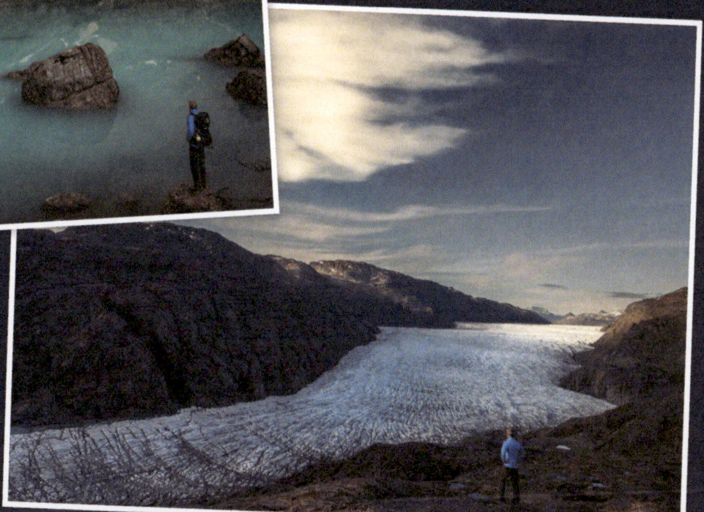

David Köster auf seinen Fototouren

DANKSAGUNG

Ich möchte das Buch meiner leider verstorbenen Großmutter widmen. Auch wenn sie selbst Deutschland nie verlassen hat, war sie es, die das Fernweh und das Interesse an unserer Erde in mir entfacht hat.

Ein großes Dankeschön geht an die vielen Menschen, die ich auf meinen Reisen quer um den Globus kennenlernen durfte und die mich unabhängig von Kultur, Religion oder Nationalität stets herzlich empfangen haben. Dank gebührt auch den unzähligen Menschen in den sozialen Medien wie im „echten Leben“, die mich immer wieder ermuntern, meinen Weg weiterzugehen.

Meiner Lebensgefährtin danke ich für ihr Verständnis und die Unterstützung, ohne die es nicht möglich wäre, ein solches Buchprojekt umzusetzen.

Nicht zuletzt möchte ich dem humboldt Verlag für die freundschaftliche Zusammenarbeit danken. Ob Verlagsleitung, Lektorat, Grafik oder Produktion– sie alle haben zum Entstehen dieses Buches beigetragen.

Leserrabatt

Ich freue mich sehr, dass du dich für mein Buch entschieden hast! Als kleines Dankeschön erhältst du mit dem genannten Code einen Rabatt von 10 % auf alle Fotoworkshops und sonstigen Produkte auf www.davidkoester.de.

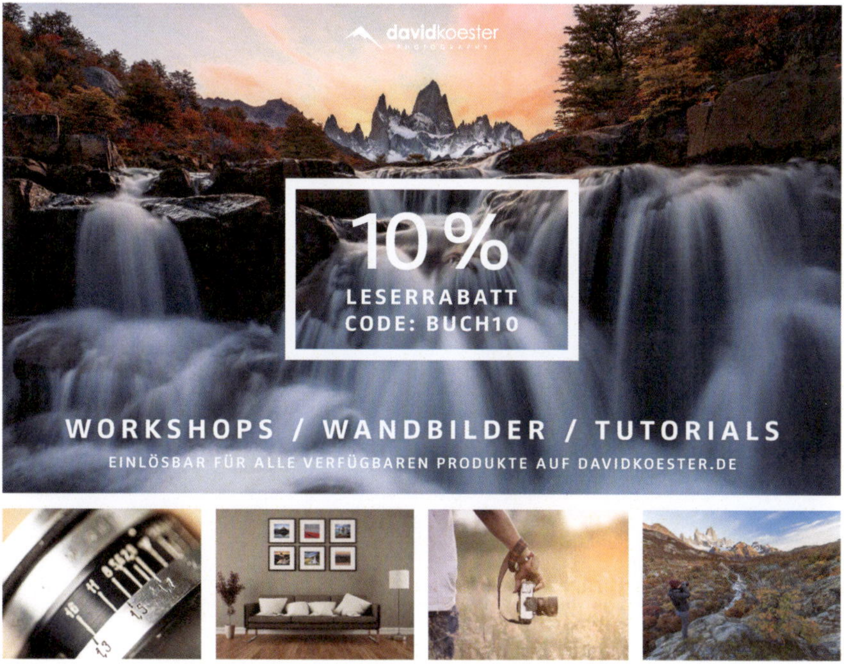

Bibliografische Information der Deutschen Nationalbibliothek
Die Deutsche Nationalbibliothek verzeichnet diese Publikation in der Deutschen Nationalbibliografie; detaillierte bibliografische Daten sind im Internet über http://dnb.de abrufbar.

ISBN 978-3-86910-087-6 (Print)
ISBN 978-3-86910-088-3 (PDF)
ISBN 978-3-86910-089-0 (EPUB)

Der Autor: Der Fotograf, Fototrainer und Bildjournalist David Köster gehört zu den besten Landschaftsfotografen Deutschlands. Seine Fotos sind hervorragend, wurden vielfach mit internationalen Preisen ausgezeichnet und erscheinen in allen renommierten Magazinen. Seine Workshops sind so beliebt, weil er in der Lage ist, kompliziertes Fotowissen einfach zu erklären – diese Erfahrung hat er nun in diesem einzigartigen Ratgeber gebündelt.

3. Auflage

Die Ratgebermarke der Schlütersche Fachmedien GmbH
Hans-Böckler-Allee 7, 30173 Hannover
www.humboldt.de
buchvertrieb@schluetersche.de
www.schluetersche.de

Gedruckt mit mineralölfrei hergestellten Druckfarben und Strom aus erneuerbaren Energien. Die eingesetzten Klebe- und Bindestoffe entsprechen den derzeitigen Umweltstandards, die vom RAL Institut für Gütesicherung und Kennzeichnung geprüft wurden.

Lektorat: wort & tat, Linda Strehl, München
Covergestaltung: Semper Smile, München
Coverfoto: David Köster
Fotos: David Köster
Grafiken: Stock.Adobe.com – Rashadashurov: 4, 5, 12, 41, 88, 141, 147; kebox: 41; muchmania: 41; piai: 41, 262; iuneWind: 1, 2, 4, 12, 13, 40, 56, 62, 154; Vlad Klok: 43, 143; KievnataliS: 41, 43, 262
Satz: PER MEDIEN & MARKETING GmbH, Braunschweig
Druck und Bindung: Salzland Druck GmbH & Co. KG, Staßfurt